Inhalt

Herbei, herbei,
Ihr Herren und Frauen,
Gar schöne Ding sind hier zu schauen,
Mein Füllhorn hat für alle was,
Hier findet Ihr Ernst und findet Spaß,
Der Fürst, der Kaufmann, der Poet,
Was hämmert, meißelt, gräbt und näht,
Was sticht und hobelt, feilt und raspelt,
Was klopft und spinnt und kocht und haspelt,
Was betet, lüget, singt und weint,
Ist alls in diesem Buch vereint.

Abraham a Sancta Clara

Vorwort

Rabbinische Gleichnisse neben Stücken aus LESSINGS ›Nathan‹, SCHILLERS ›Fiesco‹, GOETHES ›Tasso‹; äsopische Fabeln neben Texten aus der ›Ilias‹ des HOMER; Gleichnisse Jesu neben Tierfabeln, neben BUSCHS humoristischen Gedichten und BRECHTS Geschichten vom Herrn Keuner – diese Zusammenstellung zeigt bereits Spannweite und Eigenart unseres Themas.

Es gibt zwar eine umfangreiche Spezialliteratur, die Zusammenschau von Fabeln, Parabeln und Gleichnissen aber fehlt. Eine vergleichende Untersuchung der parabolischen Rede in Bibel, Dichtung und Rhetorik ist nicht nur außerordentlich interessant, sondern auch dringend notwendig, um die Einseitigkeiten und Verengungen der Spezialliteratur zu überwinden, die Termini und Definitionen neu zu überprüfen und die Fragwürdigkeit der Unterscheidung (z.B. zwischen Fabel und Parabel) zu erkennen. Den Vorwurf des Formalismus braucht man heute, nach den grundlegenden formgeschichtlichen Untersuchungen von PAUL BÖCKMANN, RUDOLF BULTMANN, MARTIN DIBELIUS, ERNST FUCHS – um nur einige Namen zu nennen – nicht mehr zu fürchten.

Voraussetzung für eine solche von der Sprachform ausgehende Darstellung – an der ich seit längerer Zeit arbeite – ist die hier vorgelegte Sammlung, in die ich etwa ein Zehntel der von mir untersuchten Texte aufgenommen habe. In der Einleitung konnte ich nur ein paar wesentliche Grundelemente skizzieren, einige wichtige Details sind ergänzend in den Fußnoten und im Anhang zu finden, ebenso eine knappe Literaturauswahl.

Bei der Zusammenstellung bin ich chronologisch vorgegangen, wenn nicht der sachliche Zusammenhang eine Verschiebung erforderte. Sofern keine historisch-kritische Ausgabe vorhanden ist, wurden die Erstfassungen zugrundegelegt, die mir die Württembergische Landesbibliothek freundlicherweise besorgte.

Bei den neutestamentlichen Texten habe ich mich im Wortlaut an die Zürcher Evangelien-Synopse gehalten. Die synoptische Gegenüberstellung ist jedoch genauer durchgeführt, um den Vergleich zu erleichtern und deutlich zu machen, an welchen Stellen aus der Parabel eine Allegorie wird. Die drei kanonischen Evangelien wurden durch das Thomas-Evangelium ergänzt, das im Vergleich zu seinem Umfang auffallend viele Gleichnisse enthält. Die Feststellung von Ernst Haenchen über das Thomas-Evangelium scheint mir auch für das Verständnis der Gleichnisse wesentlich: »Es gehört geradezu zur besonderen Eigenart des Thomas-Evangeliums, daß hier die Mythologie keine Rolle spielt, dafür aber der Ernst der Lebensentscheidung im Alltag auf eine in der Gnosis ziemlich ungewöhnliche Weise eingeschärft wird.«[1]

Auffallen wird dem Leser, daß zwei Fabeln in dieser Sammlung besonders oft erscheinen:

1. Jesu Gleichnis von der kostbaren Perle (Matth. 13,45 f./Thomas-Ev.) und das entsprechende rabbinische Gleichnis; die Fabel von Hahn und Perle bei Phädrus, Boner, Steinhöwel, Luther, Waldis, Alberus, La Fontaine, Hagedorn;

2. die Fabel von Wolf und Lamm bei Babrius, Phädrus, Boner, Steinhöwel, Luther, Waldis, Alberus, Hans Sachs, La Fontaine, Triller, Lessing, Arntzen (2 Varianten).

Damit soll dem Leser die Möglichkeit geboten werden, zwei der Fabelmotive, die immer wieder auftauchen, zu vergleichen, Gemeinsamkeiten und Unterschiede, Bindung an die Tradition und eigene Erfindung, Verschiedenheit in Tonlage und Stil zu untersuchen. Ein solcher Vergleich, der detailliert belegbar ist und exemplarische Bedeutung haben kann, scheint mir sinnvoller als ein pauschaler, der zwangsläufig zur Vereinfachung und Verallgemeinerung führen muß.

Ich habe die Hoffnung, daß durch diese Textsammlung eine neue und fruchtbare Diskussion angeregt wird; eine Diskussion über eine ebenso alte wie moderne Sprachform, die der Erkenntniserhellung dienen soll, das kritische Urteil schärfen und für den »Ernst der Lebensentscheidung im Alltag«[2] von Bedeutung sein kann.

1 Ernst Haenchen, Die Botschaft des Thomas-Evangeliums, Berlin 1961, S. 10.
2 ebd.

Einleitung

I. Fabel, Parabel und Gleichnis sind drei Namen für eine Sprachform, die man als parabolische oder gleichnishafte Rede bezeichnen kann. Um ihre Struktur zu erkennen, muß man zunächst abgrenzen gegenüber der allegorischen Rede, mit der sie oft verwechselt wird.

LESSINGS sogenannte Ringparabel im ›Nathan‹ (S. 194) ist keine Parabel, sondern eine Allegorie[3]. FRIEDRICH RÜCKERTS Gedicht ›Es ging ein Mann im Syrerland‹ (S. 213) steht auch heute noch in vielen Lexika als Beispiel für die Parabel, weil Rückert seinerzeit diese Bezeichnung wählte. Das Gedicht ist jedoch ein Musterbeispiel für die allegorische Rede. In 60 Zeilen werden Zustand und Verhalten eines Mannes beschrieben, der in einen Brunnenschacht gestürzt ist und sich an einen Strauch klammert – von oben durch ein wildes Kamel, von unten durch einen Drachen bedroht. Eine schwarze und eine weiße Maus nagen an der Wurzel des Strauches. Der Mann ist in großer Gefahr. Da sieht er einen Brombeerstrauch, ißt Beere nach Beere und vergißt die Gefahr. – Es folgen weitere 30 Zeilen, in denen RÜCKERT dieses hintergründige Geschehen Zug um Zug erläutert: Der Drache bedeutet den Tod, das Kamel die Lebensangst, die weiße Maus bedeutet den Tag, die schwarze die Nacht, die Beere bedeutet Sinnenlust, die den Menschen alles vergessen läßt.

> Du fragst: Wer ist der thöricht Mann,
> Der so die Furcht vergessen kann?
> So wiss', o Freund, der Mann bist du;
> Vernimm die Deutung auch dazu.

So schreibt RÜCKERT, bevor er die oben knapp skizzierte Deutung gibt, die der Leser von sich aus nicht finden könnte. Das ist typisch für die allegorische Rede.

Allegorien müssen enträtselt, entschlüsselt werden, damit man sie verstehen kann. Es gibt sogar eine Art von Allegorie, die »Schlüsselwörter« enthält, d.h. Wörter in der Allegorie, die »ihre eigentliche Bedeutung wahren und die Auflösung erleichtern«[4]. Die Allegorie wendet sich an den Eingeweihten.

3 vgl. Emil Ermatinger, Das dichterische Kunstwerk, Leipzig und Berlin, 3. Aufl., 1939, S. 296.
4 Gero von Wilpert, Sachwörterbuch der Literatur, Stuttgart 1955 (Kröners Taschenausgaben, Band 231), S. 7.

Das zeigt u.a. die berühmte Minneallegorie im ›Tristan‹ des GOTTFRIED VON STRASSBURG; er schreibt für die »edelen herzen«, für einen kleinen Kreis Auserwählter.

Gleichnishafte Rede aber wendet sich gerade nicht an den Eingeweihten, sondern an den, der nicht verstehen kann oder will. Die Parabel will nicht verrätseln oder verschlüsseln, sondern erhellen, veranschaulichen. Die Parabel »deutet, sie kann nicht gedeutet werden«[5].

Daß auch heute noch in Predigt und Unterricht vielfach nicht unterschieden wird zwischen Allegorie und Parabel, hängt entscheidend damit zusammen, daß die Gleichnisse Jesu von den Evangelisten selbst bisweilen nicht nur allegorisch verstanden und allegorisierend gedeutet, sondern auch zu Allegorien umgeformt wurden. Das zeigt ein Vergleich zwischen den Parabeln vom Sämann (Matth. 13,3–9 par.) (S. 44) und vom Unkraut unter dem Weizen (Matth. 13,24–30) (S. 42) mit den beiden Deutungen im Neuen Testament (Matth. 13, 18–23 par./Matth. 13,36–43). Besonders aufschlußreich ist eine Gegenüberstellung der Parabel vom Gastmahl bei Lukas (Luk. 14,15–24) (S. 50) und der veränderten Fassung, der Allegorie bei Matthäus (Matth. 22,1–10) (S. 50). Aus dem Mann wurde ein König, aus dem Gastmahl eine Hochzeitsfeier. Im Gegensatz zur Parabel bei Lukas wird in der Allegorie bei Matthäus jedes einzelne Wort zur Metapher, und wir brauchen einen Schlüssel zum Verständnis: König = Gott, Sohn = Messias, Hochzeitsmahl = anbrechende messianische Freudenszeit, Erstgeladene = Juden, Knechte = Propheten usw.; mit dem Anzünden der Stadt schließlich ist die Zerstörung Jerusalems und die Bestrafung der Juden gemeint.

Die allegorisierende Auslegung der Gleichnisse Jesu beginnt im Neuen Testament und hat in der Auslegungsgeschichte von 1800 Jahren bisweilen erstaunliche Blüten getrieben. ADOLF JÜLICHER hat das auf 120 Seiten ausführlich dargestellt[6]. Sein zweibändiges Werk ›Die Gleichnisse Jesu‹ (1899; der erste Band erschien bereits 1886) hat bahnbrechend gewirkt. »Ihrer Intention nach aber, darin wird man Jülicher uneingeschränkt zustimmen müssen, sind gerade die Gleichnisse Jesu nichts weniger als gewollte Verhüllung. Die Intention ist vielmehr, den Hörer zu gewinnen, zu überzeugen.«

5 Adolf Jülicher, Die Gleichnisreden Jesu. Zwei Teile in einem Band, Darmstadt 1963, 1. Teil, S. 106.

6 ebd., S. 203–322.

Die Gleichnisse zeigen »eine äußerste Intensität im Ringen um die Zustimmung der Hörer, und aus diesem Ringen erwächst ihre sprachliche Form«[7].

Im Gegensatz zur Allegorie geht es in der parabolischen Rede nicht um eine Reihe von Ähnlichkeiten, die man einzeln deuten muß, sondern um die zentrale Aussage, um das sogenannte tertium comparationis. Menschliche Denkarten, Verhaltensweisen und zwischenmenschliche Beziehungen werden gleichnishaft veranschaulicht. Wir unterscheiden den Grundbereich und den Vergleichsbereich – mit den Termini der antiken Poetik: das comparatum und das comparandum – oder sprechen von Sachhälfte und Bildhälfte. Die beiden Bereiche sind bisweilen durch die Vergleichspartikel »so–wie« verbunden.

Die »maszgebende voraussetzung« für das Gleichnis ist nach dem Grimmschen Wörterbuch, »dasz zwischen zwei größen oder sinnzusammenhängen ein verhältnis der gleichheit besteht, das den akt der vergleichung ermöglicht«[8]. Das Gleichnis erscheint »auch außerhalb des biblischen gebrauchs als gleichniserzählung, die einen gedanken, eine wahrheit, eine moral, einen lehrsatz u.ä. erklärt und verdeutlicht . . .«[9].

Im Gegensatz zur Beispielerzählung[10] enthält das Gleichnis ein räumliches Nebeneinander, eine Zusammenschau von zwei verschiedenen Bereichen. »Erst auf der Ebene eines räumlich wirklichen oder räumlich gedachten Nebeneinander bildet sich die Gleichnisform heraus.«[11] Deutlicher als in griech. »eikon« = Bild, Abbild, Gemälde, Vergleich, Gleichnis und in griech. »eoika« = ähnlich sein, gleichen, kommt das sprachlich zum Ausdruck in got. »galeiks«, ahd. »gilih«, mhd. »gelih« = »von übereinstimmender leibesgestalt oder art«[12].

Die frühen und berühmten Beispiele in den Epen Homers (S. 82) zeigen, daß auch die in ein Kunstwerk eingefügten

7 Ingo Baldermann, Biblische Didaktik, 2. Aufl., Hamburg 1964, S. 118.

8 Deutsches Wörterbuch von Jakob Grimm und Wilhelm Grimm, 4. Bd., 1. Abt., 4. Teil, Leipzig 1912, Spalte 8184ff; hier: Spalte 8195.

9 ebd., Spalte 8196.

10 Beispielerzählungen des Neuen Testamentes sind: Barmherziger Samariter (Luk. 10, 25–37); Reicher Bauer (Luk. 12, 16–21); Reicher und Armer (Luk. 16, 19–31); Pharisäer und Zöllner (Luk. 18, 10–14). – Der Beispielgeschichte fehlt der Gleichnischarakter; an die Stelle der Analogie tritt das Exemplum. Das gilt auch für die Kalendergeschichten von Johann Peter Hebel, die bisweilen irrtümlich als Parabeln bezeichnet werden. Es sind Beispielgeschichten. Trotz der fließenden Übergänge muß der Unterschied beachtet werden, weil die parabolische Rede kein Vorbild anbietet, sondern eine Übertragung vom Bild auf die Sache erforderlich macht.

11 Hermann Pongs, Das Bild in der Dichtung, 1. Bd., 2. Aufl., Marburg 1960, S. 151.

12 Matthias Lexers mittelhochdeutsches Taschenwörterbuch, 30. Aufl., Stuttgart 1961, S. 58.

Gleichnisse nicht nur Schmuck sind, sondern vielfach gerade an der Stelle einer möglichen Ausschmückung stehen und »eine ganz bestimmte Funktion« haben[13]. Sie spiegeln die Handlung oder ersetzen sie und »vermitteln dichteste Vorstellung in gedrängtester Form. Dabei sind es nicht nur optische oder akustische Eindrücke, die ein solches Gleichnis zusammenfassen, nicht nur geistig-seelische Regungen, die es widerspiegeln kann, auch Motivierungen können – unausgesprochen – im Gleichnis gegeben werden.«[14]

Auch wenn HOMER das Bild (den Vergleichsbereich) bisweilen sehr ausführlich und in vielen Einzelheiten zeichnet, mit einer epischen Ruhe, die den modernen Leser ungeduldig machen kann, so haben seine Gleichnisse doch *einen* Vergleichspunkt. Verfehlt ist es allerdings – bei HOMER wie überhaupt – »aus den Gleichnissen jeweils *einen* Vergleichspunkt herauszupflücken, das andere für mehr oder weniger abschweifende oder gar unpassende Ausschmückung zu halten«[15].

Verfehlt ist auch eine Reduktion, die zur Abstraktion führt; denn der Vergleichsbereich steht in seiner ganzen Fülle und Bildhaftigkeit für den Grundbereich, die gemeinte Sache. Eine Reduktion auf Begriffe oder Lehrsätze verbietet sich beim Gleichnis schon deshalb, weil vielfach im Bild zum Ausdruck gebracht wird, was sich anders nicht ausdrücken läßt.

HERBERT SEIDLER schreibt in seiner ›Stilistik‹, daß die Vergleiche »Hochtonstellen sprachlich-künstlerischen Welterfassens« sind; »in ihnen konzentriert sich das Weltbild des Gestalters, und von ihnen strahlt die Gestimmtheit dieses Weltbildes auf den ganzen Sprachablauf aus«[16]. Das wird besonders deutlich, wenn man das Schlußgleichnis von GOETHES ›Tasso‹ (S. 203) betrachtet. Tassos Schlußrede bringt im Bild die ganze Tragik der dichterischen Existenz zum Ausdruck; sie zeigt im Gleichnis das Motiv des Dramas, die »Disproportion des Talents mit dem Leben« (GOETHE). Bild und Sache gehen im Schlußgleichnis des ›Tasso‹ ineinander über und verschmelzen. Besonders unvermittelt und schroff ist der Übergang an der Stelle, wo aus dem einen Bild von Fels und Welle nach dem Gefühlsausbruch Tassos (»Ich kenne mich in der Gefahr nicht

13 Roland Hampe, Die Gleichnisse Homers und die Bildkunst seiner Zeit, Tübingen 1952, S. 9.

14 ebd., S. 13.

15 ebd. – vgl. auch: Ernst Elster, Prinzipien der Literaturwissenschaft, 1. Bd., Halle 1897, S. 379; 2. Bd., Halle 1911, S. 120; Emil Staiger, Grundbegriffe der Poetik, 7. Aufl., Zürich und Freiburg 1966, S. 115.

16 Herbert Seidler, Allgemeine Stilistik, Göttingen 1953, S. 297.

mehr . . .«) das andere von dem Fels und dem Schiffsbrüchigen entsteht. Dieser Übergang ist eindringlich; er zeigt, daß die ganze Tragödie in dem Schlußgleichnis in bildhafter Konzentration erscheint. Tasso gleicht nicht mehr der Welle, sondern dem Schiffbrüchigen. Indem er es zugleich in dem neuen dichterischen Bild gestaltet, objektiviert er es[17].

II. Wenn man bei der gleichnishaften Rede von Bildhälfte und Sachhälfte spricht, muß immer bewußt bleiben, daß es sich hier (ebenso wie beim sogenannten tertium comparationis etc.) um eine Hilfskonstruktion handelt. Man braucht die vorliegende Sammlung nur durchzublättern, um festzustellen, daß die sogenannte Sachhälfte fast immer fehlt, die sogenannte Bildhälfte dagegen nie.

Adolf Jülicher hat mit Recht darauf hingewiesen, daß die Fabel ihren Ursprung in der *Rhetorik* und nicht in der Dichtung hat.

»Nicht gesungen oder geschrieben worden sind die ältesten Fabeln, sondern gesprochen, erfunden im Augenblick und für den Augenblick und nicht, um eine Weisheitsregel oder einen ethischen Lehrsatz anschaulich vorzutragen, sondern um eine schwierige Situation, in der sich der Redner befand, zu klären, um ihr die Auffassung und Beurteilung, die er wünschte, zu sichern. . . . Später wurde diese positive Beziehung vergessen; die Bildhälfte der Fabel lief für sich allein um, und da konnte man ihre Bedeutung natürlich nur noch in dem allgemeinen Gesetz suchen, das sich in ihnen offenbarte und das man in Gestalt eines frostigen Epimythiums dahinter formulierte. Je mehr die Redekunst sank und die paränetische Rede, die Mutter der Gleichnisse und Fabeln, hinter der enkomiastischen verschwand, desto mehr wurde die Fabel ihrem Ursprung entfremdet und konnte ganz für sich (genauer: ihre ›bildliche‹ Hälfte) gepflegt werden als selbständige Rede – oder Dichtgattung.«[18]

Eine wichtige Feststellung für das richtige Verständnis dieser Sprachform! Die gleichnishafte Rede wird ihrem Wesen nach in eine *konkrete Situation* (ggf. eine dichterisch fixierte) hinein gesprochen. Das Pro- oder Epimythion – der mit

17 vgl. die Interpretation von Elizabeth M. Wilkinson. In: Das deutsche Drama, hg. v. Benno v. Wiese, I, 2. Aufl., Düsseldorf 1960, S. 193ff.

18 Adolf Jülicher, Die Gleichnisreden Jesu. Zwei Teile in einem Band, Darmstadt 1963, 1. Teil, S. 98f.

»Lehre«, »Merke«, »Moral« usw. eingeleitete Spruch, der dem Bildteil vor- oder nachgestellt ist – bedeutet eine Verkümmerung. Er steht als Ersatz für den Sachteil, für die konkrete Situation.

Der Bezug auf die Situation des Hörers macht aus der bildhaften Geschichte ein Gleichnis. So gewinnt die Geschichte vom geraubten Schäflein, die der Prophet Nathan (S. 31) oder die Geschichte von den Gliedern des Leibes, die Menenius Agrippa (S. 103) erzählt, erst Transparenz, Gleichnischarakter durch den Bezug auf den Ehebruch von König David bzw. den Aufstand der Plebejer von Rom.

Hier entsteht eine wesentliche hermeneutische Frage. Ist die Kenntnis der ursprünglichen Situation für das Verständnis eines Gleichnisses notwendig? Zweifellos ist es eine (bisweilen unentbehrliche) Verständnishilfe, wenn ich den »Sitz im Leben« kenne oder wenigstens das Epimythion habe. Es ist eine Kontrolle für den heutigen Leser, wenn er weiß, auf welche Situation der damalige Sprecher seine bildhafte Rede bezogen hat.

Trotzdem hat KURT FRÖR recht. Man braucht bei den Gleichnissen Jesu nicht »um jeden Preis nach der historischen Urgestalt eines Gleichnisses zurückzufragen«[19]. Vielfach läßt sich der ursprüngliche »Sitz im Leben« auch nicht mehr ermitteln. Die historische Rückfrage erübrigte sich, wenn der heutige Leser – wie INGO BALDERMANN mit Recht betont – »die gleiche Fragesituation zum Ausgangspunkt hätte«[20]. Denn dann würden die Hörer »genau den gleichen Weg geführt wie die Hörer damals: Sie erführen die Verfremdung gegenüber ihrer eigenen Situation und würden durch die Folgerichtigkeit im Ablauf des Gleichnisses genötigt, im Sinne Jesu zu urteilen«[21].

Die historische Rückfrage nach dem »Sitz im Leben« einer Parabel kann auch zu einer Gefahr für das richtige Verständnis werden. Dann nämlich, wenn an die Stelle des existentiellen Verständnisses die historische Beschaulichkeit tritt. Es genügt nicht, wenn ich mir beim Lesen von MAX FRISCHS ›Burleske‹ Gedanken über die Entstehung des Nationalsozialismus mache. Und es genügt nicht, wenn wir wissen, daß Jesus das Gleichnis vom verlorenen Schaf (S. 36) den Pharisäern und Schriftge-

19 Kurt Frör, in: RGG, 2. Bd., 3. Aufl., 1958, Spalte 1620.
20 Ingo Baldermann, Biblische Didaktik, 2. Aufl., Hamburg 1964, S. 135.
21 ebd.

lehrten erzählte, die über seine Tischgemeinschaft mit den Zöllnern und Sündern murrten.

Das Kennen der ursprünglichen Situation ist nur Ansatz zum Verständnis. Erst wenn wir diese Situation, in die hinein ein Gleichnis gesprochen wurde, als unsere eigene verstehen und akzeptieren, unser Selbstverständnis entsprechend neu konzipieren und unser Denken und Handeln entsprechend ändern oder ändern lassen, haben wir die gleichnishafte Rede verstanden.

Die parabolische Rede hat argumentativen Charakter; das Urteil des Hörers wird provoziert[22]. Sie hat problematischen Charakter in dem von Emil Staiger gemeinten Sinn. Staiger schreibt über die Fabeln: »Sie sollen ›problematisch‹ heißen, indem wir den Ausdruck ›Problem‹ in seiner eigentlichen Bedeutung verstehen, wonach er das ›Vorgeworfene‹ meint, das Vorgeworfene, das der Werfende in der Bewegung einholen muß. (. . .) Zu diesem Vorwurf muß ein Ausgangspunkt der Bewegung gegeben sein.«[23]

III. Ein wesentlicher Grundzug der parabolischen Rede ist die Distanz, die man auch als Verfremdung bezeichnen kann.

Bertolt Brecht (S. 233) schreibt im ›Kleinen Organon für das Theater‹ (§ 42): »Eine verfremdende Abbildung ist eine solche, die den Gegenstand zwar erkennen, ihn aber doch zugleich fremd erscheinen läßt.« Auf dieses Prinzip hat schon Lessing hingewiesen, ohne den Ausdruck zu gebrauchen. Die Fabel wendet sich nicht an unsere Leidenschaften, sondern allein an unsere Erkenntnis. Die Tatsache, daß in vielen Fabeln Tiere auftreten, begründet Lessing u.a. mit dem Hinweis: In diesem Fall wird die Erkenntnis nicht durch Mitleid beeinträchtigt. »Nichts verdunkelt unsere Erkenntnis mehr als die Leidenschaften. Folglich muß der Fabulist die Erregung der Leidenschaften so viel als möglich vermeiden.«[24]

22 vgl. u.a. Rudolf Bultmann, Die Geschichte der synoptischen Tradition, 3. Aufl., Göttingen 1957, S. 194f. und 207f.

23 Emil Staiger, Grundbegriffe der Poetik, 7. Aufl., Zürich und Freiburg 1966, S. 160 – In diesem Sinne schreibt auch Eta Linnemann (Gleichnisse Jesu, 4. Aufl., Göttingen 1966, S. 119) in ihrer Auslegung der Parabel vom Schalksknecht (Matth. 18, 12–35): »Dort ist die Wahrheit, uns voraus – das haben wir ja durch unsere unwillkürliche Zustimmung selber zugegeben. Nun müssen wir nach, mit unserem Leben dieser Wahrheit entsprechen – oder wir müßten für unser Leben auf die Wahrheit verzichten. Nachdem uns das Wort Jesu erreicht hat, können wir nicht alles beim alten lassen und dennoch meinen, es wäre alles in Ordnung.«

24 ›Abhandlungen‹. In: Gotthold Ephraim Lessings sämtliche Schriften. Hg. v. Karl Lachmann, 3. Aufl. von Franz Muncker, Bd. 7, Stuttgart 1891, S. 418–479; hier: S. 454.

Einige Beispiele für diese Distanzhaltung:

Was mit Waffengewalt nicht zu erreichen war, gelingt Menenius Agrippa (S. 103) durch die Macht des Wortes. Er verschafft seinen Zuhörern die Möglichkeit, aus der Distanz heraus und zunächst ohne Bezug auf ihr eigenes Verhalten zu urteilen und dadurch dann ihr eigenes Verhalten in einem neuen Licht zu sehen, zu überprüfen und zu ändern.

Jesaja singt das Lied vom Weinberg seines Freundes (S. 34), fordert die Zuhörer auf, den Rechtsfall zu beurteilen, und spricht mit dem Urteil über den Weinberg zugleich das Urteil über seine Zuhörer. »Denn der Weinberg des Herrn der Heerscharen ist das Haus Israel, und die Männer Judas sind seine Lieblingspflanzung.«

Nathan erzählt die Geschichte vom geraubten Schäfchen (S. 31). David weiß noch nicht, daß er gemeint ist. Er hat Distanz von sich; sein Urteil ist nicht durch Affekte getrübt. Indem König David den Mann der Geschichte verurteilt, hat er sein eigenes Verhalten beurteilt, über sich selbst den Richterspruch gefällt. Denn: »Da sprach Nathan: Du bist der Mann!«

Lessings Zeitgenosse Johann Jacob Breitinger hat das in seiner ›Critischen Dichtkunst‹ (1740) als den Kunstgriff bezeichnet, den Sokrates in seinen Gesprächen anwandte. Breitinger zeigt es am Beispiel der Nathan-Parabel. »Daraus kann man nun gar deutlich sehen, wie die Fabel geschickt sei, die Menschen ganz unmerklich und gleichsam wider Willen auf ihr eigenes Tun und Lassen aufmerksam zu machen und ihnen einen unparteiischen Richterspruch wider sich selbst abzunötigen.«[25]

Dieses Doppelte der Parabel – daß man *fremdes Verhalten distanziert beurteilen* kann und es dann *als das eigene erkennen* muß (»Du bist der Mann!«) – hat Max Frisch in seiner Parabel ›Burleske‹ (S. 247) besonders konsequent gestaltet.

Nicht von Herrn Biedermann, der sich als der Biedermann in uns erweist, wird gesprochen (wie in Frischs Schauspiel- und Hörspielfassung), sondern vom »du«. Das wird durchgeführt bis zum Ende: » und am anderen Morgen, siehe da, bist du verkohlt und kannst dich nicht einmal über deine Geschichte verwundern . . .«.

Einerseits bleibt die Distanz; denn dem Leser ist die bildhafte Erzählung über sich selbst eine fremde Geschichte. Zugleich

25 Johann Jacob Breitinger, Critische Dichtkunst. Faksimiledruck nach der Ausgabe von 1740. Mit einem Nachwort von Wolfgang Bender, 2 Bde., Stuttgart 1966, S. 182.

wird er aber durch das »du« aus der Distanz herausgeholt. Er sieht gleich den Spiegelcharakter der Geschichte, erkennt, daß es seine eigene ist. Die in der Fabel sonst übliche Reihenfolge von Bild und Sache wird aufgehoben. Durch das »du« verbinden sich Bild und Sache, distanziertes Betrachten und Beziehung auf den Leser vom ersten Satz der Erzählung.

Auf die Bedeutsamkeit dieser Distanzhaltung hat gerade die moderne Theologie hingewiesen. »Die Hauptsache in der Analogie ist das Distanz Gewinnen, um besser hinsehen oder würdigen zu können«, schreibt Ernst Fuchs in seiner ›Hermeneutik‹[26]. Das hebt auch Eta Linnemann, die Schülerin von Ernst Fuchs, hervor[27]. Und Ingo Baldermann schreibt in seiner ›Biblischen Didaktik‹: »Wir sprechen, wenn wir dieses seltsame Distanznehmen von der eigenen Existenz bezeichnen wollen, vom Gewissen.«[28]

IV. Die parabolische Rede ist ihrer Struktur nach politisch bedeutsam und wurde schon in frühester Zeit als Kampfmittel eingesetzt. Das gilt für die alttestamentlichen Texte ebenso wie für die orientalische und griechisch-römische Fabel.

Die ›Fabel des Joas‹ (S. 31) wendet sich gegen die Überheblichkeit des Königs Amazja. ›Jothams Fabel‹ S. 32) richtet nicht nur einen scharfen Angriff gegen Abimelech, sondern läßt das Königsein überhaupt als völlig absurde und sinnlose Aufgabe erscheinen. Sie ist nach Martin Bubers Worten die bitterste Ironie auf das Königtum, die »stärkste antimonarchische Dichtung der Weltliteratur«[29].

Nathan (S. 31) kann den König David nicht unmittelbar auf seine Tat, Mord und Ehebruch, ansprechen. Deshalb wählt er die Parabel, die zur »Waffe des Schwachen gegenüber dem Mächtigen« wird[30].

Die Distanz der parabolischen Rede bietet einen Schutz, den man besonders braucht, wenn man Sklave ist wie Äsop (S. 85), der Ahnherr der Fabel, und Phädrus (S. 93), der die Fabel in Rom einführte. »Als Zweck der Fabel gilt ihm die Belehrung über die menschlichen Irrtümer und Fehler auf dem heiteren Wege des Scherzes; doch sah er in ihr auch ein passendes

26 Ernst Fuchs, Hermeneutik, Bad Cannstatt 1954, S. 214.
27 Eta Linnemann, Gleichnisse Jesu, 4. Aufl., Göttingen 1966.
28 Ingo Baldermann, Biblische Didaktik, 2. Aufl., Hamburg 1964, S. 132.
29 vgl. Gerhard von Rad, Theologie des Alten Testaments, München 1961, Bd. I, S. 67.
30 RGG, 2. Bd., 3. Aufl., 1958, Spalte 1615.

Mittel, da auf eine versteckte Weise die Wahrheit zu sagen, wo man nicht wagen durfte, es offen zu tun.«[31] Aber selbst die eingekleidete Wahrheit kann für den, der sie ausspricht, gefährlich werden. Auch das zeigt sich u. a. bei Äsop und Phädrus. Der phrygische Sklave wurde vom Felsen gestürzt[32]. Der römische Sklave wurde von Sejanus, dem Günstling des Kaisers Tiberius, wegen der vermeintlichen Anspielungen auf ihn und den Kaiser bestraft (vermutlich mit Verbannung).

Die märchenhaften Züge der orientalischen Fabel dürfen nicht darüber hinwegtäuschen, daß es sich auch hier um Lehrdichtung mit politischem Akzent handelt. Beim ›Pantschatantra‹ (S. 64) zeigt das bereits die Rahmenerzählung:

Ein König, der sehr weise und ein Freund der Wissenschaft ist, übergibt seine drei sehr dummen Söhne zur Erziehung dem Brahmanen Wischnursarman. Der Brahmane verspricht dem König, daß seine Söhne in sechs Monaten alle anderen in der Lebensweisheit übertreffen werden. Um dieses Ziel zu erreichen, schreibt Wischnursarman die fünf Bücher und läßt sie von den Prinzen lesen. »Diese aber, nachdem sie sie durchstudiert hatten, wurden in sechs Monaten zur Befriedigung des Königs *so*, wie ihm vorhergesagt war. Seit dieser Zeit dient dieses ›Die fünf Bücher‹ genannte Lehrbuch der Lebensweisheit auf Erden zum Unterricht der Kinder.«[33]

Dem entspricht, was Theodor Benfey über die ursprüngliche Gestalt des ›Pantschatantra‹ feststellt, nämlich daß das Werk eigentlich als Lehrbuch der Lebensklugheit und Regierungskunst für Prinzen und Könige geschrieben wurde.

»Hieraus scheint sich auch der *Zweck* des ursprünglichen Buches zu ergeben; es war, wie wir sagen würden, ein ›Fürstenspiegel‹. Daß man für ihn gerade diese Form wählte, wird seine Veranlassung in der orientalischen Sitte gefunden haben: Lehren in Hüllen von Fabeln zu kleiden, zu welcher der Despotismus des Orients gerade vor Königen nicht selten in Wirklichkeit raten mochte.«[34]

31 Phädrus' Äsopische Fabeln, deutsch von Joh. Siebelis, 3. Aufl., Berlin-Schöneberg o. J. (Langenscheidt), S. IX.

32 vgl. ›Die Aesoplegende‹. In: Aesopische Fabeln. Zusammengestellt und ins Deutsche übertragen von August Hausrath, München 1940, S. 114ff. – Ob Äsop eine historische Gestalt ist oder Legendenbildung, eine »Verkörperung des fabulierenden griechischen Volksgeistes« (Hausrath ebd., S. 114), ist in diesem Zusammenhang unwichtig.

33 Pantschatantra. Fünf Bücher indischer Fabeln, Märchen und Erzählungen. Aus dem Sanskrit übersetzt, mit Einleitung und Anmerkungen von Theodor Benfey. Zwei Teile, Leipzig 1859, 2. Teil, S. 3.

34 ebd., 1. Teil, S. XVI.

In abgewandelter Form erscheint dieser Rahmen auch im ›Hitopadesa‹ (S. 71), der indischen Fabelsammlung, die aus dem ›Pantschatantra‹ und einem zweiten Werk gebildet ist. In der arabischen Fabelsammlung ›Calila und Dimna oder die Fabeln Bidpais‹ (S. 77), dessen Quelle ›Pantschatantra‹ und ›Hitopadesa‹ (»freundlicher Rat«) sind, werden nicht mehr die Prinzen, hier wird der König selbst durch Gleichnisse belehrt. Und am Ende heißt es, daß dieser König nun vollendet ist in Einsicht und Wissen, in Klugheit und Wachsamkeit, daß nun bei ihm Wort und Tat eins sind[35].

»Die Wahrheit ist das unleidlichste Ding auf Erden«, schreibt MARTIN LUTHER in der Vorrede zu seiner Fabelsammlung. Kein Mensch will die Wahrheit hören, wenn sie ihn selbst betrifft. Da man aber auf die Wahrheit nicht verzichten kann, habe man die Fabel erfunden.

Wenn MARTIN LUTHER wie viele andere von der Fabel als der Wahrheit im Narrengewand spricht, meint er damit nicht den humoristischen Stil. LUTHERS Fabeln (S. 118) behalten die ernsthafte Tonlage von ÄSOP und von HEINRICH STEINHÖWEL (S. 111), LUTHERS Quelle, bei. Die Narrenkappe hat eine politische Spitze, sie weist auf die Tatsache, daß man im Narrengewand sogar einem Tyrannen die Wahrheit sagen kann. »Die großen Fürsten und Herren kann man nicht anders betrügen zur Wahrheit und zu ihrem Nutzen, als daß man ihnen von Narren die Wahrheit sagen läßt.«[36]

PAUL BÖCKMANN hat in einem Kapitel seiner Formgeschichte (S. 247ff.)[37] untersucht, wie die überkommenen Sprachformen des Schwanks, der Parodie und der Satire durch parabolische Formen abgelöst werden. BÖCKMANN begründet diese Ablösung mit dem neuen Willen zur Weltgestaltung, der im Gegensatz steht zur Resignation des Satirikers. Der Weg führt von der satirischen zur reformatorischen Haltung, von der Selbstgenügsamkeit zum neuen Pathos, vom Pathos zum Ethos. Diese allgemeine Feststellung BÖCKMANNS dürfte außer für LUTHER gerade für ERASMUS ALBERUS (S. 128) und für BURKARD WALDIS (S. 122) gelten, die aktive Wegbereiter des Neuen und scharfe Streiter gegen die alte Kirche sind. Das

35 Calila und Dimna oder die Fabeln Bidpais. Aus dem Arabischen von Philipp Wolff, 2 Bändchen, Stuttgart 1837, 1. Bd., S. 1, und 2. Bd., S. 122.

36 Martin Luthers Fabeln. Neu herausgegeben von Willi Steinberg, Halle/Saale 1961, S. 84 (sprachlich modernisiert von mir).

37 Paul Böckmann, Formgeschichte der deutschen Dichtung, 1. Band: Von der Sinnbildsprache zur Ausdruckssprache, Hamburg 1949.

zeigen nicht nur die Fabeln, sondern u.a. auch das bekannte parabolische Drama von BURKARD WALDIS ›Parabel vom Verlorenen Sohn‹ (1527) nach Lukas 15, in dem das biblische Gleichnis nicht mehr nach alter, sondern nach neuer Lehre ausgelegt wird, im Sinne der Rechtfertigung allein durch den Glauben.

Ein Kampfmittel ist die parabolische Rede bis heute geblieben. Das zeigt sich in der Fabel, die Fiesko den Bürgern von Genua erzählt (S. 204). AUGUST HAUSRATH urteilt treffend: »Schiller erkannte das revolutionäre Pathos der alten Volksfabel und gab ihr im ›Fiesco‹ (II,8) die alte Rolle als wirksames Mittel im politischen Kampf zurück.«[38]

HEINRICH HEINE (S. 220) gebraucht die parabolische Rede im Kampf gegen Restauration und Spießertum, BERTOLT BRECHT (S. 233) verwendet sie im Kampf gegen Kapitalismus und Faschismus.

WOLFDIETRICH SCHNURRE (S. 253) zeigt, wie schwer man mit dem alten braunen Fell fertig wird und sich um die Chamäleon-Farbe bemüht, HELMUT ARNTZEN (S. 254) glossiert die Dummheit des Bürgers der modernen Wohlstandsgesellschaft.

Daß sich mit den alten Fabeltieren Katze und Maus selbst die gegenwärtigen Auseinandersetzungen zwischen Polizei und Studenten gleichnishaft verdeutlichen lassen, zeigt die auf den Tod von Benno Ohnesorg bezogene Fabel von RAINER ROCHLITZ mit ihrer beißenden Ironie:

Fabel

Versehentlich ist gestern nacht
fahrlässig, wie bereits gemeldet,
eine Maus, die allerdings,
nach letzten Agenturberichten,
eine Katze Mörder schimpfte,
totgebissen und gefressen worden.

Mäuse, die entrüstet sind,
können heute öffentlich
ihre Sympathie kundgeben,
Ausschreitungen zu verhindern,
und zum Schutz der Demonstranten
steht ein Katzencorps bereit.

38 Aesopische Fabeln. Zusammengestellt und ins Deutsche übertragen von August Hausrath, München 1940, S. 144.

Unbeteiligte sind angehalten,
den Verkehr nicht aufzuhalten;
lachen sie ruhig en passant ein bißchen
über die struppigen Mäusegestalten;
sollten sie Radau befürchten,
keine Angst, wir sorgen schon,
daß die Kleinen
ihre Schnäuzchen halten.[39]

V. LESSING schätzt die Fabel, weil sie am »gemeinschaftlichen Raine der Poesie und Moral« angesiedelt ist, und bedauert, »daß die gerade auf die Wahrheit führende Bahn des Aesopus von den Neueren für die blumenreichen Abwege der schwatzhaften Gabe zu erzählen, so sehr verlassen wurde«[40]. Keiner hat so scharf und konsequent wie LESSING hervorgehoben, daß die Fabel Lehrdichtung ist, daß sie deshalb ernsthaft, knapp, gezielt und pointiert sein muß. In der Fabel ›Der Besitzer des Bogens‹ (S. 192) veranschaulicht LESSING seine Theorie: Der Bogen ist zum Schießen da und nicht zum vergnüglichen Anschauen. Wird er dieser Aufgabe durch Zieraten entfremdet, zerbricht er. LESSING zielt mit dieser Fabel gegen die Dichter, die unter dem Einfluß von LA FONTAINE (S. 146) Erzählfreude und humoristische Stillage zeigen.

In den ›Abhandlungen‹ hat LESSING seine Fabeltheorie ausführlich dargelegt. Die vielzitierte Zusammenfassung lautet:

»Wenn wir einen allgemeinen moralischen Satz auf einen besonderen Fall zurückführen, diesem besonderen Fall die Wirklichkeit erteilen und eine Geschichte daraus dichten, in welcher man den allgemeinen Satz anschauend erkennt: so heißt diese Erdichtung eine Fabel.«[41]

LESSINGS Theorie, die besonders in der didaktischen Literatur über die Fabel bedauerlicherweise sehr stark nachwirkt, wird der Fabel in ihrer ganzen Fülle und Anschaulichkeit nicht gerecht. Das Prinzip der Reduktion als Mittel zum Erfinden von Fabeln bedeutet eine rationalistische Verengung. Hier haben die didaktischen Verirrungen ihren Ursprung: die Frage nach der Abstraktionsfähigkeit eines Schülers und der Schematismus in den empfohlenen Tafelzeichnungen.

39 abgedruckt in: ›Die Zeit‹, No. 33/1967.
40 Gotthold Ephraim Lessings sämtliche Schriften. Hg. v. Karl Lachmann, 3. Aufl. von Franz Muncker, Bd. 7, Stuttgart 1891, S. 416 (Vorrede).
41 ebd., S. 446 (›Abhandlungen‹).

Lessings Fabeln (S. 189) sprengen die Fessel seiner Theorie und zeigen, daß sich der Dichter Lessing nicht unter das »Joch einer Regel« beugt[42]. Aber auch hier tritt der Moralist bisweilen allzu deutlich hervor, wie etwa die Fabel ›Der Rabe und der Fuchs‹ (S. 192) zeigt. Vergleicht man sie mit der Fassung bei Babrius (S. 90), bei La Fontaine (S. 146) und James Thurber, so wird deutlich, daß eine Belehrung in humoristischer Form nicht nur angenehmer, sondern auch wirksamer ist.

Daß die Fabel belehren will, ist auch dem von Lessing zu Unrecht wegen seiner »lustigen Schwatzhaftigkeit« geschmähten »sonderbaren Genie« La Fontaine durchaus bewußt. »Erzählung nur zum Spaß, das ist noch nicht genug«,[43] sagt La Fontaine und weist in dem Gedicht ›Die Macht der Fabel‹[44] auf den rhetorischen Ursprung und die politische Relevanz der Fabel hin. Zugleich aber weiß er, daß Belehrung auch in unterhaltsamer und humoristischer Weise erfolgen kann. Das zeigen seine Fabeln.

Johann Jacob Breitinger schreibt 1740 eine umfangreiche Abhandlung über die Gleichnisse, die er als eine »besondere Quelle des Ergötzens in der Beredtsamkeit und Poesie« bezeichnet[45]. Hier zeigt sich eine neue Zielsetzung gegenüber der von Gottsched (›Kritische Dichtkunst‹, 1730) und Lessing.

Daniel Stoppe (S. 159) schreibt seine Fabeln zum »erbaulichen Zeitvertreib«[46], Gellert (S. 168) sieht in der äsopischen Fabel die »älteste Spur des menschlichen Witzes«[47]. Seine Absicht ist, »durch die Fabel zu vergnügen und zu unterhalten«[48]. Wie sehr ihm das gelungen ist, spiegelt sich in der Anekdote von dem Bauern, der Gellert eine Fuhre Holz schenkte mit der Widmung: »als Anerkennung für die schönen Fabeln des Herrn Professors«[49]. Für Gleim (S. 180) ist die Fabel nicht »Menschen-

42 Max Staege, Die Geschichte der deutschen Fabeltheorie, Bern 1929, S. 43.

43 Jean de La Fontaine, Die Fabeln. Gesamtausgabe, übertragen von Rolf Mayr, Düsseldorf-Köln 1964, S. 135.

44 ebd., S. 193f.

45 Johann Jacob Breitinger, Critische Abhandlung von der Natur, den Absichten und dem Gebrauche der Gleichnisse. Faksimiledruck nach der Ausgabe von 1740. Mit einem Nachwort von Manfred Windfuhr, Stuttgart 1967, S. 1.

46 Daniel Stoppe, Neue Fabeln oder Moralische Gedichte, der deutschen Jugend zu einem erbaulichen Zeitvertreib aufgesetzt, 2 Teile, Breslau 1745.

47 Christian Fürchtegott Gellert, Fabeln und Erzählungen, 2 Teile, Leipzig 1748; hier: Vorwort zum 1. Teil (ohne Seitenzahl).

48 ebd.

49 vgl. Hubert Badstüber, Die deutsche Fabel von ihren ersten Anfängen bis auf die Gegenwart, Wien 1924.

lehrerin« – ein den Priestern und Weisen vorbehaltenes Amt –, sondern »Zeitvertreiberin«[50]. Gleims Quelle ist neben PHÄDRUS vor allem LA FONTAINE, der diese ganze Richtung beeinflußte.

Die Fabeldichtung des 18. Jahrhunderts steht nicht mehr so stark in der Tradition wie die des 16. Jahrhunderts. Die Titel der Fabelsammlungen – statt ›äsopische Fabeln‹ heißt es jetzt meistens ›Fabeln und Erzählungen‹ – deuten bereits darauf hin, daß weniger die alten Fabelmotive als neue, freie Erfindungen dominieren. Die Möglichkeiten sind unbegrenzt. In den Fabeln von STOPPE unterhalten sich Harnisch und Fingerhut, Degen und Bratspieß, Bratenwender und Wanduhr usw. Das große A und die Nullen hinter der Eins debattieren. Mäuse, die den Seneca gelesen haben, philosophieren über den Tod, und die Lehre der Fabel beginnt:

> Der Mensch ist zwar ein Mensch und folglich keine Maus;
> Doch sein gegebner Trost sieht oft nicht besser aus.

Diese Trivialisierung, die im 19. Jahrhundert mit WILHELM HEY ihren Höhepunkt erreicht, hat vor allem zwei Ursachen: die Massenproduktion – die beiden (1840 von H. HAUFF herausgegebenen) Bände von GOTTLIEB KONRAD PFEFFEL (S. 184) enthalten fast 500 Fabeln – und die Verniedlichung – STOPPE schreibt seine Fabeln für die »deutsche Jugend«, FRIEDRICH HAUG (S. 208) für die »gebildete Jugend«, WILHELM HEY (S. 210) für Kinder, besonders im Vorschulalter.

HEYS kleine anthropomorphe Tiergeschichten, die von OTTO SPECKTER der Aussage entsprechend verklärt illustriert wurden, erschienen lange Zeit in den Lesebüchern und sind als ›Specktersche Fabeln‹ in das Bewußtsein gedrungen. Die Tierchen werden in eine idyllische Welt eingeordnet und ebenso verniedlicht wie die Kinder selbst. Realistische Einbrüche gibt es nicht. Verklärt ist die ganze Welt, die nur aus Freude, Gesang, Tierliebe und Gotteslob besteht. HEY spricht die Tierliebe und das kindliche Mitgefühl an; er empfiehlt seine gereimten Geschichtchen den Eltern zum Vorlesen für die Kinder im Vorschulalter und ergänzt Bibelsprüche zum Auswendiglernen. Die sogenannten Fabeln von Pfarrer HEY haben die ganze Gattung in Mißkredit gebracht, besonders bei modernen Theologen.

Zu Unrecht; denn diese Texte, die sich bei einer sprachlichen Analyse als Kitsch erweisen, haben nichts gemeinsam mit der

50 Johann Wilhelm Ludwig Gleim, Lieder, Fabeln und Romanzen, Leipzig 1758 (2 Bücher).

echten Fabel, die sich nicht an das Gefühl, sondern an die Ratio wendet, die keine verklärte, sondern eine schroff realistisch gesehene Welt zeigt.

Die Fabel ist als Kinderliteratur ungeeignet und gehört nicht in den Hauskalender. Es ist bezeichnend, daß HANS LOTHAR MARKSCHIES das vermeintliche Ende der Fabel folgendermaßen beschreibt:

»Wenn noch etwas von ihrer lebendigen Kraft im dt. 19. Jh. zu spüren ist, dann finden wir es in der volkstümlichen Dichtung, der Kinderliteratur und dem Hauskalender: J. Chr. Fr. Haug (1823, 1828) und Joh. Wilh. Hey (50 Fabeln für Kinder 1833, 1837). Dabei übernimmt schon die Illustration ›szenische Aufgaben‹, die die Fabel nicht mehr erfüllen kann: Otto Speckter (1807–1871). Gibt die Fabel am Ende überhaupt ihre Bedeutung an die bildende Kunst ab, wie es das Werk von Wilhelm Busch nahezulegen scheint?«[51]

Ein Blick auf die Fabeln des 20. Jahrhunderts führt zu einem grundsätzlich anderen Urteil.[51a] Die moderne Fabel macht nicht nur eine grundsätzliche Unterscheidung zwischen Fabel und Parabel fragwürdig, wenn nicht unmöglich, sie schlägt auch eine neue Brücke zu den biblischen Texten. So kann z.B. KAFKAS Fabel von Katze und Maus (S. 232) ein fruchtbarer Ansatz für das Verständnis des Römerbriefes sein. MARTIN BUBER (S. 238) führt zu einem neuen Verständnis der alten rabbinischen Gleichnisse. Und was ERNST BLOCH (S. 242) unter der Überschrift ›Das Merke‹ schreibt, zeugt von einer neuen Sicht der Fabel in unserem Jahrhundert und bietet zugleich auch einen Ansatz für das Verständnis der neutestamentlichen Gleichnisse:

»Kurz, es ist gut, auch fabelnd zu denken. Denn so vieles eben wird nicht mit sich fertig, wenn es vorfällt, auch wo es schön berichtet wird. Sondern ganz seltsam geht mehr darin um, der Fall hat es in sich, dieses zeigt oder schlägt er an. Geschichten dieser Art werden nicht nur erzählt, sondern man zählt auch, was es darin geschlagen hat oder horcht auf: was ging da. Aus Begebenheiten kommt da ein Merke, das sonst nicht da wäre; oder ein Merke, das schon ist, nimmt kleine

51 Hans Lothar Markschies, Artikel ›Fabel‹. In: Reallexikon der deutschen Literaturgeschichte begr. v. Paul Merker und Wolfgang Stammler, 2. Aufl., hg. v. W. Kohlschmidt und W. Mohr, 1. Bd., Berlin 1958, S. 433ff.; hier: S. 439.

51a Leider konnten in unsere Sammlung die Fabeln von James Thurber und Rudolf Kirsten nicht aufgenommen werden, da die entsprechenden ausländischen Verlage eine Abdrucksgenehmigung nicht erteilten.

Vorfälle als Spuren und Beispiele. Sie deuten auf ein Weniger oder Mehr, das erzählend zu bedenken, denkend wieder zu erzählen wäre; das in den Geschichten nicht stimmt, weil es mit uns und allem nicht stimmt.«[52]

VI. Obwohl das Wort »parabole« etwa 50 mal im Neuen Testament vorkommt, und zwar fast ausschließlich in den synoptischen Evangelien[53], ist uns damit wenig geholfen, wenn wir danach definieren wollen, was das Neue Testament unter einem Gleichnis versteht.

Ebenso wie das hebräische »Maschal« im Alten Testament steht auch das griechische Wort »parabole« nicht nur für Gleichnis und Parabel, sondern für alle Arten bildlicher Rede und noch für einiges mehr[54]. Joachim Jeremias zieht daraus die Konsequenz. Er betont ausdrücklich, daß er diesen weiten Sinn meint, wenn er von einem Gleichnis spricht[55], und er wendet sich gegen jede nähere Bestimmung dieses Begriffes. »Es heißt den Gleichnissen Jesu ein sachfremdes Gesetz aufzwingen, wenn man sie in die Kategorien griechischer Rhetorik zwängt.«[56]

Dieses Urteil erscheint mir ungerechtfertigt. Wenn uns der Sprachgebrauch der Evangelisten nicht weiterhilft, so lassen sich doch – was an sich auch viel näher liegt – Definitionen und eventuelle Unterscheidungen aus den Texten selbst gewinnen. Dabei geht es nicht um »Kategorien griechischer Rhetorik«. Wenn man das Gleichnis bei Jesus und überhaupt auf die Sprachform hin untersucht, als eine Form parabolischer Rede, geht es heute nicht mehr um sprachfremde Schablonen und Kategorien, sondern um »eine Deutung aus den gestaltenden Sprachkräften«[57].

Der Unterschied zwischen Gleichnis und Parabel im Neuen Testament läßt sich – von Details und fließenden Übergängen abgesehen – folgendermaßen bestimmen: Das Gleichnis zeigt

52 Ernst Bloch, Spuren. Neue erweiterte Ausgabe, Frankfurt 1967 (Band 54 der Bibliothek Suhrkamp), S. 15.

53 vgl. Adolf Jülicher, Die Gleichnisreden Jesu, Darmstadt 1963, S. 25.

54 vgl. ebd., S. 34ff., und Joachim Jeremias, Die Gleichnisse Jesu, 5. Aufl., Göttingen 1958, S. 13f. – Das hebräische »Maschal« »umfaßt die sinnbildliche Rede im weitesten Sinne: einfachen Vergleich und ausgeführtes Exempel, Parabel, Fabel, Allegorie, Symbol, Sprichwort, Sentenz«. Und das Wort »parabole« »kann in der neutestamentlichen Terminologie den weiten Sinn des alttestamentlichen ›Maschal‹ haben« (RGG, 2. Bd., 3. Aufl., 1958, Spalte 1616 und 1617).

55 Joachim Jeremias, Die Gleichnisse Jesu, 5. Aufl., Göttingen 1958, S. 14 und 98.

56 ebd., S. 14.

57 Herbert Seidler, Allgemeine Stilistik, Göttingen 1953, S. 294.

im Bild etwas Alltägliches und Typisches; die Parabel stellt in bildhafter Erzählung einen interessanten Einzelfall dar[58].

Das Thema der Gleichnisse Jesu ist die *Gottesherrschaft*. Viele Gleichnisse beginnen mit »Das Reich der Himmel ist gleich«, andere beginnen oder enden mit ähnlichen Worten, teilweise als Frage formuliert. Beschreiben oder lokalisieren kann man das »Himmelreich« nicht, aber man kann es vergleichen. »Man kann nicht fragen, wo es ist . . ., man weiß aber, daß es da ist, man kann es suchen und finden, kaufen und erwerben . . . Niemals kann man beschreiben, wie es ist und kommt, wirkt und sich verwirklicht; wohl aber kann man seine Wirklichkeit und Wirksamkeit an anderem Gegebenem messen und vergleichen . . . Hier zeigt sich noch dunkel und verfließend der erste Grund für Jesu Reden in Gleichnissen.«[59]

Ein Vergleich zwischen den rabbinischen Gleichnissen (S. 56) und den Gleichnissen Jesu (S. 35) ist in zweifacher Beziehung aufschlußreich.

1. Einerseits zeigt sich, daß Jesus eine in seiner Zeit besonders beliebte Sprachform verwendet. Die Motivgleichheit – z.B. zwischen dem rabbinischen Gleichnis ›Einladung der klugen und törichten Knechte zur Mahlzeit des Königs‹ (S. 56) und Jesu Parabel von dem großen Abendmahl (S. 50) und von den klugen und törichten Jungfrauen (Matth. 25,1–13), zwischen dem rabbinischen Gleichnis ›Der reiche Lohn des geschickten Arbeiters‹ (S. 59) und Jesu Parabel von den Arbeitern im Weinberg (Matth. 20,1–16), zwischen den bereits erwähnten Perlengleichnissen (S. 59 und 40) usw. – diese Motivgleichheit zeigt, daß Jesus ein rabbinisches Gleichnis aufgreift oder daß ein Jesusgleichnis Grundlage für eine rabbinische Fassung wird[60].

2. Andererseits macht ein solcher Vergleich deutlich, was das Gleichnis Jesu von allen anderen Gleichnissen grundsätzlich unterscheidet, nämlich daß »in Jesu Gleichnissen die Gottesherrschaft so zur Sprache kommt, daß sie *im* Gleichnis als Gleichnis Ereignis wird«[61]. Dann ist auch der »Sitz im Leben«

58 vgl. Adolf Jülicher, Rudolf Bultmann, Ernst Fuchs, Eta Linnemann (a.a.O.). – »Gleichnisse unterscheiden sich von den Parabeln also lediglich durch den Wechsel der Parabel vom Typischen, Regelhaften zum prägnanten Einzelfall, der natürlich erzählt werden *muß*.« (Ernst Fuchs, Hermeneutik, Bad Cannstatt 1954, S. 222).

59 Ernst Lohmeyer; zitiert nach Eberhard Jüngel, Paulus und Jesus, 3. Aufl., Tübingen 1967, S. 123.

60 Letzteres ist z.B. bei Jesu Parabel von den Weingärtnern der Fall (vgl. Joachim Jeremias, a.a.O., S. 120f.).

61 Eberhard Jüngel, Paulus und Jesus, 3. Aufl., Tübingen 1967, S. 166.

nicht einfach die konkrete Situation im historischen oder soziologischen Sinn; denn Jesu Tat und Jesu Verkündigung lassen sich nicht voneinander trennen[62]. »Das Verhalten Jesu als existentialer Sitz im Leben der Sache ist seinerseits ein eschatologisches Phänomen, das Jesu Wort in der Gegenwart und Gottes Tat in der Zukunft zusammenbringt.«[63]

Die Parabel von den Arbeitern im Weinberg, die Ernst Fuchs als ein Selbstzeugnis Jesu versteht, soll das verdeutlichen[64].

In dem rabbinischen Gleichnis ›Der reiche Lohn des geschickten Arbeiters‹ (S. 59) geht es um den rechtmäßig verdienten Lohn eines besonders tüchtigen Arbeiters. Er hat in den zwei Stunden, die er arbeitete, mehr geleistet als jeder der anderen während des ganzen Tages. Es ist also durchaus rechtens, wenn er die übrigen Stunden des Tages spazierengehen darf und am Abend den gleichen Lohn bekommt wie die anderen. Gleicher Lohn für gleiche Leistung! So tüchtig war auch Rabbi Bun, auf den diese Trauerrede in Form eines Gleichnisses gehalten wird. Im Gleichnis wird das Lob des Tüchtigen gesungen.

Nicht so in der motivgleichen Parabel von den Arbeitern im Weinberg (Matth. 20,1–16), der man besser die Überschrift ›Der gütige Arbeitsherr‹ geben sollte[65].

Die Lohnauszahlung am Abend (nicht der Ruf in den Weinberg) ist das sog. tertium comparationis. Vers 16 ist ein allgemeiner Schlußsatz, der später angehängt wurde (Letzte werden Erste und Erste werden Letzte sein). Die Rangordnung wird in der Parabel nicht umgekehrt; denn der Lohn ist für alle gleich. Alle erhalten einen Denar, das Existenzminimum. Das ist den »Ersten« gegenüber nicht ungerecht, weil es der Vereinbarung entspricht. Es ist also auch nicht Willkür, sondern den »Letzten« gegenüber Güte. Gerechtigkeit und Güte stehen nicht im Widerspruch. Im Unrecht sind die Murrenden, die den gerechten Lohn empfangen haben. Deshalb die vorwurfsvolle Frage an einen der Murrenden: Siehst du scheel, weil ich gütig bin? Bist du neidisch, weil jene weniger arbeiten mußten?

62 vgl. Ernst Fuchs, Hermeneutik, Bad Cannstatt 1954, S. 228.

63 Eberhard Jüngel, Paulus und Jesus, 3. Aufl., Tübingen 1967, S. 134.

64 vgl. u.a. Joachim Jeremias, Die Gleichnisse Jesu, 5. Aufl., Göttingen 1958, S. 23ff.; Ernst Fuchs, Hermeneutik, Bad Cannstatt 1954, S. 223ff.; Ernst Fuchs, Bemerkungen zur Gleichnisauslegung. In: Ernst Fuchs, Zur Frage nach dem historischen Jesus (Gesammelte Aufsätze II), Tübingen 1960, S. 136–142; Eta Linnemann, Gleichnisse Jesu, 4. Aufl., Göttingen 1966, S. 87ff.

65 Joachim Jeremias, Die Gleichnisse Jesu, 5. Aufl., Göttingen 1958, S. 118.

Die Pharisäer und Schriftgelehrten, denen Jesus das Gleichnis vom gütigen Arbeitsherrn erzählt, murren, weil sich Jesus mit den Zöllnern und Sündern an einen Tisch setzt und damit die Lohnordnung verletzt (wie der Herr im Gleichnis). Aber Jesus tut noch mehr. Er versucht denen, die über diese Güte murren, die Augen zu öffnen, indem er ihnen dieses Gleichnis erzählt. Sie sollen im Hören des Gleichnisses Distanz gewinnen von sich selbst und ihrer Lohnordnung und ihren Schranken. Sie sollen »Ja« sagen zu dieser scheinbaren Ungerechtigkeit, die Güte heißt. Das aber heißt letztlich, daß sie »Ja« sagen zu Jesus, zu seiner Verkündigung und zu seiner Tat. »Im Gleichnis Jesu haben die zuletzt eingestellten Arbeiter keine Verdienste aufzuweisen, die ihnen Anspruch auf den vollen Lohn geben würden; ausschließlich der Güte des Hausherrn haben sie es zu verdanken, wenn sie ihn doch erhalten. So scheiden sich an diesem scheinbar geringfügigen Unterschied zwei Welten: dort Verdienst, hier Gnade; dort Gesetz, hier Evangelium.«[66]

66 ebd., S. 121.

Altes Testament

1. Die Fabel des Joas (2. Könige 14,9)
2. Die Parabel des Propheten Nathan (2. Samuel 12,1–15)
3. Die Fabel Jothams (Richter 9,7–15)
4. Das Gleichnis vom Weinberg (Jesaja 5,1–7)

Die Fabel des Joas (2. Könige 14,9)

8 Damals sandte Amazja Boten an den König Joas von Israel, den Sohn des Joahas, des Sohnes Jehus, und ließ ihm sagen: Komm her, wir wollen uns miteinander messen!

9 Aber Joas, der König von Israel, sandte an Amazja, den König von Juda, die Antwort:

Die Distel auf dem Libanon sandte zur Zeder auf dem Libanon und ließ ihr sagen: Gib deine Tochter meinem Sohn zum Weibe. Aber das Wild auf dem Libanon lief über die Distel weg und zertrat sie.

10 Du hast die Edomiter geschlagen, und nun bist du übermütig geworden. Habe den Ruhm und bleibe daheim! Warum willst du dich ins Unglück stürzen, daß du zu Fall kommst, du und Juda mit dir?

Die Parabel des Propheten Nathan (2. Samuel 12,1–15)

1 Und der Herr sandte den Propheten Nathan zu David. Als er bei ihm eintrat, sprach er zu ihm:

Es waren zwei Männer in derselben Stadt, der eine reich, der
andre arm. 2 Der Reiche hatte sehr viele Schafe und Rinder;
3 aber der Arme hatte nichts als ein einziges kleines Schäflein,
das er sich gekauft hatte, und er zog es auf, und es ward bei ihm
zugleich mit seinen Kindern groß. Es aß von seinem Bissen
und trank aus seinem Becher und schlief an seinem Busen, und
er hielt es wie ein Kind. 4 Da kam einst zu dem reichen Mann
ein Gast. Weil es ihn nun reute, von seinen Schafen oder Rindern eins zu nehmen, um es dem Wanderer herzurichten, der zu ihm gekommen war, nahm er das Lamm des armen Mannes und richtete es dem Manne zu, der zu ihm gekommen war.

5 Da entbrannte der Zorn Davids heftig wider den Mann, und er sprach zu Nathan:

So wahr der Herr lebt: der Mann, der das getan hat, ist ein
Kind des Todes! 6 Das Lamm soll er vierfach ersetzen, weil er
das getan und kein Erbarmen bewiesen hat.

7 Da sprach Nathan zu David:
Du bist der Mann!
So spricht der Herr, der Gott Israels: *Ich* habe dich zum
König über Israel gesalbt und *ich* dich aus der Hand Sauls er-
rettet; 8 ich habe dir das Haus deines Herrn gegeben und die
Frauen deines Herrn an deinen Busen gelegt, ich habe dir das
Haus Israel und Juda gegeben, und wäre das noch zu wenig,
so wollte ich dir noch dies oder jenes hinzutun. 9 Warum hast
du den Herrn verachtet und getan, was ihm mißfällt? Den
Hethiter Uria hast du mit dem Schwert erschlagen, und sein
Weib hast du dir zum Weibe genommen; ihn selbst aber hast
du durch das Schwert der Ammoniter umgebracht.
10 So soll denn das Schwert niemals von deinem Hause
lassen, darum weil du mich verachtet und das Weib des Hethi-
ters Uria genommen hast, daß sie dein Weib werde.
11 So spricht der Herr: Siehe, ich werde in deinem eignen
Hause Unheil wider dich anstiften und werde deine Frauen vor
deinen Augen wegnehmen und sie einem andern geben, daß er
im Angesicht dieser Sonne bei deinen Frauen schlafe. 12 Denn
du hast es heimlich getan; ich aber werde dies vor ganz Israel
und im Angesicht der Sonne tun.
13 Da sprach David zu Nathan:
Ich habe gegen den Herrn gesündigt.
Nathan erwiderte David:
So hat auch der Herr deine Sünde vergeben; du wirst
nicht sterben! 14 Doch, weil du den Herrn durch dies dein
Tun verhöhnt hast, so muß der Sohn, der dir geboren ist,
sterben!
15 Und Nathan ging nach Hause.

Die Fabel Jothams (Richter 9,7–15)

6 Danach versammelten sich alle Bürger von Sichem und
alle Insassen des Millo, gingen hin und machten Abimelech
zum König bei der Eiche mit dem Malstein, die bei Sichem
steht.
7 Als man das Jotham hinterbrachte, ging er hin, trat auf
die Höhe des Berges Garizim, erhob seine Stimme und rief
ihnen zu:

Höret auf mich,
ihr Bürger von Sichem,
daß auch Gott auf euch höre!

8 Einst gingen die Bäume hin,
einen König über sich zu salben.
Und sie sprachen zum Ölbaum:
Sei unser König!
9 Aber der Ölbaum antwortete ihnen:
Soll ich meine Fettigkeit lassen,
mit der man Götter
und Menschen ehrt,
und hingehen, über den Bäumen
zu schweben?
10 Da sprachen die Bäume
zum Feigenbaum:
So komm du und sei unser König!
11 Aber der Feigenbaum antwortete
ihnen:
Soll ich meine Süssigkeit lassen
und meine köstliche Frucht
und hingehen, über den Bäumen
zu schweben?
12 Da sprachen die Bäume
zum Weinstock:
So komm du und sei unser König!
13 Aber der Weinstock antwortete
ihnen:
Soll ich meinen Wein lassen,
der Götter und Menschen
fröhlich macht,
und hingehen, über den Bäumen
zu schweben?
14 Da sprachen alle Bäume
zum Dornbusch:
So komm du und sei unser König!
15 Und der Dornbusch sprach
zu den Bäumen:
Wollt ihr in Wahrheit mich salben,
daß ich König über euch sei,
so kommt und bergt euch
in meinem Schatten!
Wo nicht so wird Feuer ausgehen
vom Dornbusch
und verzehren die Zedern
des Libanon.

Das Gleichnis vom Weinberg (Jesaja 5,1–7)

1 Singen will ich von meinem Freunde, das Lied meines
Freundes von seinem Weinberg! Mein Freund hatte einen
Weinberg auf fetter Bergeshöhe. 2 Den grub er um und säu-
berte ihn von Steinen und bepflanzte ihn mit edeln Reben. Er
baute einen Turm in seiner Mitte, auch eine Kelter hieb er
darin aus. Und er hoffte, daß er edle Trauben brächte, doch er
brachte herbe Frucht. 3 Nun, ihr Bürger Jerusalems und ihr
Männer von Juda, richtet zwischen mir und meinem Weinberg!
4 Was war noch zu tun an meinem Weinberg, und ich tat es
nicht? Warum hoffte ich, daß er edle Trauben brächte, und er
brachte herbe Frucht? –

5 Nun, so will ich euch kundtun, was ich meinem Weinberg
tun will: ich will seinen Zaun entfernen, daß er abgeweidet,
und seine Mauer einreißen, daß er zertreten werde. 6 Ich will
ihm den Garaus machen: nicht beschnitten soll er werden noch
behackt, in Dornen und Disteln soll er aufgehen; und den
Wolken will ich verbieten, auf ihn zu regnen.

7 Denn der Weinberg des Herrn der Heerscharen ist das
Haus Israel, und die Männer Judas sind seine Lieblingspflan-
zung. Er hoffte auf Guttat, und siehe da Bluttat, auf Rechts-
spruch, und siehe da Rechtsbruch!

Neues Testament

1. Das Gleichnis vom verlorenen Schaf
(Matth. 18,12 / Luk. 15,1–7 / Thomas-Ev.)
2. Die Gleichnisse vom Senfkorn und Sauerteig
(Matth. 13,31–32 / Mark. 4,30–32 / Luk. 13,18–21 / Thomas-Ev.)
3. Die Gleichnisse vom Schatz im Acker und von der kostbaren Perle
(Matth. 13,44–46 / Thomas-Ev.)
4. Das Gleichnis vom Fischnetz
(Matth. 13,47–50 / Thomas-Ev.)
5. Die Parabel vom Unkraut unter dem Weizen
(Matth. 13,24–30 / Thomas-Ev.)
6. Die Parabel vom Sämann
Matth. 13,3–9 / Mark. 4,2–9 / Luk. 8,4–8 / Thomas-Ev.)
7. Die Parabel von den bösen Weingärtnern (Allegorie?)
(Matth. 21, 33–41 / Mark. 12,1–9 / Luk. 20,9–16 / Thomas-Ev.)
8. Die Parabel vom großen Abendmahl (Matth. = Allegorie)
(Luk. 14,15–24 / Matth. 22,1–10 / Thomas-Ev.)
9. Die Gleichnisse vom Krug und vom Attentäter
(Thomas-Ev.)

Das Gleichnis vom verlorenen Schaf

Matth. 18,12

Was meint ihr? Wenn ein Mensch hundert Schafe hat, und es verirrt sich eins von ihnen, wird er nicht die 99 auf den Bergen lassen, und geht er nicht hin und sucht das verirrte? Und wenn es sich begibt, daß er es findet, wahrlich ich sage euch:
Er freut sich über dasselbe mehr als über die 99, die nicht verirrt waren.

Luk. 15,1–7	*Thomas-Evangelium* (Haenchen 32)
Es nahten ihm aber fortwährend alle Zöllner und Sünder, um ihn zu hören. Und die Pharisäer und die Schriftgelehrten murrten und sagten: Dieser nimmt Sünder an und ißt mit ihnen. Da sagte er zu ihnen dieses Gleichnis:	Jesus sprach:
Welcher Mensch unter euch, der hundert Schafe hat und eins von ihnen verliert, läßt nicht die 99 in der Wüste zurück und geht dem verlorenen nach, bis er es findet? Und wenn er es gefunden hat, legt er es voll Freude auf seine Schultern; und wenn er nach Hause kommt, ruft er seine Freunde und seine Nachbarn zusammen und sagt zu ihnen: Freuet euch mit mir! Denn ich habe mein Schaf gefunden, das verloren war.	Das Reich ist gleich einem Hirten, der hundert Schafe hat. Eins von ihnen verlief sich, das größte. Er ließ die neunundneunzig; er suchte nach diesem einen, bis er es fand. Als er sich abgemüht hatte, sagte er zu dem Schaf: Ich liebe dich mehr als die neunundneunzig.
Ich sage euch: So wird im Himmel mehr Freude sein über *einen* Sünder, der Buße tut, als über 99 Gerechte, die der Buße nicht bedürfen.	

Die Gleichnisse vom Senfkorn und Sauerteig

Matth. 13,31–33	*Mark. 4,30–32*
Ein anderes Gleichnis legte er ihnen vor und sprach:	Und er sprach:
Das Reich der Himmel ist gleich einem Senfkorn, das ein Mensch nahm und auf seinen Acker säte.	Wie sollen wir das Reich Gottes abbilden oder unter welchem Gleichnis sollen wir es darstellen? Es ist gleich einem Senfkorn, das, wenn es in die Erde gesät wird,
Dieses ist zwar kleiner als alle anderen Samenarten;	kleiner ist als alle anderen Samenarten auf Erden;
wenn es aber herangewachsen ist, so ist es größer als die Gartengewächse und wird ein Baum, so daß die Vögel des Himmels kommen und in seinen Zweigen nisten.	und wenn es gesät wird, geht es auf und wird größer als alle Gartengewächse und treibt große Zweige, so daß die Vögel des Himmels unter seinem Schatten nisten können.
Ein anderes Gleichnis sagte er ihnen:	
Das Reich der Himmel ist gleich einem Sauerteig, den eine Frau nahm und unter drei Scheffel Mehl mengte, bis er ganz durchsäuert war.	

Luk. 13,18–21	*Thomas-Evangelium* (Haenchen 18+31)
Er sprach nun:	Die Jünger sprachen zu Jesus:
Wem ist das Reich Gottes gleich, und womit soll ich es vergleichen? Es ist gleich einem Senfkorn, das ein Mensch nahm und in seinen Garten legte	Sage uns, wem das Reich der Himmel gleicht! Er sprach zu ihnen: Es gleicht einem Senfkorn, das
	kleiner ist als alle Samen.
und es wuchs und wurde zu einem Baum und die Vögel des Himmels nisteten in seinen Zweigen.	Wenn es aber fällt auf das Land, das man bebaut, sendet es heraus einen großen Sproß und wird zum Schutz für die Vögel des Himmels.
Und wiederum sprach er:	
Womit soll ich das Reich Gottes vergleichen? Es ist gleich einem Sauerteig, den eine Frau nahm und unter drei Scheffel Mehl mengte, bis er ganz durchsäuert war.	Das Reich des Vaters gleicht einer Frau. Sie nahm ein wenig Sauerteig; sie verbarg ihn in Mehl. Sie machte ihn zu großen Broten. Wer Ohren hat, möge hören!

Die Gleichnisse vom Schatz im Acker und von der kostbaren Perle

Matth. 13,44–46

Das Reich der Himmel ist gleich einem im Acker verborgenen Schatz, den ein Mensch fand und wieder verbarg.

Und in seiner Freude geht er hin und verkauft alles, was er hat, und kauft jenen Acker.

Wiederum ist das Reich der Himmel gleich einem Kaufmann, der schöne Perlen suchte. Als er aber *eine* kostbare Perle gefunden hatte, ging er hin, verkaufte alles, was er hatte, und kaufte sie.

Das Gleichnis vom Fischnetz

Matth. 13,47–50

Wiederum ist das Reich der Himmel gleich einem Netz, das ins Meer geworfen wurde und Fische von allerlei Art zusammenbrachte.
Und als es voll geworden war, zogen sie es ans Gestade,

Thomas-Evangelium (Haenchen 32f. + 28)

Jesus sprach:
Das Reich gleicht einem Manne, der auf seinem Acker einen verborgenen Schatz hat, von dem er nicht weiß.
Und nach seinem Tode ließ er den Schatz seinem Sohn. Der Sohn wußte nicht davon. Er nahm jenen Acker; er verkaufte ihn. Und der, welcher ihn gekauft hatte, kam.
Beim Pflügen fand er den Schatz. Er begann, Geld zu geben auf Zinsen denen, die er wollte.

Das Reich des Vaters gleicht einem Kaufmann, der eine Warenladung hatte und eine Perle fand.
Der kluge Kaufmann gab die Warenladung fort;
er kaufte sich einzig die Perle.

Thomas-Evangelium (Haenchen 15)

Der Mensch gleicht einem Fischer, einem klugen, der sein Netz warf ins Meer.

Er zog es heraus aus dem Meer, voll kleiner Fische. In

setzten sich und sammelten die guten in Gefäße, die faulen aber warfen sie weg

So wird es am Ende der Welt sein: Die Engel werden ausgehen und die Bösen mitten aus den Gerechten aussondern und sie in den Feuerofen werfen. Dort wird Heulen und Zähneknirschen sein.

Die Parabel vom Unkraut unter dem Weizen

Matth. 13,24–30

Ein anderes Gleichnis legte er ihnen vor und sprach:

Das Reich der Himmel ist gleich einem Menschen, der guten Samen auf seinen Acker säte.

Doch während die Leute schliefen, kam sein Feind und säte Unkraut dazu mitten unter den Weizen und ging davon.

Als aber die Saat sproßte und Frucht brachte, da zeigte sich auch das Unkraut. Da traten die Knechte des Hausherrn herzu und sagten zu ihm: Herr, hast du nicht guten Samen auf deinen Acker gesät? woher hat er nun das Unkraut? Er aber sagte zu ihnen:

ihrer Mitte fand er einen großen guten Fisch, der kluge Fischer. Er warf alle kleinen Fische fort ins Meer. Er wählte den großen Fisch ohne Hemmung.

Wer Ohren hat zu hören, möge hören!

Thomas-Evangelium (Haenchen 24f.)

Das Reich des Vaters gleicht einem Manne, der einen guten Samen hatte.

Sein Feind kam des Nachts. Er säte Lolch unter den guten Samen.

Ein feindlicher Mensch hat das getan. Da sagten die Knechte zu ihm: Willst du nun, daß wir hingehen und es zusammensuchen? Er aber sagt: Nein, damit ihr nicht, indem ihr das Unkraut zusammensucht, zugleich mit ihm den Weizen ausrauft. Lasset beides miteinander wachsen bis zur Ernte, und zur Zeit der Ernte will ich den Schnittern sagen: Suchet zuerst das Unkraut zusammen und bindet es in Bündel, damit man es verbrenne; den Weizen aber sammelt in meine Scheune!

Die Parabel vom Sämann

Matth. 13,3–9	*Mark. 4,2–9*
Und er redete zu ihnen vieles in Gleichnissen und sprach:	Und er lehrte sie in Gleichnissen vieles und sagte zu ihnen in seiner Lehre:
Siehe, der Sämann ging aus, um zu säen.	Höret zu! Siehe, der Sämann ging aus, um zu säen.
Und indem er säte, fiel etliches auf den Weg, und die Vögel kamen und fraßen es auf.	Und es begab sich, indem er säte, fiel etliches auf den Weg, und die Vögel kamen und fraßen es auf.
Andres fiel auf den felsigen Boden, wo es nicht viel Erde hatte, und es ging sogleich auf, weil es nicht tiefe Erde hatte; als aber die Sonne aufging, wurde es verbrannt, und weil	Andres fiel auf den felsigen Boden, wo es nicht viel Erde fand, und es ging sogleich auf, weil es nicht tiefe Erde fand; und als die Sonne aufging, wurde es verbrannt, und weil

	Der Mann ließ sie (= die Knechte) nicht ausreißen den Lolch. Er sprach zu ihnen: Damit ihr nicht hingeht, sagend: Wir werden den Lolch ausreißen! und mit ihm den Weizen ausreißt. Am Tag des Erntens nämlich wird der Lolch offenbar werden. Man wird ihn herausreißen und verbrennen.

Luk. 8,4–8	*Thomas-Evangelium* (Haenchen 16)
Er sprach in einem Gleichnis:	Jesus sprach:
Der Sämann ging aus, um seinen Samen zu säen.	Siehe, der Sämann kam heraus.
Und indem er säte, fiel etliches auf den Weg und wurde zertreten und die Vögel des Himmels fraßen es auf.	Er füllte seine Hand, er warf. Einige Körner fielen auf den Weg. Es kamen die Vögel, pickten sie auf.
Andres fiel auf den Felsen; und als es aufging, verdorrte es, weil es keine Feuchtigkeit hatte.	Andere fielen auf den Fels und sandten nicht Wurzeln hinab in die Erde und trieben nicht Ähren in die Höhe.

es nicht Wurzel hatte, verdorrte es.	es nicht Wurzel hatte, verdorrte es.
Andres fiel unter die Dornen, und die Dornen wuchsen auf und erstickten es.	Andres fiel unter die Dornen, und die Dornen wuchsen auf und erstickten es, und es brachte keine Frucht.
Noch andres fiel auf den guten Boden und brachte Frucht, etliches hundertfältig, etliches sechzigfältig, etliches dreißigfältig.	Noch andres fiel auf den guten Boden und brachte Frucht, indem es aufging und wuchs; und eins trug dreißigfältig, und eins sechzigfältig, und eins hundertfältig.
Wer Ohren hat, der höre!	Und er sprach: Wer Ohren hat zu hören, der höre!

Die Parabel von den bösen Weingärtnern

Matth. 21,33–41	*Mark. 12,1–9*
Höret ein anderes Gleichnis:	Und er fing an, in Gleichnissen zu ihnen zu reden:
Es war ein Hausherr, der pflanzte einen Weinberg und zog einen Zaun darum und grub eine Kelter darin und baute einen Turm; und er verpachtete ihn an Weingärtner und zog außer Landes. Als aber die Zeit der Früchte herangekommen war, sandte er seine Knechte zu den Weingärten, um seine Früchte in Empfang zu nehmen.	Ein Mensch pflanzte einen Weinberg und zog einen Zaun darum und grub eine Kelter und baute einen Turm und verpachtete ihn an Weingärtner und zog außer Landes. Als aber die Zeit da war, sandte er zu den Weingärtnern einen Knecht, um bei den Weingärtnern von den Früchten des Weinbergs seinen Anteil in Empfang zu nehmen.
Und die Weingärtner ergriffen seine Knechte und schlugen den einen, den anderen töte-	Und sie ergriffen ihn, schlugen ihn und schickten ihn mit leeren Händen fort.

Andres fiel mitten unter die Dornen, und die Dornen, die mit aufwuchsen, erstickten es.	Und andere fielen auf die Dornen. Sie erstickten den Samen, und der Wurm fraß sie.
Noch andres fiel auf den guten Boden und wuchs auf und trug hundertfältige Frucht.	Und andere fielen auf das gute Land, und es brachte gute Frucht hervor. Es brachte sechzigfach und nundertzwanzigfach.
Als er das sagte, rief er: Wer Ohren hat zu hören, der höre!	

Luk. 20,9–16	*Thomas-Evangelium* (Haenchen 27)
Er fing aber an, zum Volk dieses Gleichnis zu sagen:	Er sprach:
Ein Mensch pflanzte einen Weinberg und verpachtete ihn an Weingärtner und zog für lange Zeit außer Landes. Und als die Zeit da war, sandte er zu den Weingärtnern einen Knecht, damit sie ihm von der Frucht des Weinbergs seinen Anteil geben sollten.	Ein gütiger Mann besaß einen Weinberg. Er gab ihn Bauern, damit sie ihn bearbeiteten und er seine Frucht bekomme von ihnen. Er sandte seinen Knecht, damit die Bauern ihm die Frucht des Weinbergs gäben.
Die Weingärtner aber schlugen ihn und schickten ihn mit leeren Händen fort.	Sie ergriffen seinen Knecht, sie schlugen ihn; beinahe hätten sie ihn getötet. Der

ten sie, den dritten steinigten sie.	
Wiederum sandte er andere Knechte hin, mehr als die ersten, und sie taten ihnen ebenso.	Und er sandte wieder einen anderen Knecht zu ihnen, den schlugen sie auf den Kopf und mißhandelten ihn.
	Und er sandte einen anderen, den töteten sie, und viele andere, die einen schlugen sie, die anderen töteten sie.
Zuletzt aber sandte er seinen Sohn zu ihnen, indem er sagte: Sie werden sich vor meinem Sohn scheuen.	Noch *einen* hatte er, einen geliebten Sohn; den sandte er zuletzt zu ihnen, indem er sagte: Sie werden sich vor meinem Sohn scheuen.
Als jedoch die Weingärtner den Sohn sahen, sagten sie untereinander: Dies ist der Erbe; kommet, lasset uns ihn töten und sein Erbgut behalten!	Jene Weingärtner aber sagten zueinander: Dies ist der Erbe; kommet, lasset uns ihn töten, so wird das Erbgut unser sein.
Und sie ergriffen ihn, stießen ihn zum Weinberg hinaus und töteten ihn.	Und sie ergiffen ihn, töteten ihn und warfen ihn zum Weinberg hinaus.
Wenn nun der Herr des Weinbergs kommt, was wird er mit diesen Weingärtnern tun? Sie sagen zu ihm: Er wird sie als Übeltäter übel umbringen und den Weinberg an andre Weingärtner verpachten, die ihm die Früchte zu ihrer Zeit abliefern werden.	Was wird der Herr des Weinbergs tun? Er wird kommen und die Weingärtner umbringen und den Weinberg andern geben.

	Knecht kam; er sagte es seinem Herrn. Sein Herr sagte: Vielleicht haben sie ihn nicht erkannt?
Er sandte sodann einen anderen Knecht; sie aber schlugen auch den, mißhandelten ihn und schickten ihn mit leeren Händen fort.	Er sandte einen anderen Knecht. Die Bauern schlugen den anderen.
Darauf sandte er einen dritten; sie aber verwundeten auch diesen und stießen ihn hinaus.	
Da sprach der Herr des Weinbergs: Was soll ich tun? Ich will meinen geliebten Sohn senden; vielleicht werden sie sich vor diesem scheuen.	Da sandte der Herr seinen Sohn; er sagte: Vielleicht werden sie sich scheuen vor ihm, meinem Sohn!
Als ihn jedoch die Weingärtner sahen, überlegten sie miteinander und sagten: Dies ist der Erbe; lasset uns ihn töten, damit das Erbgut uns zufällt!	Jene Bauern, da sie wußten, daß er der Erbe des Weinbergs sei,
Und sie stießen ihn zum Weinberg hinaus und töteten ihn.	ergriffen sie ihn, erschlugen ihn.
Was wird nun der Herr des Weinbergs mit ihnen tun? Er wird kommen und diese Weingärtner umbringen und den Weinberg anderen geben.	Wer Ohren hat, möge hören.

Die Parabel von dem großen Abendmahl

Matth. 22,1–10

Und Jesus begann und redete wieder zu ihnen in Gleichnissen und sprach:

Das Reich der Himmel ist gleich einem König, der seinem Sohn die Hochzeitsfeier rüstete. Und er sandte seine Knechte aus, um die geladenen zur Hochzeit zu rufen, und sie wollten nicht kommen.

Wiederum sandte er andere Knechte aus und sprach: Sagt den Geladenen: Siehe, ich habe meine Mahlzeit bereitet, meine Ochsen und das Mastvieh sind geschlachtet und alles ist bereit, kommt zur Hochzeit!

Sie jedoch achteten nicht darauf, sondern gingen hinweg,

der eine auf seinen Acker,

Luk. 14,15–24	*Thomas-Evangelium* (Haenchen 26)
Als aber einer der Tischgenossen dies hörte, sagte er zu ihm: Selig ist, wer am Mahl im Reiche Gottes teilnehmen wird.	
Er aber sprach zu ihm:	Jesus sprach:
Ein Mann veranstaltete ein großes Gastmahl und lud viele ein. Und zur Stunde des Gastmahls sandte er seinen Knecht, den Eingeladenen zu sagen: Kommt, denn es ist nun bereit!	Ein Mann hatte Gäste. Und als er das Mahl bereitet hatte, sandte er seinen Knecht, damit er die Gäste einlade.
Und alle fingen gleichermaßen an, sich zu entschuldigen:	
Der erste sagte zu ihm: Ich habe einen Acker gekauft und muß notwendig hinausgehen und ihn besichtigen; ich bitte dich, sieh mich als entschuldigt an!	Er ging zu dem ersten. Er sagte zu ihm: Mein Herr lädt dich ein. Er sagte: Ich habe Geldforderungen an Kaufleute. Sie kommen zu mir am Abend. Ich werde gehen und ihnen Aufträge geben. Ich entschuldige mich für das Mahl.

der andere an sein Geschäft,

die übrigen aber ergriffen seine Knechte, mißhandelten sie und töteten sie.

Da wurde der Hausherr zornig und sandte seine Heere aus, ließ jene Mörder umbringen und ihre Stadt anzünden. Dann sagte er zu seinen Knechten: Die Hochzeit ist zwar bereit, aber die Geladenen waren unwürdig. Darum gehet an die Kreuzungen der Straßen und ladet zur Hochzeit ein, so viele ihr findet!
Und jene Knechte gingen hinaus auf die Straßen und brachten alle zusammen, die sie fanden, Böse und Gute, und der Hochzeitssaal wurde voll von Gästen.

Und ein anderer sagte: Ich habe fünf Joch Ochsen gekauft und gehe hin, um sie zu prüfen; ich bitte dich, sieh mich als entschuldigt an!	Er ging zu einem anderen. Er sagte zu ihm: Mein Herr hat dich eingeladen. Er sagte zu ihm: Ich habe ein Haus gekauft, und man bittet mich für einen Tag. Ich werde keine Zeit haben.
Noch ein anderer sagte: Ich habe eine Frau genommen und kann deshalb nicht kommen.	Er kam zu einem anderen; er sagte zu ihm: Mein Herr lädt dich ein. Er sagte zu ihm: Mein Freund wird heiraten, und ich werde ein Mahl geben. Ich werde nicht kommen können. Ich entschuldige mich für das Mahl.
	Er kam zu einem anderen. Er sagte zu ihm: Mein Herr lädt dich ein. Er sagte zu ihm: Ich habe ein Gut gekauft; ich gehe den Pachtzins holen. Ich werde nicht kommen können.
Und der Knecht kam und berichtete dies seinem Herrn. Da wurde der Hausherr zornig und sagte zu seinem Knecht: Geh schnell hinaus auf die Straßen und Gassen der Stadt und führe die Armen und Krüppeln und Blinden und Lahmen hier herein! Und der Knecht sagte: Herr es ist geschehen, was du befohlen hast, und es ist noch Raum vorhanden. Da sagte der Herr zu dem Knecht: Geh hinaus auf die Landstraßen und an die Zäune und nötige sie, hereinzukommen, damit mein Haus voll werde!	Der Knecht ging. Er sagte zu seinem Herrn: Die, welche du zu deinem Mahl geladen hast, lassen sich entschuldigen. Der Herr sagte zu seinem Knecht: Gehe hinaus auf die Straßen; die, welche du finden wirst, bringe sie, damit sie das Mahl einnehmen.

Denn ich sage euch: Keiner jener Männer, die eingeladen waren, wird mein Gastmahl zu kosten bekommen.

Die Käufer und Kaufleute werden nicht hineingehen in die Orte meines Vaters.

Die Gleichnisse vom Krug und vom Attentäter (*Thomas-Evangelium* – Haenchen 31)

Jesus sprach: Das Reich des Vaters gleicht einer Frau, die einen Krug trägt, der voll Mehl ist, und die einen weiten Weg geht. Der Henkel des Kruges zerbrach; das Mehl strömte herab hinter ihr auf den Weg. Sie merkte es nicht; sie wußte nichts vom Mißgeschick. Als sie in ihr Haus gelangt war, stellte sie den Krug auf den Boden. Sie fand ihn leer. Jesus sprach: Das Reich des Vaters gleicht einem Mann, der vorhatte zu töten einen mächtigen Mann. Er zog aus der Scheide das Schwert in seinem Hause. Er durchbohrte die Wand, um zu wissen, ob seine Hand stark sein werde. Dann tötete er den Mächtigen.

Das jüdische Gleichnis

1. Rabbinische Gleichnisse des neutestamentlichen Zeitalters (ohne Mechilta)

Nr. 3a. Einladung der klugen und törichten Knechte zur Mahlzeit des Königs

Wir haben dort (d.h. in der Mischna) überliefert:

Rabbi Eliezer sagt: Bekehre dich einen Tag vor deinem Tode. Da fragten seine Jünger den Rabbi Eliezer: weiß denn etwa ein Mensch, an welchem Tage er sterben wird? Da sagte er zu ihnen: umso mehr soll er heute Buße tun, vielleicht stirbt er morgen, und dann wird er (wenn er heute Buße tut) erfunden als alle seine Tage in Buße lebend; und auch Salomo hat gesagt in seiner Weisheit (Pred. 9,8): »Zu jeder Zeit seien deine Kleider weiß, und Öl mangle nicht auf deinem Haupte.«

Es hat gesagt Rabban ben Zakkai:

Ein Gleichnis.

Die Sache gleicht einem König, der seine Knechte zur Mahlzeit einlud, aber er setzte ihnen keine Zeit für den Beginn des Mahles fest. Die Klugen unter ihnen schmückten sich und setzten sich an die Tür des Hauses des Königs. Die Törichten unter ihnen gingen an ihre Arbeit. Sie sagten: gibt es überhaupt irgend eine Mahlzeit ohne Mühe? (d.h.: es dauert noch lange). Plötzlich verlangte der König nach seinen Knechten. Die Klugen unter ihnen gingen hinein vor ihn so geschmückt, wie sie waren. Die Törichten aber gingen hinein vor ihn so schmutzig, wie sie waren. Da freute sich der König über die Klugen, aber er zürnte über die Törichten. Er sagte: diese, die sich geschmückt haben zur Mahlzeit, mögen sich niedersetzen und essen und trinken; diese, die sich nicht geschmückt haben zur Mahlzeit, mögen stehen bleiben und zusehen.

Nr. 12. Der Löwe und das Rebhuhn

In den Tagen des Rabbi Jehoschua ben Hananjah ordnete das böse Königtum (d. h. Rom) an, daß gebaut werde das Haus des Heiligtums. Es setzten Pappus und Julianus Wechsler von Akko bis Antiochia ein und sie lieferten den Heraufziehenden der Exulantenschaft Silber und Gold und alles, was sie bedurften.

Da gingen weg diese (d. h. die hier in Betracht kommenden) Kutäer (Samaritaner) und sagten: es sei kund dem König, daß diese aufrührerische Stadt aufgebaut werden soll und die Mauern vollendet werden. Steuer, Abgabe und Wegegeld werden sie nicht geben. Und er sagte zu ihnen: was sollen wir tun und ich habe es ja doch selber angeordnet?! Da sagten sie zu ihm: sende hin und sage zu ihnen, entweder sollen sie es verändern weg von seinem Ort oder sie sollen zu ihm hinzufügen 5 Ellen oder sie sollen verringern von ihm 5 Ellen. Von selbst werden sie ihre Ansicht ändern. Und es waren die Gemeinden der Juden versammelt in diesem Tale des Hauses Rimmon. Als das Schreiben ankam, begannen sie zu weinen. Sie wollten sich empören gegen das Königtum. Sie sagten: es gehe hinein irgend ein Weiser und beruhige die Gemeinde. Da sagten sie: es gehe hinein Rabbi Jehoschua ben Hananja; denn er ist Lehrer des Gesetzes. Er ging hinein und trug vor:

Ein Löwe hatte Raub geraubt und es blieb stecken ein Knochen in seinem Schlund. Er sagte: jedem, der kommt und ihn herauszieht, werde ich seinen Lohn geben. Da kam dieses ägyptische Rebhuhn, dessen Schnabel lang ist, und steckte seinen Schnabel hinein und zog den Knochen heraus. Dann sagte es zu ihm: gib mir meinen Lohn. Da sagte er zu ihm: geh, spotte und sage, daß du hineingegangen bist in den Rachen des Löwen unversehrt und herausgekommen bist unversehrt.

So ist es genug für uns, daß wir hineingegangen sind in diese Nation in Frieden und herausgehen in Frieden.

Nr. 13. Säen und nicht ernten. Gebären und begraben

Rabbi Jehoschua sagt:

Wer wiederholt (d. h. das Gesetz studiert) und müht sich nicht ab (mit der Erfüllung des Gesetzes), (der ist) wie ein Mann, der sät und nicht erntet.

Und wer Gesetz lernt und vergißt, gleicht einer Frau, die gebiert und begräbt.

Nr. 18. Der Fuchs und die Fische

Es überlieferten unsere Meister:

Einstmals ordnete das böse Königtum an, daß die Israeliten sich nicht mit dem Gesetz beschäftigen sollten. Es kam Pappus ben Jehuda und traf den Rabbi Akiba, wie er Versammlungen abhielt auf der Straße und sich mit dem Gesetz beschäftigte. Er sagte zu ihm: Akiba, fürchtest du dich nicht vor dem bösen Königtum? Da sagte er zu ihm:

Ich will dir ein Gleichnis bilden:

Wem gleicht die Sache?

Einem Fuchs, der entlang ging am Ufer eines Flusses und er sah Fische, die sich versammelten von einer Stelle zur anderen. Da sagte er zu ihnen: warum flüchtet ihr euch? Sie sagten zu ihm: wegen der Netze, die über uns die Menschen bringen. Da sagte er zu ihnen: wäre es euer Wille, daß ihr heraufstiegt auf das Trockene, so wollten wir wohnen, ich und ihr, so wie meine Väter mit euren Vätern wohnten. Da sagten sie zu ihm: bist du der, von dem man sagt, daß er das klügste unter den Tieren sei? Du bist nicht klug, sondern dumm. Wenn wir uns schon fürchten am Ort unseres Lebens (d.h. im Wasser), um wie viel mehr am Ort unseres Todes (d.h. auf dem Trockenen).

So auch wir: wenn wir uns jetzt fürchten, wo wir sitzen und uns beschäftigen mit dem Gesetz, in dem geschrieben steht (5. Mose 30,10): »denn das ist dein Leben und die Länge deiner Tage«, um wie viel mehr, wenn wir hingehen und nachlässig sind in ihm.

Nr. 23. Die beiden Pächter des Königs

»Zu beobachten und zu tun alle meine Gebote« (5. Mose 28,1).

Es hat gesagt Rabbi Schimon ben Halaphta:

Jeder, der da lernt Worte des Gesetzes und sie nicht erfüllt, dessen Strafe ist schwerer als die desjenigen, der überhaupt gar nicht erst lernt.

Wem gleicht die Sache?

Einem König, der einen Park hat. Er bringt in ihn hinein zwei Pächter. Der eine pflanzte Bäume und haute sie dann wieder ab, und der andere pflanzte überhaupt gar nicht erst und haute sie daher auch nicht ab. Über wen zürnt der König? Zürnt er nicht über jenen, der pflanzt und abhaut?

So auch jeder, der da lernt Worte des Gesetzes und das Gesetz nicht erfüllt; seine Strafe ist schwerer als die desjenigen, der überhaupt gar nicht erst gelernt hat.

Nr. 24. Der reiche Lohn des geschickten Arbeiters

Als entschlafen war Rabbi Bun, Sohn des Rabbi Hija, kam Rabbi Zeira und hielt die Trauerrede über ihm (im Anschluß an den Text Pred. Sal. 5,11): »Süß ist der Schlaf des Arbeiters«: »er schläft«: so ist nicht (in der Fortsetzung dieses Verses) geschrieben, vielmehr: »sei es daß er wenig oder sei es daß er viel gearbeitet hat, er ißt«.

Wem ist Rabbi Bun, Sohn des Rabbi Hija, gleich?

Die Sache gleicht einem König, der viele Arbeiter mietete. Und es war dort *ein* Arbeiter, und er war verständig in seiner Arbeit mehr als genug. Was tat der König? Er nahm ihn mit und wandelte mit ihm kurze und lange Wege. Zur Abendzeit kamen jene Arbeiter, um ihren Lohn zu empfangen. Und er gab ihm seinen Lohn mit ihnen vollständig. Und die Arbeiter murrten und sagten: wir haben den ganzen Tag gearbeitet, und dieser hat nur zwei Stunden gearbeitet, und er hat ihm seinen Lohn mit uns vollständig gegeben. Da sagte zu ihnen der König: er hat in 2 Stunden mehr gearbeitet als ihr gearbeitet habt den ganzen Tag über.

So hat gearbeitet Rabbi Bun in dem Gesetz in 28 Jahren, was (d.h. so viel als) ein scharfsinniger Schüler nicht lernen kann in 100 Jahren.

Nr. 25. Suchen und Finden von Geld oder einer wertvollen Perle

Es hat gesagt Rabbi Hanina:

Die Sache (d.h. Salomo als Verfasser der ihm zugeschriebenen Schriften des Alten Testaments) gleicht einem tiefen Brunnen, voll von Wasser, und es sind seine Wasser kalt und süß und gut, aber es konnte kein Geschöpf aus dem Brunnen trinken. Da kam ein Mensch und band für den Brunnen Strick an Strick, Seil an Seil und schöpfte aus ihm und trank. Da begannen alle zu schöpfen und zu trinken.

So von Wort zu Wort, von Gleichnis zu Gleichnis fand Salomo das Geheimnis des Gesetzes; denn es steht geschrieben (Prov. I,1): »Sprüche Salomos, des Sohnes Davids, des Königs von Israel« (d.h.:) durch die Gleichnisse des Salomo fand er die Worte des Gesetzes.

Und unsere Meister sagten:

nicht sei das Gleichnis unwichtig in deinen Augen; denn durch das Gleichnis kann ein Mensch bestehen die Worte des Gesetzes.

Ein Gleichnis.

Die Sache gleicht einem König, der verlor Gold aus seinem Hause oder eine gute Perle. Findet er die Perle nicht durch ein Licht im Werte von etwa einem Heller?

So das Gleichnis: nicht sei es unwichtig in deinen Augen; denn durch das Gleichnis besteht ein Mensch die Worte des Gesetzes. Wisse, daß das so ist; denn, siehe, Salomo hat durch das Gleichnis das sorgfältige Studium des Gesetzes bestanden.

Nr. 27. König, der seinen Knechten Gewänder gab

Es überlieferten unsere Meister:

»Und der Geist kehrt zurück zu Gott, der ihn gegeben hat« (Pred. 12,7). Gib ihm ihn, wie er ihn dir gegeben hat in Reinheit, auch du in Reinheit.

Ein Gleichnis.

Die Sache gleicht einem König von Fleisch und Blut, der königliche Kleider an seine Knechte verteilt hat. Die Klugen unter ihnen falteten sie zusammen und legten sie in einen Kasten. Die Törichten unter ihnen gingen hin und taten in ihnen Arbeit. Nach Tagen verlangte der König seine Gewänder. Die Klugen unter ihnen brachten sie ihm zurück so sauber, wie sie waren; die Törichten unter ihnen brachten sie ihm zurück so befleckt, wie sie waren. Da freute sich der König über die Klugen und zürnte über die Törichten. Über die Klugen sagte er: Meine Gewänder mögen in die Schatzkammer getan werden und sie (d.h. die Klugen) mögen gehen in ihre Häuser zum Frieden; über die Törichten sagte er: Meine Gewänder mögen zum Wäscher getan werden, und sie (d.h. die Törichten) mögen gefangen gesetzt werden im Gefängnis.

2. Gleichnisse der Mechilta

Nr. 9

Es sagte Rabbi Schimon ben Elazar: Wenn die Kinder Noahs bei den sieben Geboten, welche ihnen auferlegt worden sind, die sie auf sich genommen haben, nicht beharren konnten, um wieviel weniger bei den 613 Geboten, die in der Thora stehen!

Ein Maschal.

Das gleicht einem König, welcher zwei Aufseher einsetzte; einer wurde eingesetzt über den Vorrat an Stroh, und einer wurde eingesetzt über den Vorrat an Silber und Gold. Derjenige, welcher eingesetzt war über das Stroh, geriet in Verdacht unehrlich zu sein und murrte noch, weil der König ihn nicht eingesetzt hatte über den Vorrat an Silber und Gold. Da sagte derjenige, welcher eingesetzt worden war über das Silber und über das Gold zu ihm: Du Taugenichts, bei dem Stroh hast du unterschlagen, um wieviel mehr hättest du das getan bei dem Silber und dem Gold!

Muß man nicht ebenso folgenden Schluß a minori ad maius bilden: wenn die Kinder Noahs schon bei bloß sieben Geboten nicht beharren konnten, um wieviel weniger hätten sie das gekonnt bei 613 Geboten!

Nr. 10

Es fragte Antoninos unseren Rabbi, den Heiligen: in der Stunde, wo der Mensch stirbt und der Leib zugrunde geht, wie kann den Menschen der Heilige – gepriesen sei er – vor Gericht stellen? Denn der Leib, der Sitz der Sünde, damit aber die Sünde überhaupt, ist ja vernichtet! Da sagte der Rabbi zu ihm: ehe du mich über den Leib befragst, der doch unrein ist, befrage mich lieber über die Seele, die doch rein ist! Denn diese bleibt ja bestehen. Hier liegt also die eigentliche Schwierigkeit der Frage nach dem Gericht. Aber es ist zu antworten:

Ein Maschal.

Das gleicht einem König, welcher einen schönen Park hatte. Darin waren schöne Erstlinge. Und er setzte zwei Wächter hinein, der eine war lahm und der andre war blind. Da sagte der Lahme zum Blinden: ich sehe schöne Erstlinge in dem Park, komm, nimm mich auf deine Schultern, und wir wollen sie uns holen und essen. Der Lahme stieg auf die Schulter des

Blinden, und sie holten sie herunter und verzehrten sie. Nach einiger Zeit kam der Eigentümer des Parks. Er sagte zu ihnen: wo sind die schönen Erstlinge? Da sagte der Lahme zu ihm: habe ich etwa Beine, um zu gehen? Es sagte der Blinde zu ihm: habe ich etwa Augen, um zu sehen? Was tat der Eigentümer des Parks? Er ließ den Lahmen auf die Schulter des Blinden steigen, und dann verurteilte er sie beide zusammen.

So bringt auch der Heilige – gepriesen sei er – die Seele herbei und schleudert sie in den Körper, und dann richtet er sie beide zusammen; denn es ist gesagt: »er ruft zum Himmel oben und zur Erde, um sein Volk zu richten« (Ps. 50,4). »Er ruft zum Himmel oben«: das deutet auf die Seele, »und zur Erde, um sein Volk zu richten«: das deutet auf den Leib.

Nr. 25

»Ich bin der Herr, dein Gott« (Ex. 20,1).
Warum sind die zehn Worte nicht am *Anfang* der Thora gesagt?

Man bildete einen Maschal.

Wem gleicht die Sache?

Einem, der in eine Provinz ging. Er sagte zu den Bewohnern: ich will König über euch sein. Da sagten sie zu ihm: hast du uns etwa irgend etwas Gutes getan, daß du über uns herrschen willst? Was tat er? Er baute ihnen eine Mauer, führte ihnen einen Wasserkanal zu, unternahm für sie Kriege. Dann sagte er zu ihnen: jetzt will ich über euch herrschen. Da sagten sie zu ihm: ja, ja.

So führte Gott die Israeliten aus Ägypten, spaltete ihnen das Meer, sandte ihnen das Manna herab, ließ für sie emporsprudeln den Brunnen, ließ heranziehen für sie die Wachteln, unternahm für sie den Krieg mit Amalek. Dann sagte er zu ihnen: ich will über euch herrschen. Da sagten sie zu ihm: ja, ja.

Nr. 26

»Du sollst nicht andere Götter haben neben mir« (Ex. 20,3).

Warum ist das gesagt? Weil außerdem bereits an einer anderen Stelle gesagt ist: »ich bin der Herr, dein Gott.«

Ein Maschal.

Das gleicht einem König von Fleisch und Blut, welcher in eine Provinz ging. Da sagten zu ihm seine Knechte: triff über die Bewohner der Provinz Verfügungen. Da sagte er zu ihnen: wenn sie mein Königtum annehmen (d.h. mich als König), dann werde ich über sie Verfügungen treffen. Denn, wenn sie mein Königtum nicht annehmen, werden sie auch meine Verfügungen nicht annehmen.

So sagte Gott zu Israel: »ich bin Jahwe, dein Gott; nicht sollst du haben andere Götter neben mir«, d.h. ich bin der, dessen Königtum ihr in Ägypten angenommen habt. Da sagten sie zu ihm: ja, so ist es. Da sagte er zu ihnen: und ebenso wie ihr mein Königtum angenommen habt, nehmt nun auch meine Verfügungen an.

Die orientalische Fabel

1. Pantschatantra
2. Hitopadesa
3. Calila und Dimna oder die Fabeln Bidpais

Pantschatantra

Der blaue Schakal

In einer gewissen Waldgegend wohnte ein Schakal, mit Namen Tschandarava[1]. Dieser drang einst, von Hunger überwältigt und von der Begierde seiner Zunge getrieben, in das Innere einer Stadt. Als ihn aber die in der Stadt hausenden Hunde allenthalben herumlaufen sahen, fingen sie an, ihn mit den Spitzen ihrer scharfen Zähne zu beißen. Von ihnen gebissen, stürzte er sich, aus Furcht für sein Leben, in das in der Nähe befindliche Haus eines Färbers. Da war nun ein großes Gefäß voll Indigo zubereitet, und, von den Hunden verfolgt, fiel er grade dahinein. Als er aber herauskam, war er vom Indigo ganz blau gefärbt. Drauf liefen alle Hunde, da sie eine solche Art Schakal nicht kannten, wohin sie kommen konnten. Tschandarava aber benutzte diese Gelegenheit und machte sich auf den Weg nach dem Wald. Die Indigofarbe wich aber niemals von ihm. Man sagt ja:

Sesamschminke, Thoren und Weiber und Krebse, sowie Fische auch, Indigo und Trunkenbolde lassen nimmer, was sie gefaßt.

Wie sie nun dieses völlig neue Thier erblickten, welches einen Glanz hatte, ähnlich dem mit der schwarzen Mimosa zu vergleichenden Gift am Halse des Siva, verloren sämmtliche Thiere des Waldes: Löwen, Tiger, Panther, Wölfe und so weiter vor Furcht die Besinnung, flüchteten nach allen Seiten und sagten: »O weh! Woher in aller Welt mag dieses nie vorher gesehene Thier hierher gekommen sein? Niemand weiß, was sein Treiben und wie seine Stärke ist. Drum laßt uns weggehn, so weit wie möglich!« Man sagt ja:

1 »schrecklich schreiend«

Weß Treiben man und Abstammung und Körperkraft nicht kennet, dem vertrauet nimmermehr der Kluge, wenn ihm sein Wohl am Herzen liegt.

Tschandarava aber, als er sie von Furcht verwirrt sah, sagte Folgendes: »He! He! Ihr Thiere! Warum flieht ihr so erschreckt vor meinem Anblick? Fürchtet euch nicht! Brahman selbst hat mich heut vor sich gerufen und so angeredet: ›Weil unter den Thieren kein König ist, so bist du heute von mir zum Herrn über alle Thiere gesalbt unter dem Namen Kakudruma. Geh nun zur Erde und herrsche über sie alle!‹ Darauf bin ich hierher gekommen. Nun sollen alle Thiere beständig unter dem Schatten meines Schirmes wohnen! Ich, König Kakudruma mit Namen, bin der König der Thiere in den drei Welten geworden!«

Nachdem sie dies gehört, umringten ihn die Thiere, den Löwen an der Spitze, und sprachen: »Herr! Gebieter! Ertheile deine Befehle!«

Darauf gab er dem Löwen die Stelle eines Ministers, dem Tiger die Bewachung seines Lagers, dem Panther die Oberaufsicht über den Betel, dem Elefanten das Amt des Thürhüters, dem Affen das Tragen des Sonnenschirmes; mit denjenigen aber, die zu seinem Geschlecht gehörten, sprach er nicht einmal ein Wort: alle Schakale wurden an den Hals gepackt und herausgeworfen. Indem er nun so das Königsamt verwaltete, tödteten der Löwe und die übrigen Raubthiere das Wild und legten es ihm zu Füßen. Er aber vertheilte es nach der Pflicht des Gebieters und gab einem jeden davon. Indem so die Zeit verging, hörte er einst, während er sich im Staatsrath befand, aus der Ferne das Geschrei einer heulenden Schakalheerde. Wie er diesen Ton vernahm, starrten ihm die Haare am Körper vor Freude in die Höhe, vor Ergötzen füllten sich seine Augen mit Thränen, er erhob und fing an, in schrillem Ton zu heulen. Als aber der Löwe und die übrigen Thiere diesen schrillen Ton hörten, dachten sie, »das ist ein Schakal!« standen einen Augenblick mit vor Scham gesenktem Gesicht und sagten dann zueinander: »Ha! Wir haben uns von diesem lumpigen Schakal anführen lassen! Schlagt ihn todt! Schlagt ihn todt!« Der Schakal aber, als er dies hörte, suchte zu fliehen, wurde aber von dem Löwen und den übrigen Thieren sogar an ungeziemendem Orte[2] in Stücke gerissen und so getödtet. Daher sage ich:

2 d.i. im Staatsrat, einem gewissermaßen heiligen Ort

Wer seine nächsten Freund' aufgibt und Fremde sich zu Freunden macht, der wird dem Tod anheimfallen, gleichwie König Kakudruma. (73)

Die Affen und der Vogel Sutschimukha

In einer gewissen Berggegend wohnte einmal eine Affenheerde. Diese konnte sich einstmals zur Winterzeit gar nicht zufrieden geben. Ihre Körper zitterten, weil ein sehr kalter Wind sie anwehte, ein Schneefall sie traf und ein heftiger Regenguß auf sie niederstürzte. Einige Affen sammelten daher Gundschafrüchte, welche Feuerfunken ähnlich sind, stellten sich rings um sie und pusteten, um Feuer zu erlangen. Als aber ein Vogel, Namens Sutschimukha, diese ihre vergebliche Anstrengung sah, sprach er: »Ach, ihr seid alle Thoren! Dies sind keine Feuerfunken; es sind Gundschafrüchte. Wozu also die unnütze Anstrengung? Dadurch könnt ihr euch nicht gegen die Kälte schützen. Drum sucht irgendeine gegen den Wind geschützte Waldgegend, eine Höhle oder Berggrotte! Auch jetzt noch zeigen sich mächtige Regenwolken.« Darauf sprach einer von diesen zu ihm: »Ha! Du Thor! Was geht das dich an? Halt dein Maul. Es heißt auch:

Einen in Arbeit oft Gestörten, einen Spieler, der unterliegt, soll ein Kluger nicht anreden, wenn er sein eigenes Bestes wünscht.

Und so:

Wer Jäger, die umsonst jagen, und Narren, die von Noth geplagt, thörichterweise anredet, der zieht sich selbst ein Uebel zu.«

Jener aber, ohne sich rathen zu lassen, hörte nicht auf, noch weiter zu den Affen zu sprechen: »He! Wozu die unnütze Mühe?« Da er aber keinen Augenblick mit Schwatzen nachließ, packte ihn ein Affe, der über die vergebliche Arbeit in Zorn gerathen war, an die Flügel und schleuderte ihn an einen Fels, sodaß er umkam. Daher sage ich:

Kein unkrümmbares Holz krümmt sich; mit Messern schneid't man Steine nicht: Sutschimukha! bedenk' dieses! Lehr' keinen, der nicht lernen will!

Und so:

Denn Belehrung reizt nur Narren, beruhigt sie aber nimmermehr: das Wasser, das die Schlang' einschlürft, dient zu vermehren nur ihr Gift.

Und ferner:

Belehrung soll man nicht geben jedwedem ohne Unterschied: Sieh! wie ein thörichter Affe hauslos die schön behaus'te macht. (111)

Kranich, Krebs und Ichneumon

In einer gewissen Waldgegend war ein Feigenbaum voll von vielen Kranichen. In einer Höhlung desselben wohnte eine schwarze Schlange. Diese brachte ihre Zeit damit zu, daß sie die jungen Kraniche, noch ehe sie flügge geworden, auffraß. Da stand denn einst ein Kranich, dessen Junge von ihr aufgefressen waren, aus Kummer über seine Kleinen, mit thränengefüllten Augen und zu Boden gesenktem Gesicht am Ufer des Teichs, und ein Krebs, welcher ihn in dieser Verfassung erblickte, sagte zu ihm: »Freund! Warum weinst du da so?« Jener antwortete: »Lieber! Was kann ich sonst? Ich Unglücklicher! Meine Jungen und Verwandten sind von einer in der Höhlung des Feigenbaums hausenden schwarzen Schlange aufgefressen. Über dieses Unglück betrübt, weine ich. Sag' mir nun, ob es irgendein Mittel gibt, diese Schlange zu verderben?«

Nachdem er dies gehört, dachte der Krebs: dieser ist doch ein angeborner Feind meines Geschlechts. Darum will ich einen solchen aus Wahr und Falsch gemischten Rath geben, daß auch alle übrigen Kraniche zu Grunde gehn. Es heißt auch:

Die Stimme weich wie frische Butter und mitleidlos das Herz gemacht! So wird ein Feind *so* ausgerottet, daß er sammt seinem Stamm verdirbt.

Dann sagte er: »Mein Lieber! Wenn du *das* beabsichtigst, so wirf Stückchen von Fischfleisch von der Thür der Ichneumonshöhle an bis zur Höhlung der Schlange, damit der Ichneumon diesen Weg verfolgt und die böse Schlange umbringt.«

Nachdem so geschehen war, ging der Ichneumon den Fleischstücken nach, brachte die schwarze Schlange um, fraß aber nach und nach auch alle auf diesem Baume nistenden Kraniche auf. Daher sagen wir:

Den Nutzen soll der Weis' erwägen, doch erwäg' er den Schaden auch! Vor des thörichten Kranichs Augen bringt Ichneumon die Kranich' um. (118)

Die Elefanten und die Mäuse

Es gibt einen gewissen Landstrich, welcher mit Quellen, Gefilden, Häusern und Göttertempeln versehen ist. Da hatten sich seit alter Zeit Mäuse niedergelassen, sich in Söhnen, Kindern von Söhnen, Töchtern und so weiter fortgepflanzt, in den Häusern und Ritzen des Bodens Wohnungen angelegt, und wohnten da dicht gedrängt Haus an Haus. Und so ging ihnen die Zeit hin im Genuß von Essen und Trinken und andren Freuden bei mancherlei festlichen Veranlassungen und Hochzeiten. Indessen begann ein Elefantenfürst, umgeben von Tausenden von Elefanten mit seiner Heerde zu einem Teich zu gehn, von welchem sie von früher her wußten, daß er Wasser enthielte, um da zu trinken. Von diesem Elefantenfürsten nun, der mitten durch die Wohnungen der Mäuse ging, wurde diesen, als ob sie vom Todesgott überfallen wären, Gesicht, Augen, Kopf und Hals zerquetscht, und die, welche mit dem Leben davongekommen waren, sprachen zueinander: »Diese bösen Elefanten haben uns mit ihrem Hingehn zu Grunde gerichtet, wenn sie wieder zurückkommen, dann wird von uns nicht ein Samen mehr übrig sein. Denn

Die Schlang' erschlägt durch ihren Athem, der Elefant was er berührt, unter Lächeln tödtet der König, Ehrfurcht zeigend der Bösewicht.

Drum muß mittlerweile nothwendig an eine Hülfe gedacht werden.« Nachdem sie nun überlegt, gingen einige zu dem Teich, verbeugten sich vor dem Elefantenfürsten und sprachen: »Majestät! nicht weit von hier ist unser durch Erbrecht in grader Linie auf uns übergegangener Wohnort. Da haben wir uns durch Folge von Kind und Kindeskind vermehrt; nun sind wir durch euch, indem ihr Wasser halber hierher kommt, zu Tausenden umgekommen; wenn ihr denselben Weg zurückgeht, dann wird von uns auch nicht einmal ein Samen übrig bleiben. Wenn ihr Mitleid mit uns habt, dann schlagt einen andren Rückweg ein! denn sicherlich können auch unsersgleichen euch einmal von einigem Nutzen sein.« Nachdem der Fürst der Heerde dieses gehört und in seinem Herzen erwogen hatte, sagte er: »Es soll geschehn, wie die Mäuse bitten, nicht anders!« und gewährte ihnen ihr Begehr.

Im Fortgang der Zeit nun befahl ein gewisser König seinen Elefantenjägern, Elefanten zu fangen. Diese machten am Wasser eine Elefantengrube, fingen diesen Elefantenfürsten sammt seiner Heerde, zogen sie nach drei Tagen mit Stricken und andren starken Hebeln von da heraus und banden sie in ebendiesem Walde an dickstämmige Bäume. Nachdem nun die Männer, welche sie angebunden hatten, sich entfernt hatten, überlegte der Elefantenfürst: »auf welche Weise und von wem kann ich befreit werden?« Da dachte er: »außer diesen Mäusen gibt es für uns kein Mittel der Befreiung.« Darauf ließ ihnen der Elefantenfürst durch eine Elefantin, welche sich außerhalb des Ortes befand, wo die Elefanten angebunden waren und den Wohnort der Mäuse von früher her kannte, das Unglück seiner Gefangenschaft melden. Diese, nachdem sie es gehört, versammelten sich zu Tausenden, um ihren dankbaren Gegendienst zu erweisen, gingen zu dieser Heerde und, nachdem sie den Elefantenfürsten sammt derselben gebunden gesehen, zerbissen sie die Schlingen, stiegen die Baumstämme herauf und zernagten die Stricke, womit sie an die Stämme befestigt waren und erlösten sie aus ihrer Gefangenschaft. Daher sage ich:

Freunde soll man sich verschaffen, starke sowol als schwache auch: eine Elefantenheerde wird von Mäusen im Wald befreit. (208)

Der Esel im Tigerfell

In einem gewissen Orte wohnte einst ein Walker, Namens Suddhapata[3]. Dieser hatte einen Esel, welcher aus Mangel an Futter überaus schwach geworden war. Der Walker nun, als er im Walde umherschweifte, sah einen todten Tiger. Da dachte er: »Ah! Das trifft sich gut! Mit diesem Tigerfell will ich den Esel bedecken und ihn in der Nacht in die Gerstenfelder loslassen, damit die in der Nähe befindlichen Feldhüter ihn für einen Tiger halten und nicht wegjagen.« Nachdem dies geschehen war, fraß der Esel Gerste nach Lusten. Auf diese Weise wurde er im Verlauf der Zeit fett und es kostete Mühe, ihn in den Stall zu bringen, wo er angebunden zu werden pflegte. Einst aber, vor Brunst übermüthig, hörte er aus weiter Ferne

3 »reines Zeug habend« = »Zeugreiniger«

das Geschrei einer Eselin. Auf dieses bloße Geschrei hin fing er auch an zu brüllen. Da erkannten die Feldhüter, daß es ein in ein Tigerfell gekleideter Esel sei, und schlugen ihn mit Knüttel-, Pfeil- und Steinwürfen todt. Daher sage ich:

Obgleich sich wohlgeschützt wähnend, mit einem Tigerfell bedeckt und furchtbare Gestalt zeigend, starb der Esel durch sein Gebrüll. (308)

Der zerbrochene Topf

In einem gewissen Orte wohnte ein Brahmane, Namens Svabhavakripana[4]. Dieser hatte mit dem erbettelten Reisbrei, der ihm nach dem Essen übrig blieb, einen Topf angefüllt; diesen Topf hatte er an einen Nagel an der Wand gehängt, darunter seine Bettstelle gestellt und schaute ihn nun in der Nacht, ohne einen Blick davon zu verwenden, an und dachte dabei: »Dieser Topf ist doch über und über voll von Reisbrei. Wenn nun eine Hungersnoth entsteht, dann wird er hundert Silberstücke einbringen. Dafür werde ich alsdann ein Paar Ziegen kaufen; da diese alle sechs Monat Zicklein werfen, so wird daraus eine Heerde Ziegen entstehen. Dann für die Ziegen Rinder! Sobald die Kühe gekalbt haben, verkaufe ich die Kälber. Dann für die Rinder Büffel! Für die Büffel Stuten! Sobald die Stuten geworfen haben, werde ich viele Pferde besitzen. Aus dem Verkauf von diesen löse ich viel Gold. Für das Gold bekomme ich ein Haus mit vier Gebäuden in einem Viereck. Dann kommt ein Brahmane in mein Haus und gibt mir ein sehr schönes Mädchen mit großer Mitgift zur Frau. Die wird einen Sohn gebären. Dem werd' ich den Namen Somasarman geben. Wenn dieser dann alt genug ist, um sich auf meinen Knien zu schaukeln, dann werde ich ein Buch nehmen, mich hinten in den Pferdestall setzen und studieren. Mittlerweile sieht mich Somasarman, und begierig, auf meinen Knien zu schaukeln, klettert er von seiner Mutter Schos und kommt zu mir dicht an die Hufen der Pferde. Dann werde ich, von Zorn erfüllt, der Brahmanin zurufen: ›Nimm das Kind! Nimm das Kind!‹ Sie aber, mit Hausarbeit beschäftigt, hört meinen Ruf nicht. Dann spring' ich auf und gebe ihr einen Fußtritt.« Indem er so in diese Gedanken versenkt war, stieß er mit dem Fuße so aus, daß der Topf zerbrochen und er selbst von dem Reis-

4 »durch seine eigene Natur ein Unglücksvogel«

brei, welcher sich im Topfe befand, weiß gefärbt war. Daher sage ich:

Wer unvernünft'ge Projecte über die Zukunft spinnet aus, dem geht's wie Somasarman's Vater: er liegt im Reisbrei weiß gefärbt. (345)

Hitopadesa

(Vom leichtsinnigen Affen)

In Magadha lebte ein Kayastha[5], Namens Subhadatta[6], nahe am Dharmawalde. Dieser hatte angefangen einen Tempel zu errichten, und ein Zimmermann hatte einen Keil zwischen zwei Holzstücken eines Stammes gesteckt, den er erst mit einer Säge durchschnitten und etwas von einander gezogen hatte. Abends kam eine Herde von Affen, die sich im Walde aufhielten, dorthin und spielte. Einer von ihnen ergriff wie vom bösen Schicksal getrieben, den Keil mit den Händen und setzte sich, so daß der untere Theil seines Körpers zwischen dem Spalt der beiden Holzstücken herabhing. Bald darauf hatte er, leichtsinnig von Natur wie er war, den Keil mit großer Anstrengung herausgezogen, und indem dies geschah, wurde sein Unterkörper von den beiden Stücken zermalmt, so daß er sterben mußte. Deshalb sage ich:

Ein Mann, der gern das thut, was ihn nichts angeht, der stürzt zu Boden, wie der Affe, der den Keil herauszog. (67)

(Vom Hund, dem Esel und dem Dieb)

In Varanasi lebte ein Wäscher, Namens Karpurapata[7]. Dieser hatte einst mit seiner jungen Geliebten Kurzweil getrieben und war dann fest eingeschlafen. Unterdeß waren Diebe in das Haus gekommen, um seine Sachen zu stehlen. Am Eingange des Hauses aber stand ein Esel angebunden und ein Hund, der sich

5 Die Kayasthas bilden eine Mischung der zweiten und dritten Kaste, indem der Vater ein Dschatriga und die Mutter eine Sudra ist. Sie sind Schreiber und werden gewöhnlich von Europäern in Dienst genommen. Auch sind sie besonders berühmt durch glänzende Festlichkeiten, die sie zu Ehren ihrer Gottheiten veranstalten.

6 Glücksrabe

7 »Weißrock«

gelagert hatte. Da sprach der Esel zum Hunde: Das ist Dein Geschäft, warum bellst Du also nicht laut und weckst den Herrn? Der Hund antwortete: Was kümmerst Du Dich um mein Amt? Du weißt ja selbst, daß ich Tag und Nacht sein Haus bewache. Daher ist er aber schon lange sorglos geworden, kennt meinen Nutzen nicht, und er versorgt mich nur langsam mit Futter, denn wenn die Herren keine Gefahr erblicken, so achten sie nicht auf ihre Diener. Der Esel antwortete: Pfui, Du Barbar! Wer zur Zeit der Noth Etwas verlangt, ist der ein Diener, ist der ein Freund?

Der Hund sagte:

Wer die Diener nicht schätzt, ist der ein Herr zur Zeit der Noth?

Bei der Ernährung der Angehörigen, bei der Bedienung des Herrn, im Dienste der Tugend und zur Erzeugung eines Sohnes gibt es keine Stellvertreter.

Da sprach der Esel zornig: Du bist schändlich, daß Du im Unglück Deinen Herrn mißachtest. Sei es! Ich will Alles thun, damit der Herr erwache. Denn:

Die Sonne soll man mit dem Rücken, das Feuer auf dem Bauche, den Herrn aus aller Kraft, die andere Welt ohne Falsch verehren. So sprach er und fing an zu schreien. Der Wäscher erwachte bei diesem Geschrei, stand auf und schlug den Esel mit dem Stocke voll Zorn, daß er seinen Schlaf gestört. Deshalb sage ich:

Man soll sich nicht zum Nutzen seines Herrn um fremde Dinge bekümmern. Der Esel litt Schmerz, indem er für sein Geschrei geschlagen ward. (68)

(Vom Löwen, der Maus und der Katze)

Auf dem Berge Arbudasikhara[8] lebte ein Löwe, Mahavikrama[9] genannt. Täglich nun fraß eine Maus an dessen Mähne, wenn er vor ihrem Loche im Berge lag und schlief. Als der Löwe seine Mähne zerfressen sah und die Maus in ihrem Loche nicht packen konnte, so dachte er erzürnt: Was soll man da machen?

Was ein kleiner Feind ist, der wird mit Stärke nicht gefangen; man muß ihm einen gleichen Gegner stellen, um ihn zu tödten. So ging der Löwe in das Dorf, lockte sich eine Katze, Namens

8 ein Berg, der unzählige Spitzen hat
9 »Großkraft«

Dadhikarna[10] herbei, in dem er ihr Fleisch und andere Leckerbissen gab, und trug sie in seine Höhle. Darauf kam die Maus aus Furcht vor ihr nicht heraus, und der Löwe schlief vergnügt, ohne daß man ihm seine Mähne zernagte. So lange er nun noch den Ton der Maus hörte, ernährte er die Katze und gab ihr Fleisch zu fressen. Einstmals aber kam die Maus, von Hunger getrieben, hervor, ward von der Katze gepackt und umgebracht. Als darauf der Löwe nie mehr einen Ton von der Maus hörte, dachte er nicht mehr daran, der Katze zu fressen zu geben, da er sie nicht mehr brauchte, und die Katze ward ganz hinfällig, da sie keine Nahrung mehr fand. Deshalb sage ich:

Der Diener darf den Herrn nicht sorglos machen; macht er den Herrn sorglos, so geht es ihm, wie dem Dadhikarna. (78)

(Vom Ungeheuer mit der Glocke und der armen Frau)

In Mitten des Sriparvatagebirges liegt eine Stadt, Namens Brahmapura. In der Nähe derselben, sagten die Leute, hauste ein Ungeheuer, mit Namen Ghantakarna[11]. Es war nämlich einst ein Dieb, der eine Glocke gestohlen hatte, geflohen, und war von einem Tiger umgebracht und gefressen worden. Die Glocke, die seiner Hand entfiel, ward von den Affen aufgenommen und sie ließen sie aller Augenblick ertönen. Als nun die Leute aus der Stadt sahen, daß der Mensch gefressen war und das Läuten der Glocke hörten, so flohen sie alle aus der Stadt und sagten: Ghantakarna ist erzürnt und hat diesen Menschen gefressen. Darauf wandte sich eine Frau, die viel nachgeforscht und gefunden hatte, daß ein Affe die Glocke erschallen ließ, an den König und sagte: Wenn ich viel Geld bekomme, so will ich den Ghantakarna tödten. Der König gab ihr Geld und entließ sie. Nachdem man ihr sodann große Ehre durch die Verehrung des heiligen Kreises[12], durch ein Gastmahl und andere Dinge erwiesen hatte, nahm sie Früchte, welche die Affen gern essen, ging in den Wald und streute sie aus. Als die Affen darauf die Glocke liegen ließen und sich nur mit den Früchten beschäftigten, nahm die Frau die Glocke, kehrte nach Hause zurück, und ward von aller Welt verehrt. Deshalb sage ich:

10 Milchohr
11 »Glocken-Ohr«
12 eine mystische Handlung

Vor einem bloßen Tone soll man sich nicht fürchten, wenn man die Ursache desselben nicht kennt. Eine Frau, die den Grund eines Tones erkannte, erhielt dadurch großes Ansehn. (80)

(Vom Esel in der Tigerhaut)

In Hastinapura lebte ein Wäscher Karpuravilasa[13]. Sein Esel war von dem vielen Lasttragen ganz schwach geworden und wollte sterben. Da hüllte ihn der Wäscher in ein Tigerfell und stellte ihn mitten in ein Kornfeld in der Nähe eines Waldes. Die Herren des Feldes, die ihn von fern sahen und glaubten, daß es ein Tiger sei, flohen schnell davon, und er ging fröhlich in das Korn. Ein Feldhüter aber, in einem Mantel von grauen Zeug gehüllt und mit einem Bogen versehn, stellte sich gebückten Körpers in ein Versteck. Der Esel, der ihn von fern bemerkte und unterdeß dick und stark geworden war, glaubte, es sei eine Eselin, schrie und lief auf sie zu. Darauf ward er, als der Hüter merkte, daß es ein Esel sei, durch seine Liebesbezeigung ums Leben gebracht. Deshalb sage ich:

Ein dummer Esel, der lange, in ein Tigerfell gehüllt, auf dem Felde Getraide essen ging, der ward durch seine Stimme verrathen und umgebracht. (110)

(Vom blauen Schakal)

Es war einmal ein Schakal, der, als er einst in der Nähe der Stadt frei herumschweifte, in ein Faß Indigo fiel. Als er darauf nicht heraus konnte, stellte er sich am Morgen todt. Der Herr des Fasses aber sah den Schakal, wie er die Beine empor streckte, die Augen zu hatte und die Zähne zeigte, glaubte wirklich, er sei todt und trug ihn aus dem Gehöfte fort. Als dieser darauf in den Wald kam und sah, daß er blau war, dachte er: Ich habe jetzt eine vorzügliche Farbe: sollte ich mich da nicht emporschwingen? Indem er so dachte, rief er alle Schakale zusammen und sprach: Ich bin von der hochheiligen Göttin dieses Waldes eigenhändig mit dem Safte aller Kräuter zum Könige des Waldes gesalbt worden. Seht meine Farbe! Von nun an muß die Gerichtsbarkeit in diesem Walde nach meinem Befehle verwaltet werden. Als die Schakals seine ausgezeichnete Farbe

13 Weißglanz

sahen, warfen sie sich auf die Erde und sprachen: Wie Ew. Majestät befehlen. Auf diese Weise erlangte er die Oberherrschaft über alle Thiere des Waldes und übte, umgeben von seinen Genossen, die höchste Gerichtsbarkeit. Als er nun später den Löwen, den Tiger und andere mächtige Begleiter fand, sah er mit Scham auf die Schakals herab, verachtete und entfernte seine Genossen. Ein alter Schakal sah, daß die anderen traurig waren und sagte: Grämt Euch nicht so, daß Ihr gescheute Leute von einem solchen Weisen verachtet worden seid. Ich werde machen, daß er zu Grunde geht. Denn diese Tiger und die Uebrigen kennen den Schakal nicht und halten ihn, nur durch seine Farbe getäuscht, für ihren König; macht also, daß er wieder erkannt werde, und zwar auf diese Weise: Wenn Ihr zur Abenddämmerung[14] in seiner Nähe auf ein Mal ein großes Geheul erhebt, so wird auch er gewiß, sowie er den Ton hört, von selbst auch zu heulen anfangen. Denn:

> Was der Instinkt eines Menschen ist, kann schwer überwunden werden. Wenn ein Hund auch zum König gemacht wird, benagt er nicht doch den Schuh?

Wenn aber der Tiger an dem Tone erkennt, daß er ein Schakal ist, so wird er ihn tödten. So geschah es denn auch. Und man sagt:

> Unser Feind kennt Alles, unsere Schwäche, Geheimnisse und Stärke, und er brennt uns ebenso wie das Feuer einen alten Baum in seinem Innern.

> Deshalb sage ich:

> Wer seine Partei verläßt und sich bei der seiner Feinde gefällt, der wird von den Feinden getödtet, wie der dumme Schakal Nilavarna[15]. (125)

(Vom Storch, den Fischen und dem Krebs)

Im Lande Malava liegt ein Teich, Padmagarbha[16] genannt. Dort war ein alter Storch, der, da er keine Kraft mehr hatte, sich sehr traurig stellte. Als ihn ein Krebs von weitem erblickte, so frug er ihn: Warum stehst Du so ohne Nahrung da? Der Storch sagte: Die Fische sind meine Nahrung und diese werden hier alle sicherlich von den Fischern gefangen werden.

14 Die Schakale brechen gewöhnlich erst nach Sonnenuntergang in großen Scharen hervor und lassen die Luft von ihrem Geheul widerhallen.

15 »Blaufarbe«

16 Lotusschloß

Diese Kunde habe ich in der Nähe der Stadt vernommen und da ich nun keine Kost haben werde, so ist mein Tod gekommen. Da ich dies weiß, so kümmre ich mich nicht um meine Nahrung. Als die Fische dies hörten, dachten sie alle: Unter solchen Umständen gilt auch er als unser Wohltäter. Selbst ihn also wollen wir fragen, was zu thun ist. Denn:

Mit einem nützlichen Feinde soll man sich verbinden, nicht mit einem schädlichen Freunde. Denn Nutzen und Schaden sind als ihre Merkmale zu merken.

Die Fische sprachen: Was gibt es hier für ein Mittel zu unserm Schutz? Der Storch sagte: Die einzige Rettung ist, sich in ein anderes Wasser zu flüchten, und ich werde euch dorthin bringen. Es sei, sagten die Fische furchtsam, und der böse Storch trug sie einen nach dem andern fort und verzehrte sie. Da sprach ein Krebs zu ihm: Höre, Storch, führe mich auch dorthin! und der Storch, der nach dem Fleische des Krebses, das er noch nicht kannte, lüstern war, trug ihn freundlich fort, und als er auf dem Trocknen war, hielt er ihn fest. Der Krebs aber, der die Fischgräten auf dem Boden herumgestreut sah, dachte: Ach, ich Unglücklicher, ich bin verloren! Auf denn! wie es die Zeit fordert, werde ich jetzt handeln. Als darauf der Storch seinen Hals ausstreckte, um ihn zu tödten, so zerschnitt der Krebs denselben mit seiner Scheere. Deshalb sage ich:

Ein Storch, der viele große, kleine und mittelmäßige Fische verzehrt hatte, ward zuletzt von einem Krebs getödtet, wegen seiner übermäßigen Gefräßigkeit. (158)

(Vom Brahmanen im Töpferladen)

In der Stadt Devikotta lebte ein Brahmane, Namens Devasarma[17]. Dieser fand zur Zeit der Nachtgleiche einen Topf voll Gerste. Er nahm ihn und als er sich in der Nacht auf ein Lager in einem Winkel eines Töpferladens, der voll von Gefäßen war, gelegt hatte, dachte er: Wenn ich die Metze Gerste verkaufe, so bekomme ich zehn Kapardakas[18]; dann kaufe ich für diese, unter den jetzigen Umständen, Töpfe und andere Gefäße, und indem ich sie wieder verkaufe, wachsen meine Gelder nach und nach. Ich kaufe dann wieder Betel, Kleider und andere Waaren, und wenn ich mein Vermögen bis auf hundert Tau-

17 »Gottselig oder Gotthold«
18 eine kleine Münze

send gebracht habe, so heirathe ich vier Weiber. Gegen die Schönste bin ich aber am zärtlichsten, und wenn dann die andren Frauen aus Eifersucht Streit anfangen, dann werde ich zornig und schlage sie mit dem Stocke. Mit diesen Worten stand er auf und warf den Stock hin, so daß der Gerstentopf zertreten und viele Gefäße zerbrochen wurden. Der Töpfer, der den Lärm von den zerbrochenen Gefäßen hörte, brachte den Brahmanen, als er Alles sah, mit Scheltworten aus dem Laden heraus. Deshalb sage ich:

Wer sich über einen Plan, der noch nicht in Erfüllung ging, sehr freut, der wird ausgescholten, wie der Brahmane mit den zerbrochenen Töpfen. (159)

Calila und Dimna oder die Fabeln Bidpais

Drum schlage dich von diesem Gedanken los und wisse, daß wer sich in einer Sache, die nicht zu den seinigen gehört, ein Wort oder eine Handlung erlaubt, daß dem Ähnliches widerfahren kann, wie dem Affen von dem Zimmermann widerfahren ist.

Wie war das? fragte Dimna.

Calila erwiederte:

Der Affe und der Zimmermann

Ein Affe, erzählte man, sah einen Zimmermann ein Stück Holz spalten vermittels zweier Keile, indem er auf dem Holz rittlings saß. Das setzte den Affen in Erstaunen. Kaum war der Zimmermann nach einem andern Geschäft fortgegangen, so erhob sich der Affe, und ergriff ein Geschäft, das nicht das seinige war. Er setzte sich nemlich rittlings auf das Holz, lehnte sich mit dem Rücken an den hintern Keil, und richtete sein Gesicht auf das Stück Holz. Da kamen seine Hoden in die Spalte zu hangen, und er zog den vordern Keil heraus und die Spalte klaffte zusammen. Da fiel er in Ohnmacht. Nach einiger Zeit kam der Zimmermann, und wie er den Affen an seiner Stätte sah, nahte er sich demselben und schlug ihn tüchtig durch. Die Schläge aber, die er von dem Zimmermann erhielt, verursachten ihm noch ärgere Schmerzen, als ihm das zusammenklaffende Stück Holz verursachte. (8)

Die Weisen haben gesagt: Man muß vor gar keinem Ton erschrecken.

Der Löwe sagte:

Weißt du mir ein hierauf sich beziehendes Gleichniß mitzutheilen?

Dimna erzählte Folgendes:

Der Fuchs und die Pauke

Ein Fuchs kam in den Wald, in welchem eine Pauke an einem Baum aufgehängt war. So oft ein Wind wehte, schlugen die durch denselben bewegten Zweige die Pauke an, und es erschallte ihr starker, bewundernswürdiger Ton. Der Fuchs gieng dem Ton den er vernommen nach, bis er zur Pauke kam. Er fand dieselbe sehr dickleibig, und glaubte deshalb sicherlich, daß sie viel Fett und Fleisch haben müsse. Er machte sich dann an dieselbige, bis er sie entzwei brachte. Allein als er sah, daß sie hohl war und nichts in ihr, sprach er:

Ich weiß nicht, wie das möglich ist, daß das gehaltloseste Ding den lautesten Ton von sich gibt und den größten Körperumfang hat.

Dieses Gleichnis, fügte Dimna bei, habe ich dir mitgeteilt, um dir bemerklich zu machen, daß wenn wir diesem Ton, der uns so erschreckt hat, nachgiengen und untersuchten, woher er käme, wir ihn gewiß nicht so schrecklich finden würden, als er uns nun vorkommt. (22)

Wer nicht hört auf die Stimme des Ermahners, dem wird es ergehen, wie es der Schildkröte ergangen ist, als sie nicht hörte auf die Stimme der beiden Enten.

Wie war das? fragte das Männchen.

Da erzählte das Weibchen also:

Die Schildkröte und die zwei Enten

Es war ein Teich und daneben eine grüne Wiese. Auf derselben waren zwei Enten, und in dem Teich eine Schildkröte, welche mit einander in Liebe und Freundschaft verbunden waren. Es traf sich nun, daß das Wasser des Teiches austrocknete. Da giengen die Enten zu der Schildkröte, um von ihr Abschied zu nehmen und ihr ein Lebewohl zu sagen, indem sie sagten:

Wir müssen diesen Platz verlassen, weil kein Wasser mehr da ist. Die Schildkröte entgegnete:

Das Verschwinden des Wassers trifft meines gleichen noch viel empfindlicher, da ich, wie ein Schiff, immer im Wasser seyn muß, um leben zu können, während dem ihr euer Leben fristen könnt, wo ihr auch seyd. Drum nehmt mich mit euch!

Die Enten erwiederten:

Nun gut!

Aber wie könnt ihr mich weiterschaffen? fragte die Schildkröte. Die Enten versetzten:

Wir nehmen einen Stock an seinen beiden Enden, du hängst dich an die Mitte desselben an, und so fliegen wir mit dir durch die Luft. Aber hüte dich ja, wenn du die Leute unter uns sprechen hörst, ihnen Antwort zu geben!

Darauf nahmen sie die Schildkröte und flogen mit ihr durch die Luft. Die Leute aber, welche das sahen, riefen:

Welch Wunder! eine Schildkröte in der Mitte von zwei Enten, welche sie tragen!

Da sagte die Schildkröte, als sie solches hörte:

Gott möge euch verblenden, ihr Menschen!

Allein alsbald, nachdem sie ihren Mund zum Sprechen geöffnet, fiel sie auf die Erde herab und gab ihr Leben auf. (85)

Da sagte Calila zu Dimna:

Der König besteht nur durch seine Diener, wie das Meer durch seine Wellen. Ich aber hätte bei meinen Ermahnungen und Zurechtweisungen, die ich dir gegeben, bedenken sollen, was jener Mann zu dem Vogel gesagt hat: Suche nicht zu verbessern, was sich nicht verbessern läßt und bemühe dich nicht, den zu belehren, der sich nicht will belehren lassen.

Wie war das? fragte Dimna.

Da erzählte Calila also:

Die Affen und der Vogel

Ein Haufe von Affen wohnte auf einem Berge. In einer kalten, stürmischen Nacht hätten sie gern Feuer gehabt, um sich wärmen zu können, konnten aber keines bekommen. Endlich erblickten sie einen Glühwurm, der einem Feuerfunken gliech, hielten denselben wirklich für Feuer, schleppten dann viel Holz herbei, welches sie auf den vermeintlichen Funken legten, und bliesen aus vollen Kräften, um ein Feuer zu Stand zu bringen, an dem sie sich wärmen könnten. In der Nähe von ihnen saß aber ein Vogel auf einem Baum, welchen sie im Gesicht hatten, wie auch er sie. Als derselbe sah, was die Affen thaten, redete er sie an und sagte zu ihnen:

Mühet euch nicht so ab, denn was ihr da gesehen habt, war kein Feuerfunke!

Vergeblich wiederholte er öfters diese Worte. Endlich sah er sich bewogen, sich selbst den Affen zu nähern, um sie von ihrem nutzlosen Bemühen abzuhalten. Da kam ein Mann an ihm vorüber, der sobald er seine Absicht erkannte, zu ihm sagte:

Suche nicht zu verbessern, was sich nicht verbessern läßt, denn an einem harten Stein, der sich nicht durchhauen läßt, darf sich kein Schwerdt versuchen, und aus einem Holze, das sich nicht biegen läßt, wird man nie einen Bogen machen können.

Der Vogel hörte aber nicht auf die Stimme des Mannes, sondern trat den Affen nahe, um sie zu belehren, daß der Glühwurm kein Feuerfunke sey. Da packte ihn ein Affe und schlug ihn auf die Erde, daß er starb. (91)

Auf dich paßt das Gleichniß von dem Kaufmann, welcher gesagt hat: In einem Land, wo die Mäuse hundert Pfund Eisen auffressen können, wird Niemand bezweifeln dürfen, daß Falken mit Elephanten davon fliegen können.

Wie war das? fragte Dimna.

Da erzählte Calila also:

Der Kaufmann und sein schlechter Freund

Es lebte einmal ein Kaufmann in dem und dem Lande. Als er auf Reisen gehen wollte, um sich Erwerb zu suchen, legte er hundert Pfund Eisen, das er hatte, bei einem seiner Freunde nieder, und trat dann seine Reise an. Nach Verfluß von einiger Zeit kehrte er heim, und verlangte von seinem Freund das Eisen zurück. Dieser aber entgegnete ihm:

Die Mäuse haben es gefressen.

Der Kaufmann versetzte:

Ja, ich habe auch schon gehört, daß die Zähne der Mäuse vorzüglich geeignet sind das Eisen zu zernagen!

Da freute sich der Mann, daß sein Freund seiner Aussage gleich Glauben geschenkt. Der Kaufmann verließ dann seinen Freund. Als ihm aber der Sohn seines Freundes begegnete, nahm er ihn mit sich nach seiner Wohnung. Den anderen Morgen kam dieser zu ihm und fragte ihn:

Weißt du nichts von meinem Sohn, denn ich vermisse ihn?

Der Kaufmann erwiederte:

Wie ich gestern von dir weggieng, erblickte ich einen Falken, der einen Knaben geraubt; vielleicht war der dein Sohn.

Sein Freund schlug sich auf diese Worte hin vor den Kopf und sagte:

Hat auch schon Jemand gehört oder gesehen, daß Falken Kinder rauben?

Der Kaufmann erwiederte:

Ja wohl! und in einem Lande, wo Mäuse hundert Pfund Eisen fressen, dürfte man sich nicht wundern, wenn Falken Elephanten raubten!

Da entgegnete der Mann:

Ich habe dein Eisen mir zu Nutzen gemacht, hier hast du das Geld dafür, aber gib mir nun auch meinen Sohn wieder! (98)

Homer (8. Jh. v. Chr.)

Ilias

Das Bienengleichnis

Also sprach er und schied zuerst aus des Rates Versammlung.
Willig dem Hirten der Völker, erhoben darauf sich die Fürsten.
Alle mit Zeptern geschmückt. Heran jetzt brausten die Völker.
Gleichwie Schwärme von Bienen in dichtem Gewimmel sich nahen;
Immer neue strömen hervor aus der Höhlung des Felsens;
Dann in Trauben gedrängt, umfliegen sie Blumen des Lenzes;
Hier jetzt schwärmet ein Volk, und andere schwärmen da drüben:
Also zogen die Massen der Völker von Schiffen und Zelten,
Schar an Schar, zur Versammlung, entlang am tiefen Gestade,
Denn ein Gerücht, von Zeus gesendet, war unter den Männern
Plötzlich entbrannt und trieb sie zur Eile, bis alle versammelt.
(II/84ff.)

Das Doppelgleichnis von der ikarischen Flut und vom Sturm im Kornfeld

Also sprach er und rührte das Herz in der Brust eines jeden
Ringsumher in der Menge, die nichts vom Rate vernommen.
Unruhig war die Versammlung, wie schwellende Wogen des Meeres
Auf der ikarischen Flut, von den Winden des Ostens und Südens
Aufgerührt, die den Wolken des Vaters Zeus sich entstürzen.
Wie wenn der nahende West im tiefen Gefilde der Staaten
Wühlt, und im brausenden Sturme herab die Ähren sich neigen:
So ward ganz die Versammlung durchwühlt. Mit wildem Getöse
Stürzte das Volk zu den Schiffen, und unter den Füßen erhob sich
Wirbelnder Staub in die Luft; sie ermunterten einer den andern,
Hand an die Schiffe zu legen und hin ins Meer sie zu ziehen.
(II/142ff.)

Das Gleichnis von der Meereswoge

Also durchherrschte er ordnend das Heer, und zurück zur Versammlung
Stürzten von neuem die Völker, hinweg von den Schiffen und Zelten,
Tosend: gleichwie die Woge des stürmisch brandenden Meeres
Gegen das Felsengestade brüllt, und es dröhnen die Fluten. (II/207ff.)

Das Flutengleichnis

Also sprach er; da schrien die Argeier laut: wie die Fluten
Brausen am felsigen Strand, gepeitscht vom nahenden Föhne
Gegen das ragende Riff; beständig umspülen es Wellen
Mannigfaltiger Winde, die hier und dort sich erheben. (II/394ff.)

Das Gleichnis vom steigenden Glanz

Als sie dieses gesagt, enteilte die hurtige Iris.
Aber Achilleus erhob sich, der Götterliebling; Athene
Warf um die mächtigen Schultern die Aigis, die quastengeschmückte,
Dann umkränzte sein Haupt mit goldener Wolke die hehre
Göttin und ließ ihm ein weit erglänzendes Feuer entsprühen.
So wie ein Rauch von der Stadt sich erhebt und wirbelt zum Äther,
Fern von dem Eiland her, das feindliche Männer umkämpfen,
Während die Städter den ganzen Tag aus der eigenen Feste
Dringen zu furchtbarem Kampf; allein mit der sinkenden Sonne
Flammen unzählige Feuerzeichen empor, und es leuchtet
Hoch der steigende Glanz, zur Sicht den benachbarten Völkern,
Ob sie vielleicht mit den Schiffen sich nahn, dem Verderben zu wehren:
So erhob von Achilleus' Haupt sich ein Leuchten zum Äther. (XVIII/202ff.)

Das Löwengleichnis

Alle speisten sie dann im Heer, indes die Archaier
Während der ganzen Nacht um Patroklos stöhnten und klagten.
Vor den andern erhob der Pelide die heftige Klage,

Hielt mit den mordgewohnten Händen die Brust des Gefährten,
Unter schwerem Gestöhn, wie ein schönbärtiger Löwe,
Dem da heimlich aus dichtem Gehölz ein Jäger des Hirsches
Raubte die Jungen; es klagt das Tier, das später gekommen,
Streift in den Schluchten umher und sucht nach Spuren des Mannes,
Ob es ihn irgendwo fände, von grimmigem Zorne besessen:
Also stöhnte er tief und sprach zu den Myrmidonen:
Wehe, welch nichtiges Wort ist jenes Tags mir entfallen,
Als ich Trost im Palaste dem Helden Menoitios zusprach!
(XVIII/314ff.)

Die griechisch-römische Fabel

1. Äsop (6. Jh. v. Chr.)
2. Babrius (2. Jh. n. Chr.)
3. Phädrus (1. Jh. n. Chr.)
4. Avianus (4. Jh. n. Chr.)
5. Romulus (ca. 400 n. Chr.)

Äsop

Bestrafter Treubruch

Adler und Fuchs machten Freundschaft und beschlossen auch, nahe beieinander zu wohnen. Denn das, glaubten sie, würde die Freundschaft nur stärken. Der Adler baute nun sein Nest in den Wipfeln eines hohen Baumes, und der Fuchs schuf seinen Jungen ein Lager unter einem nahegelegenen Busche. Als aber der Fuchs einst jagen gegangen war, fehlte es dem Adler an Nahrung für seine Jungen. Da schoß er denn herab in den Busch, raubte die kleinen Füchslein, und er und seine Jungen verzehrten sie. Der Fuchs kam heim und sah, was vorgefallen war. Mehr noch als der Tod seiner Jungen schmerzte es ihn, daß er sich nicht rächen konnte. Denn wie sollte er, der Erdbewohner, den Vogel verfolgen? So tat er denn das, was auch den Schwachen möglich ist: er stand von ferne und verfluchte seinen Feind.

Aber nicht lange darauf sollte der Adler dafür büßen, daß er die Freundschaft verraten hatte. Landleute opferten nämlich auf dem Felde eine Ziege. Da flog der Adler herbei und raubte vom Altar ein Stück des Opfertiers, ohne zu bemerken, daß er auch ein glühendes Holzscheit mitschleppte. Als er die Beute in sein Nest geworfen hatte, sprang ein frischer Wind auf, und bald stand das Nest, das aus dürrem Reisig gebaut war, in hellen Flammen. Die jungen Adler aber, die noch nicht flügge waren, fielen halb verbrannt zu Boden. Da eilte der Fuchs herbei und fraß sie alle auf vor den Augen des Adlers. (21 f.)

Die Rache des Schwachen

Als Äsop von den Delphern zum Richtplatz geführt wurde, sprach er zu ihnen: »Höret mich, Brüder aus Delphi!

Ein Adler verfolgte einst einen Hasen. Da dieser sonst nirgendwo einen Helfer sah, wandte er sich schutzflehend an einen Mistkäfer. Dieser sprach ihm Mut ein und bat den Adler, er möge ihn nicht seiner Kleinheit wegen verachten. Er beschwor ihn beim großen Zeus, das Schutzrecht zu ehren. Der Adler aber wurde zornig, warf den Mistkäfer mit einem Flügelschlag beiseite, raubte den Hasen und verzehrte ihn. Der Mistkäfer aber verkroch sich in das Gefieder des Adlers und ließ sich von diesem zu dessen Nest tragen. Dann kroch er hinein und wälzte die Eier des Adlers über den Rand des Nestes, so daß sie zur Erde fielen und zerbrachen. Der Adler aber nahm sich den Verlust seiner Brut zu Herzen und brütete das nächstemal an einem höher gelegenen Platz. Aber auch dorthin flog ihm der Mistkäfer nach und zerstörte wiederum die Brut. Nun war der Adler ratlos, flog hinauf zu Zeus und flehte den an: ›Schon zum zweitenmal bin ich meiner Brut beraubt worden. Nun vertraue ich sie dir an, damit du sie bewachst.‹ Sprach's und legte seine Eier auf die Knie des Zeus. Der Mistkäfer aber ballte eine Kugel aus Mist, flog in die Höhe und ließ sie auf das Antlitz des Zeus niederfallen. Zeus sprang auf, um den Schmutz abzuschütteln, und dachte dabei nicht an die Eier des Adlers. So fielen diese zur Erde und zerbrachen. Dann aber erzählte der Mistkäfer dem Zeus, wie der Adler gefrevelt habe und wie er sich vergebens bemüht habe, ihn daran zu hindern. ›Und er hat nicht allein gegen mich gefrevelt‹, fuhr er fort, ›sondern auch gegen dich. Denn obgleich ich ihn bei dir beschwor, tötete er den Schutzflehenden. Ich aber werde nicht ruhn, bis ich sein ganzes Geschlecht ausgerottet habe.‹ Da ergrimmte Zeus gegen den Adler und sprach zu ihm: ›Mit Recht hast du deine Kinder verloren. Das ist die Rache des Mistkäfers.‹ Weil er aber doch nicht wollte, daß das Geschlecht der Adler aussterbe, riet er dem Mistkäfer, sich mit dem Adler zu versöhnen. Da der aber das hartnäckig verweigerte, verlegte er die Brutzeit des Adlers in die Monate, wo die Mistkäfer nicht fliegen.

Mißachtet auch ihr, Männer von Delphi, nicht den Gott, in dessen Heiligtum ich mich geflüchtet habe, wenn es auch klein ist. Denn, wenn ihr gegen ihn frevelt, wird er es nicht ungeahndet lassen.« (25 f.)

Der törichte Bock

Ein Fuchs fiel in einen tiefen Brunnen und wußte nicht, wie er wieder herauskommen sollte. Da kam ein durstiger Ziegenbock zum Brunnen, sah den Fuchs und fragte ihn, ob das Wasser gut sei. Der aber verhehlte sein Mißgeschick und sagte: »O, das Wasser ist ausgezeichnet, klar und wohlschmeckend, komm nur auch herunter!« Da sprang der Bock, ohne sich zu besinnen, hinab. Als er nun seinen Durst gelöscht hatte, fragte er den Fuchs: »Wie wollen wir aber wieder herauskommen?« Da sagte der Fuchs: »O, das werde ich schon machen. Stelle dich auf deine Hinterbeine, stemme die Vorderbeine gegen die Wand und mache deinen Hals lang. Dann werde ich über deinen Rücken und deine Hörner auf den Rand des Brunnens klettern und auch dir heraushelfen.« Der Bock tat, wie ihm befohlen war, streckte sich aus, und der Fuchs kletterte auf seine Hörner und sprang von dort mit einem gewaltigen Satz auf den Brunnenrand. Dort blieb er, tanzte vor Freuden und verhöhnte den Bock. Der aber machte ihm Vorwürfe, daß er den Vertrag nicht eingehalten hätte. Da sagte der Fuchs: »O Bock, wenn du soviel Gedanken im Kopfe hättest, wie Haare im Bart, so wärst du nicht hinuntergestiegen, ohne vorher zu untersuchen, wie du wieder herauskönntest.« (37)

Bestrafte Habgier

Ein Hund, der ein Stück Fleisch im Maul trug, überschritt einen Fluß. Dabei sah er seinen Schatten im Wasser und meinte, das sei ein andrer Hund, der ein größeres Stück Fleisch habe. Sofort ließ er das eigene fahren und fuhr auf das Spiegelbild los, um das Fleisch zu rauben. Aber dabei kam nur heraus, daß er beides verlor, das fremde Fleisch, weil es überhaupt nicht da war, und das eigene, weil es vom Wasser weggetrieben war. (43)

Eines schickt sich nicht für alle

Ein Herr besaß einen Esel und ein Malteser Schoßhündchen. Der Esel mußte schwere Lasten schleppen und stand sonst unbeachtet im Stall, mit dem Hündchen aber pflegte der Herr zu spielen. Wenn er einmal auswärts speiste, brachte er dem Hündchen etwas mit, das ihm fröhlich bellend entgegensprang und ihn umwedelte. Da packte den Esel der Neid, und auch er lief dem Herrn entgegen, wieherte fürchterlich und wollte den

Herrn mit seinen Hufen liebkosen. Der aber rief den Dienern und befahl ihnen, den Esel zu verprügeln und an die Krippe zu binden. (47)

Fremde Federn

Zeus beschloß, den Vögeln einen König zu geben. Daher setzte er eine Versammlung an; in dieser wollte er den schönsten zum König machen. Da eilten alle Vögel zum Fluß, um sich zu säubern und zurechtzuzupfen. Auch die Krähe kam, und da sie sich ihrer Häßlichkeit bewußt war, sammelte sie die Federn, die den anderen Vögeln bei ihrem Putz entfielen, und fügte diese dem eigenen Gefieder ein. So kam es, daß sie viel bunter aussah als alle andern Vögel. Dem Zeus aber gefiel sie, und er wollte sie zum König machen. Da gerieten die andern Vögel in Zorn: sie stürzten sich auf sie, und jeder entriß ihr die eigenen Federn. Und die Krähe war wieder eine Krähe. (49)

Die törichten Schafe

(Als Kroisos die Auslieferung des Äsop begehrte, erhob sich dieser in der Volksversammlung und sprach: Ihr Männer von Samos, ich will euch eine Fabel erzählen.)

Als alle Tiere noch eine Sprache redeten, war Krieg zwischen den Wölfen und den Schafen, und die Wölfe waren weitaus überlegen. Da verbündeten sich die Schafe mit den Hunden, und diese verjagten die Wölfe. Nun aber schickten die Wölfe einen Gesandten zu den Schafen und ließen ihnen sagen: »Wenn ihr mit uns in Frieden leben und nicht immer Angst vor einem Krieg haben wollt, so liefert uns die Hunde aus!« Die dummen Schafe aber ließen sich von den Wölfen betören und übergaben ihnen die Hunde. Die Wölfe aber zerrissen erst die Hunde, und dann fraßen sie auch in aller Behaglichkeit die Schafe. (53)

Was du tust, wirst du erleiden!

(Als die Delpher den Äsop zum Richtplatz führten, bat er sie, erst noch eine Geschichte anzuhören. Sie willigten ein und er erzählte.)

Als die Tiere noch alle die gleiche Sprache redeten, gewann eine Maus einen Frosch lieb. Daher lud sie ihn zum Mahle und führte ihn in die Vorratskammer eines Reichen. Da gab es

Brot, Käs, Honig, Feigen und alle andern Leckerbissen. »Nun iß nach Herzenslust, lieber Frosch«, sagte die Maus. Der ließ sich das nicht zweimal sagen, und alle beide schwelgten in auserlesenen Genüssen. Dann sagte der Frosch: »Nun komm auch einmal zu mir, liebe Maus, und mäste dich an meinen Schätzen! Damit du aber bei der Reise durchs Wasser keine Angst bekommst, will ich deinen Fuß an meinen anbinden.« Das tat er auch und sprang in den Teich, wobei er die Maus gefesselt mit sich zog. Als diese nun merkte, daß sie ertrinken mußte, sprach sie: »Ich werde von dir getötet werden, aber von einem Stärkeren werde ich gerächt werden.« So starb sie. Aber wie sie noch auf dem Wasser dahintrieb, flog ein Habicht über den Teich. Der sah die Maus, schoß herab und ergriff sie und zugleich mit ihr den Frosch. Und er verschlang sie beide. (57)

Die Hausschlange und der Bauer

Ein Bauer hatte in seinem Gehöft eine Schlange, die er als Schutzgeist des Hauses hoch hielt und der er täglich Speise vorsetzte. Eines Tages aber biß die Schlange den Sohn des Bauern, der sie gequält hatte, so daß dieser starb. Da ergrimmte der Bauer und beschloß, die Schlange zu töten. Deshalb nahm er eine Axt und stellte sich vor das Loch, in dem die Schlange hauste, um sie zu erschlagen, sobald sie herauskäme. Als dann die Schlange den Kopf hervorstreckte, schlug er zu. Aber die Schlange fuhr schnell zurück, und der Beilhieb spaltete nur den Stein oberhalb der Höhle. Nach einiger Zeit ging der Bauer in sich und beschloß, die Schlange wieder gut zu stimmen. Daher stellte er Honig und Milch vor den Eingang der Höhle und bat die Schlange, sich wieder mit ihm zu versöhnen. Aber die Schlange sagte: »Zwischen uns kann nicht Friede und Freundschaft sein, solange ich den gespaltenen Stein sehe und du das Grab deines Sohnes.« (66f.)

Die Wanderer und das Beil

Zwei Wanderer zogen dieselbe Straße. Als nun der eine ein Beil fand, rief der andere: »Ei, da haben wir etwas Schönes gefunden!« »Bitte«, meinte der Freund, »sage nicht: wir haben gefunden, sondern: du hast gefunden.« Kurz darauf kamen diejenigen, die das Beil verloren hatten, und bedrängten den, der das Beil hatte. Da rief dieser aus: »Wir sind verloren!«

»Bitte«, meinte der Freund, »sage nicht: wir sind verloren, sondern: ich bin verloren. Denn auch als du das Beil fandest, hast du mir keinen Anteil daran gewährt.« (95)

Babrius

(Vater und Stäbe)

Vor grauen Zeiten lebt' ein Mann, der sehr alt war.
Der hatte viele Kinder; da er nun merkte
Sein Ende nahn, und er an sie noch Aufträge
Ertheilte, hieß ein Bündel er herbeischaffen
Von dünnen Stäben, die auch einer gleich brachte.
Versucht nun Kinder sprach er, alle Kraft sammelnd,
Ob die verbund'nen Stäb' ihr wohl entzwei brechet.
Sie konnten's nicht; da sprach er: Jetzt versucht's einzeln.
Da nun so einzeln sie gar leicht entzwei brachen,
So sagte er: »Kinder, also, wenn ihr einträchtig
Zusammen alle haltet, kann kein Mensch jemals
Euch schrecken, wenn er noch so große Macht hätte.
Dagegen, wenn ihr Jeder andern Sinn heget,
So wird es Jedem, wie dem einen Stab gehen.
Für Brüder ist ein großes Glück und Gut Eintracht,
Die Niedre schon zu hohem Stand hinaufbrachte.« (24)

(Fuchs und Rabe)

Ein Rabe hielt im Schnabel einst ein Stück Käse.
Der schlaue Fuchs, der nach dem Käse sehr gierte,
Betrog den Vogel, indem er so ihn anredet:
»Schön ist dein Fittig und dein Auge scharf, Rabe,
Dein Nacken prächtig; eine Adlersbrust zeigst du,
Und jedes Thier muß deiner Fänge Kraft weichen.
Und solch' ein Vogel kann nicht schrein und muß stumm sein.«
Der Rabe, dessen eitles Herz das Lob aufbläht,
Wirft aus dem Schnabel seinen Käse laut krächzend.
Der Schlaue nimmt ihn und mit Spöttermund ruft er:
»So warst du doch bei Stimm', und keineswegs sprachlos;
Ja du hast Alles, Rabe; nur Verstand fehlt dir.« (37f.)

(Hund und Schatten)

Ein Hund, der Fleisch gestohlen aus der Garküche,
Lief längs des Flusses und erblickt im Stromspiegel
Das Bild, das ihm viel größer als das Fleisch vorkam.
Er ließ das Fleisch drum fallen, nach dem Bild schnappend.
Doch fand er weder dieses noch sein Fleisch wieder,
Und hungrig mußt er durch den Strom zurückschwimmen.
(Des Nimmersatten Leben ist stets unsicher,
Da es in eitler Hoffnung Schein sich aufzehret.) (38)

(Wolf und Lamm)

Ein Wolf ersah ein Lämmchen, von der Schafheerde
Verirrt. Nicht wollt er's grade mit Gewalt rauben.
Er suchte darum nach gutem Schein zur Anklage:
»Ein Jahr ist's, daß du noch gar klein mich ausschimpftest.«
»Ein Jahr gewiß nicht, da ich noch kein Jahr alt bin.«
»Du hast benagt den Acker, den ich mein nenne.«
»Noch fraß ich nie vom Acker, noch vom Grünfutter.«
»Und trübtest du den Quell mir nicht, den *ich* trinke?«
»Gewiß nicht, da bis heut mich Muttermilch nähret.«
Da faßt der Dieb das Lämmlein und es auffressend
Spricht er: »Du sollst die Mahlzeit nicht dem Wolf rauben,
Und könntest du auch jede Schuld mir wegstreiten.« (42 f.)

(Wolf und Reiher)

Dem Wolfe blieb' ein Knochen einst im Schlund sitzen,
Und er verhieß: er wolle guten Lohn zahlen
Dem Reiher, wenn er seinen Hals hinabsenkte,
Und heraus den Knochen ziehend ihm den Schmerz heilte.
Der zog ihn aus; doch als er nun den Lohn fordert,
Sagt Jener, ihn mit Zähnefletschen angrinsend:
Genug des Lohnes empfingst du für die Heilkünste,
Daß ganz dein Kopf herauskam aus dem Wolfsrachen!
(Wer den Schlechten hilft, der wird nicht guten Lohn ernten;
Es ist genug, wenn's ihm dafür nicht schlecht gehet.) (44)

(Wolf und Hund)

Ein Wolf stieß eins auf einen Hund, der sehr fett war.
Er fragte ihn aus, wo er sich so genährt hätte,
Daß er so groß geworden und von Fett strotzend?
»Ein reicher Mann«, versetzt er, »nährt mich freigebig.«
Doch, sprach der Wolf, wie kommt es, daß dein Hals fahl ist?
»Sein Fleisch wird so gerieben von dem Halsbande,
Das mein Ernährer mir da ließ herumschmieden.«
Da lachte laut der Wolf ihn aus und rief: »Lebe
Denn wohl und komm mir nicht mehr mit dem Pflegvater,
Der mir mit Eisen wollte meinen Hals schinden.« (50)

(Löwe und Maus)

Ein Leu fing eine Maus; die wollt er aufspeisen.
Frau Bröseldieb, vor Augen schon den Tod sehend,
Fleht so mit Worten zu dem Raubthier inständig:
»Dir ziemt es Hirsch' und Stiere, stolze Hornträger,
Zu jagen; solches Fleisch muß deinen Leib mästen.
Die bloßen Lippen sollte dir nicht anrühren
Der schmale Bissen einer Maus; drum Herr schone!
Leicht könnt' ich dir, wie klein ich bin, den Dienst lohnen.«
Das Raubthier lacht und ließ die fleh'nde Maus leben.
Doch bald gerieth er unter junge Waidmänner
Fiel in das Netz und ward verstrickt mit Fangseilen;
Und wollte schon des Lebens Rettung aufgeben.
Da sprang die Maus gar heimlich aus dem Schlupfwinkel,
Nagt mit den kurzen Zähnchen an der Hanfschlinge,
Befreit den Leun, daß er des Tages Licht schaute,
Und lohnt ihm würdig wieder, ihn vom Tod rettend.
(Klar ist der Sinn der Fabel für den Wohlwoll'nden,
Den Armen hilf! du darfst auf *sie* in Noth hoffen,
Da auch die Maus den Löwen aus der Haft löste.) (54)

(Krebs und Mutter)

»Nicht schief gehn!« sprach zu ihrem Sohn die Krebsmutter,
»Und nicht das Bein am feuchten Felsen quer schleifen!«
Der sprach: »Frau Lehrerin und Mutter, erst gehe
Selbst grade; wenn ich's sehe, will ich's nachmachen.«

(Grille und Ameise)

Im Winter holt aus der Kammer einst die Ameise
Ihr Korn, das sie im Sommer aufgehäuft hatte
Zum Trocknen. Hungrig fleht zu ihr die Heuschrecke,
Sie auch zu speisen, daß sie nicht den Tod litte.
Die fragte, was im Sommer sie gethan hätte.
Ich war nicht müßig, sondern sang die Zeit über.
Die Amse lacht und sprach den Waitzen einschließend:
»Wer im Sommer singt, der mag zur Winterszeit tanzen.« (63 f.)

Phädrus

Der Wolf und das Lamm

Einst kam von Durst getrieben Wolf und Lamm
Zum selb'gen Bach: der Wolf stand oberhalb,
Weit unten erst das Lamm. Da trieb sein Schandbauch
Den Räuber, Anlaß beizuziehn zum Streite.
»Was«, rief er, »trübst du, wo ich trinke, mir
Das Wasser?« Drauf das Wollentier voll Angst:
»Ich bitt' dich, Wolf, wie kann ich denn das tun?
Von dir fließt ja der Quell zu meinem Trunke.«
Der Wahrheit Macht erliegend hebt er nun an:
»Vor jetzt sechs Monden hast du mich geschmäht!«
»Ich?« sagt das Lamm. »Ich lebte da noch gar nicht!«
»Nun«, schreit er, »nun beim Zeus, so war's dein Vater!«
Und faßt's trotz aller Unschuld und zerfleischt es.
Mit dieser Fabel ist's auf den gemünzt,
Der Ursach' lügt, Schuldlose zu verderben. (1)

Die Frösche, die einen König verlangten

Als unter gleichem Recht Athen erblühte,
Schuf Freiheitsschwindel Unruh'n unterm Volk,
Und Übermut zerriß den alten Zügel.
Drauf, als sie in Partei'n gespalten, wirft sich
Pisi'startus als Burgherr und Tyrann auf.
Wie nun das Volk der Knechtschaft Druck bejammert
Und klagen will, nicht weil ein Wütrich jener,

Doch Ungewohnten jede Last ein Berg deucht,
Da gab Äsop zum besten dies Geschichtchen:
»Die Frösche, frei in ihren Sümpfen schweifend,
Schrien lauten Gequaks zu Zeus um einen König,
Der ihre lockern Sitten zügeln sollte.
Der Göttervater lacht und sendet ihnen
Ein Klötzchen Holz, das, plötzlich niederstürzend,
Mit hohlem Geplump das zage Völklein schreckte.
Als eine Zeit im Pfuhl versenkt es dortlag,
Geschieht's, daß einer leis den Kopf hervorstreckt,
Den König untersucht und alles beiruft.
Jetzt frei von Furcht, schwimmt jeder um die Wette
Herzu und springt mutwillig auf das Holzstück.
Nachdem sie's so mit aller Schmach besudelt,
Wird Zeus beschickt um einen andern König:
Den er gegeben, könnten sie nicht brauchen. –
Die Hyder sandt' er da mit grimm'gem Zahn,
Die nach der Reih' sie faßte. Ratlos fliehen
Vergeblich sie den Tod: Furcht schließt den Mund.
Heimlich drum wird Merkur an Zeus beauftragt,
Daß ihre Not er wende; doch der spricht:
›Habt euer Gutes ihr nicht tragen mögen,
So tragt das Schlimme.‹
Ihr auch, Bürger«, schloß er,
»Seid jetzt zufrieden, sonst kommt größres Unheil.« (2)

Der Wolf und der Kranich

Wer Lohn für Dienste von den Bösen fordert,
Fehlt doppelt: erst, daß er Unwürd'gen half,
Dann, weil er kaum nun ungestraft davonkommt.
Dem Wolf im Schlunde blieb ein Knochen stecken;
Von Schmerz bewältigt will er eins ums andre
Durch Lohn das Übel auszuziehn verlocken.
Endlich vermag ein Eid dazu den Kranich,
Der, seinen langen Hals des Wolfes Rachen
Vertrauend, trotz Gefahr die Kur vollbringt.
Wie er den ausbedungnen Sold nun fordert,
Ruft jener: »Undankbarer, hast dein Haupt
Heil meinem Schlund entrückt und forderst Lohn?« (5)

Der Fuchs und der Rabe

Wer sich am Lob des list'gen Schmeichlers letzt,
Wird durch die Schmach zu später Reu' bestraft.
Vom Fenster stahl der Rab' sich einen Käse
Und wollt' ihn hoch auf einem Baum verschmausen.
Das sah der Fuchs und hub so an zu reden:
»O Rab', wie prächtig glänzt doch dein Gefieder!
Wie prangt der Leib von Anmut, wie das Antlitz!
Sängst du auch noch, du wärst der Vögel erster!«
Wie nun der Narr auch Stimme zeigen will,
Entfällt der Käs dem Schnabel, und behend
Fängt ihn mit gier'gem Maul mein Füchslein auf.
Zu spät erseufzte die betrogne Dummheit. (8)

Der zerplatzte Frosch und der Ochs

Des Schwachen Tod ist's, will er's Mächt'gen nachtun.
Ein Frosch sah auf der Wiese einen Stier,
Und neidisch auf so mächt'ge Größe, bläst er
Sein runzlig Fell auf; dann fragt er die Jungen,
Ob dicker er als jener? Doch die leugnen's.
Aufs neu spannt er mit mehr Gewalt die Haut aus
Und fragt noch einmal, wer der größre sei.
»Der Stier!« entgegnen sie. Zuletzt voll Ingrimm
Sucht er noch heftiger sich aufzubläh'n.
Er tut's und liegt zerborsten, eine Leiche. (12)

Der Fuchs und der Storch

Verletze niemand; doch hast du verletzt,
Ist's recht, mit gleichen Ruten dich zu zücht'gen.
Der Fuchs, erzählt man, lud zuerst den Storch
Zur Mahlzeit ein und setzt' in flacher Schüssel
Ihm eine Brüh vor, die des Storches Schnabel
Trotz Hunger sich umsonst zu kosten mühte.
Nun ladet er den Fuchs und tafelt Flaschen
Voll Brocken auf, worein den Schnabel steckend
Er selbst sich labt, den Gast durch Hunger peinigt.
Wie der der Flasche Hals vergeblich leckt,
Läßt sich der Wandervogel so vernehmen:
»Was selbst man angab, trage man mit Gleichmut.« (13)

Der Hund und der Wolf

Wie süß die Freiheit, will ich kurz erzählen.
Dem feisten Hund begegnet einst der Wolf,
Fast zum Geripp' verkommen; sich begrüßend
Stehn still sie: »Sprich, wie kommst du zu dem Fett,
Und was hat solchen Wanst dir angemästet?
Ich, der viel stärker, sterbe hier vor Hunger.«
Treuherzig darauf der Hund: »Kannst's auch so haben,
Magst du dem Herrn die gleichen Dienste leisten.«
»Die sind?« fragt der. »Daß du das Tor bewachst
Und nachts das Haus vor Dieben treu beschützest.«
»Das tu ich wahrlich! Jetzt bei Schnee und Regen
Schlepp' ich im Wald ein saures Leben hin.
Weit mehr behagt mir's unter Dach zu leben
Und mühlos mich am reichen Fraß zu sätt'gen.«
»So komm mit mir!« Im Gehn erblickt der Wolf
Des Hundes Hals berieben von der Kette:
»Woher das, Freund?« – »Ach, nichts!« – »Sag's dennoch, bitt' ich.«
»Weil ich zu heftig, legt man tags mich an,
Um dann zu ruhn und erst des Nachts zu wachen.
Befreit, wenn's dämmert, schweif ich, wo mir's gutdünkt.
Man bringt von selbst mir Brot, vom Tisch des Herrn
Gibt's Knochen, Bissen wirft mir das Gesinde,
Und was von Zukost jeder selbst nicht mag.
So füllt sich ohne Arbeit mir der Bauch.«
»Hör'! steht dir's frei zu gehn, wohin du Lust hast?«
»Nicht völlig.« – »Hund, genieße, was du anpreist;
Kein König mag ich sein, bin ich mein Herr nicht!« (30)

Das junge Huhn zur Perle

Auf einem Düngerhaufen fand ein Hühnchen,
Indem es Speise suchte, eine Perle.
»So kostbar du, und liegst an solchem Ort!«
Rief es. »Sah's ein Verehrer deines Wertes,
Wärst wieder du zum alten Glanz gekehrt.
Da *ich* dich fand, dem weit mehr liegt an Speise,
Kannst weder mir noch dir du zu was nützen.«
Das sag ich solchen, die mich nicht verstehn. (34)

Vom Fuchs und der Weintraube

Vor Hunger hascht', aus Leibeskräften springend,
Der Fuchs nach einer Traub' an hohem Weinstock.
Als unerreicht sie bleibt, spricht er im Weggehn:
»Noch ist sie reif nicht, ich mag keine herbe.«
Wer, was er nicht zu tun vermag, herabsetzt,
Wird dieses Gleichnis auf sich ziehen müssen. (43)

Der kreisende Berg

Im Kreisen lag ein Berg und stöhnte furchtbar,
Und rings auf Erden war die größte Spannung.
Doch eine Maus gebar er.
Das gilt dir,
Der Großes du verheißt und *nichts* herausbringst. (56)

Avianus

V. Vom Esel in der Löwenhaut

Jeder messe sich selbst mit seinem Maß, und mit seinem
Ruhme hab er genug, fremden lehne er ab,
Daß das entschleierte Trugbild nicht tolles Gelächter errege,
Wenn er im Lumpengewand wieder, im alten, erscheint.
Als der Esel einst fand ein Fell des Gätulischen Löwen,
Zog er es, ungewohnt, über den eigenen Leib:
Straffte die Decke zurecht auf den Gliedern, wo sie zu weit war,
Drückt sich dann über das Haupt fest das Löwengesicht.
Wie nun Schauder und Schreck sich dem falschen Löwen gesellen
Und die erwartete Kraft durch seine Glieder ihm strömt,
Stapft er den Weidegrund, den gemeinsamen, hochmütig nieder,
Jagt das erschrockene Rind über die grünende Flur,
Bis dann der Bauer erkennt an den großen Ohren den Esel,
Windelweich ihn verhaut und ihm den Denkzettel gibt.
Und indem er das Fell des Löwen vom Rücken ihm abstreift,
Kanzelt das elende Vieh weidlich mit Worten er ab:
»Magst du, die dich nicht kennen, mit fremder Hülle betrügen,
Was du bisher mir warst, wirst du immer mir sein!«

VII. Vom Hund

Ein Hund, der niemals furchterregend bellte
Und niemals drohend auch den Rachen aufriß,
Viel eher selber ängstlich stets den Schwanz einzog,
Versetzt' einst wütend einem einen Biß.
Die Heuchelei sollt' ferner niemand täuschen:
Drum ließ sein Herr fortan ihn stets am Hals
Ein Zeichen tragen; unter seinem Maul
Hing eine Schelle, die bei jedem Ruck
Von weitem anriet: Vorsicht! Er jedoch
Glaubt damit sich belohnt und sah von nun an
Auf alle seinesgleichen stolz herab.
Als er sie gar im Übermut verhöhnte,
Wies ihn zurecht ein ältrer Volksgenosse,
Ins Ohr ihm diese ernste Mahnung zuzischelnd:
»Bist du denn, Ärmster, ganz von Sinnen, daß du
Hierin Belohnung siehst für treue Dienste?
Die Schelle trägst du nicht für dein Verdienst:
Ihr Klingeln kündet deine Schlechtigkeit!«

VIII. Vom Kamel

Zufrieden mit dem Seinen weise leben,
Nicht fremdes Gut begehren: mahnt die Fabel,
Daß nicht das Glück verärgert kommt zurück
Und stehnbleibt und dir alles wieder nimmt,
Was es vorher dir gab mit seines Rads Umschwung.
Ein riesengroßes Tier begab sich, heißt es,
Zu Jupiter und fleht ihn dringend an,
Ein Schandfleck sei's und lächerlicher Anblick:
Die Ochsen sei'n mit Doppelhorn geziert,
Nur das Kamel sei gänzlich ungerüstet
Und wilden Tieren wehrlos preisgegeben.
Jupiter lacht und täuschte die Erwartung
Und machte obendrein die Ohren kleiner.
»Es muß noch kleiner werden, als verdient«, sprach er,
»Wem nicht genügt sein Teil! Und ewig jammre,
Du Neidgequälter, über dein Gebrechen!«

XXVII. Von der Krähe und der Urne

Durstig erblickte die Krähe dereinst eine mächtige Urne,
  Doch nur der Boden war kaum eben mit Wasser bedeckt.
Lange war sie bemüht, es ganz auf die Erde zu gießen,
  Konnte sie doch dann leicht löschen den quälenden Durst.
Alles Bemühn war umsonst. Da versuchte sie allerlei Listen,
  Wie denn Entrüstung und Not reizt einen findigen Sinn.
Steinchen warf sie hinein, da stieg das Wasser von selber,
  Bis zum Trinken sich ihr leichter die Möglichkeit bot.
Also zeigte der Vogel, wie stärker als Kraft ist die Klugheit,
  Die das begonnene Werk glücklich zum Ende geführt.

Romulus

V. Das verklagte Schaf

Der Ränkeschmied Hund behauptete, das Schaf sei ihm noch das Brot schuldig, das er ihm geliehen habe. Das Schaf aber bestritt es: »Ich habe niemals Brot von ihm bekommen.« Als sie vor den Richter kamen, gab der Hund an, daß er Zeugen habe. Zuerst wurde der Wolf hereingerufen. Er sagte aus: »Ich weiß, daß er dem Schaf Brot gegeben hat.« Dann trat der Falke vor und erklärte: »In meiner Gegenwart hat das Schaf den Laib Brot erhalten.« Zuletzt kam der Habicht und sagte: »Wie konntest du nur in Abrede stellen, was du bekommen hast?« So wurde das Schaf durch drei falsche Zeugen überführt und mußte zurückgeben, was es gar nicht empfangen hatte. Man sagt, es sei gezwungen gewesen, vor der Zeit seine Wolle zu verkaufen, um zurückerstatten zu können, was es nicht schuldig war.

So fügen Verleumder Unschuldigen und Hilflosen Schaden zu.

IX. Die Schnecke und der Spiegel

Eine Schnecke fand einen Spiegel. Als er ihr so herrlich glänzte, verliebte sie sich in ihn. Indem sie über ihn kroch, machte sie sich gleich daran, ihn abzulecken, tat ihm aber nichts weiter,

als daß sie seinen Glanz mit Schleim und Schmutz überzog. So besudelt fand ihn ein Affe und sagte: »Wer sich mit so etwas einläßt, verdient es nicht anders.«
Das gilt für Weiber, die sich mit törichten und nichtsnutzigen Männern verbinden.

XXXIV. Das Rebhuhn und der Fuchs

Ein Rebhuhn saß irgendwo hoch oben. Da kam ein Fuchs und sagte zu ihm: »Wie gut siehst du doch aus! Deine Füße sind wie Rosen, dein Schnabel glänzt wie eine Koralle. Doch, wenn du schliefest, wärest du noch schöner.« Das Rebhuhn glaubte ihm und schloß die Augen. Gleich holte es der Fuchs herunter. Da sagte das Rebhuhn, und es kamen ihm dabei die Tränen: »Ich bewundere deine List und deinen Scharfsinn, bitte sag mir doch erst, wie du heißest! Dann kannst du mich auffressen.« Als nun der Fuchs dem Rebhuhn seinen Namen sagen wollte und dabei den Rachen aufmachte, entwischte es ihm. Betrübt meinte er: »Wozu mußte ich auch reden!« Da versetzte ihm das Rebhuhn: »Und was hatte ich nötig zu schlafen, wo ich gar nicht schläfrig war!«

Das gilt für Leute, die da reden, wo es nicht notwendig ist, und schlafen, wo sie wachen müßten.

LIII. Das hochmütige Pferd und der Esel

Hören wir die Fabel, die von den Zeitumständen und Wechselfällen des Glücks handelt! Wer sich glücklich weiß, tue keinem Unrecht und denke daran, daß alles Glück zweifelhaft ist, wie diese Fabel lehrt.

Ein mit goldnem und silbernem Zaumzeug herausgeputztes, mit kostbarem Sattel und Schabracke ausstaffiertes, von jugendlicher Kraft strotzendes Pferd begegnete auf einem schmalen Pfad einem Esel, der von weither kam und eine schwere Last trug. Müde von dem langen Weg, machte er dem vorübergehenden Pferd nur zögernd Platz. Da sagte das Pferd zu ihm: »Ich muß mit Gewalt an mich halten, sonst würde ich dir mit meinen Hufen die Rippen zerbrechen, weil du bei der Begegnung nicht vor mir zurückgewichen oder stehengeblieben bist, bis ich vorbei war.« Erschrocken schwieg der arme Esel bei dieser anmaßenden Behandlung.

Nicht lange danach war das Pferd abgeritten und bei dem

Mangel an ausreichender Pflege ganz abgemagert. Da wurde es auf Geheiß des Herrn auf das Landgut gebracht und mußte Mist auf die Äcker bringen. Bäuerlich angeschirrt und mit schwerer Last schritt es nun auf schmalen Wegen. Der Esel weidete auf einer Wiese und erkannte das jetzt unglückliche Pferd wieder. Höhnisch rief er ihm zu: »He! Was hat dir die kostspielige Aufmachung nun geholfen, die dich so anmaßend machte? Jetzt mußt du ebenso wie wir Landarbeit verrichten. Bist du etwa noch so anmaßend?«

Die Fabel ist eine Lehre für alle. Keiner, der mächtig ist, möge irgend jemand einschüchtern.

LXVI. Der Magen und die Glieder

Wer törichterweise die Seinen im Stich läßt, täuscht sich zuerst. Niemand taugt etwas ohne die Seinen. So erzählt man sich von den Körperteilen, Hände und Füße seien empört gewesen und hätten sich geweigert, dem Magen Nahrung zu liefern, weil er Tag für Tag ohne irgendwelche Bemühung angefüllt werde. Er selbst sitze untätig dabei. Als der Magen aber hungerte, erhob er ein Geschrei. Doch wollten sie ihm einige Tage lang nichts geben. Da nun der Magen nichts bekam, erschlafften alle Glieder. Als sie ihm dann wieder Nahrung geben wollten, weigerte sich der Magen, weil er die Wege schon zugemacht hatte. So gingen Glieder und Magen vor Erschöpfung zugleich zugrunde.

Diese Fabel mahnt die Diener zur Treue, weil sie nur dadurch stark sind und Bestand haben.

LXXXIX. Der Wolf und der kranke Esel

Einem schlechten Menschen darf man niemals vertrauen. Vernimm dazu diese Fabel.

Der Wolf besuchte einen kranken Esel und begann seinen Körper zu befühlen und fragte ihn, welche Teile ihm besonders weh täten. »Die du befühlst«, antwortete der Esel.

So ist es auch mit schlechten Menschen. Wenn sie so tun, als wollten sie einem nützen, und heuchlerisch freundliche Reden führen, dann sind sie erst recht darauf aus, uns zu schaden.

Titus Livius (59 v. Chr. bis 17 n. Chr.)

Aus: Römische Geschichte

(Das Gleichnis von den Gliedern des Leibes)

Manius Valerius wird zum Diktator gewählt, ein Heer von zehn Legionen aufgestellt; die Volsker, Sabiner und Aequer werden besiegt. »So war der Krieg nach drei Seiten hin glücklich geführt, aber die Besorgnis wegen des Ausgangs der einheimischen Angelegenheiten war weder von den Vätern noch von Bürgern gewichen.« (173) Wegen dieser inneren Zwietracht legt Valerius sein Amt nieder.

Nun ergriff die Väter Furcht, es möchten, wenn das Heer entlassen würde, wiederum geheime Zusammenkünfte und Verschwörungen entstehen. Daher gaben sie, obwohl der Dictator die Auswahl gehalten hätte, dennoch in der Meinung, die Krieger seyen, weil sie den Consuln geschworen, durch ihren Eid gebunden, unter dem Vorwande einer Kriegserneurung von Seiten der Aequer, Befehl, die Legionen aus der Stadt zu führen. Dieß brachte den Aufstand zur Reife. Anfangs soll von der Ermordung der Consuln die Rede gewesen seyn, um sich des Eides zu entledigen; hierauf belehrt, daß keine heilige Verpflichtung durch eine Frevelthat gelöst werde, seyen die Bürger auf Anstiften eines gewissen Sicinius, ohne Geheiß der Consuln, auf den *heiligen Berg* weggezogen (er liegt jenseits des Anio, dreitausend Schritte von der Stadt). Diese Sage ist gewöhnlicher, als die von Piso angegebene, daß sie auf den Aventinus gezogen seyen. Dort verschanzten sie ohne irgend einen Anführer ihr Lager mit Wall und Graben, nahmen nichts, als was sie zu ihrem Unterhalte bedurften, und hielten sich mehrere Tage lang, weder angegriffen noch angreifend, ruhig.

Ungemeiner Schrecken herrschte in der Stadt, und Alles schwebte in wechselseitiger banger Erwartung. Es fürchteten die von den Ihrigen zurückgelassenen Bürger sich vor der Gewaltthätigkeit der Väter; es fürchteten die Väter sich vor den in der Stadt zurückgebliebenen Bürgern, und wußten nicht, ob sie ihr Bleiben oder ihren Abzug wünschen sollten. »Wie lange aber werde die weggezogene Menge ruhig bleiben? Wie werde es denn gehen, wenn inzwischen irgend ein auswärtiger Krieg ausbreche? Fürwahr, nur in der Einigkeit der Bürger sey noch Hoffnung übrig. Diese müsse man um jeden Preis dem Staate wieder gewinnen.«

So wurde denn beschlossen, als Sprecher an die Bürger den Menenius Agrippa zu senden, einen beredten und bei dem Bürgerstande, weil er aus demselben herstammte, beliebten Mann. Dieser soll, in das Lager eingelassen, in jener alterthümlichen und ungeschmückten Redeweise weiter nichts als Folgendes erzählt haben:

»Zu der Zeit, da im Menschen noch nicht wie jetzt, alles in Eins zusammenstimmte, sondern jedes einzelne Glied seinen eignen Willen, seine eigne Sprache hatte, zürnten die übrigen Glieder darüber, daß ihre Sorge, ihre Arbeit und Dienstleistung dem Magen Alles herbeischaffe; der Magen, ruhig in der Mitte, nichts weiter thue, als daß er die dargebotenen Genüsse sich behagen lasse. Sie hätten sich hierauf verschworen, die Hände sollen keine Speise zum Munde führen, der Mund keine dargebotene annehmen, die Zähne keine zermalmen. Indem sie in solchem Zorne den Magen durch Hunger bändigen wollten, seyen zugleich die Glieder selbst und der ganze Körper völlig abgezehrt. Da habe es sich gezeigt, daß auch der Magen, nicht müßig, seine Dienste leiste, und eben sowohl nähre als genährt werde, indem er das, durch Verdauung der Speisen zubereitete, Leben und Kraft gebende, Blut in den Adern gleichmäßig vertheilt, in alle Theile des Leibes zurückgebe.«

Indem er nun durch Vergleichung zeigte, wie ähnlich der innerliche Aufruhr des Körpers der Erbitterung der Bürger gegen die Väter sey, habe er die Gemüther der Menge umgestimmt.

... In demselben Jahre starb Menenius Agrippa, ein Mann, bei den Vätern wie bei den Bürgern gleich beliebt sein ganzes Leben lang, seit dem Wegzuge noch beliebter bei den Bürgern. Ihm, dem Vermittler und Stifter der innern Eintracht, dem Abgeordneten der Väter an den Bürgerstand, ihm, der die Bürger Roms in die Stadt zurückbrachte, fehlte es an Mitteln zur Beerdigung. Seine Bestattung übernahmen die Bürger, indem ein Jeder einen Pfennig dazu beisteuerte.

Deutsches Mittelalter:
Ulrich Boner (1324–1349)

Von einem hanen und einem edelen steine

Von unerkanntnisse

Von geschicht ez alsô kan
eines tages, daz ein han
vloug ûf sînes meisters mist.
daz selb dik mê beschehen ist:
er suochte sîne spîse,
sam tuot ouch noch der wîse.
er vant, daz in niht vil beschôz,
einen stein edl unde grôz
ligen unwirdiglîche.
er sprach: »got, hêrre rîche!
wie hân ich mînen vunt verlorn!
mich nuzte baz ein gerstenkorn,
denn du. du bist niut nütze mir.
waz nützest mich? waz sol ich dir?
wizzest, daz mich nicht vürtreit
dîn schoeni noch dîn edelkeit.
haete dich meister Ypokras,
der könde dîn geniezen baz,
dann ich; du bist mir unerkant.«
der han warf hin den stein zehant,
wand er was im gar unwert;
ein haberkorn haet er begert
vil mê.
Dis bîschaft si geseit
dem tôren, der sîn kolben treit,
der im ist lieber denn ein rîch.
dem tôren sint al die gelîch,
die wîsheit, kunst, êr unde guot
versmâhent durch ir tumben muot;
die nützet nicht der edel stein.
eim hunde lieber ist ein bein,
denn ein pfunt, daz gloube mir.
alsô stât ouch der tôren gir,

ir sitte und ir gebêrde
uf üppekeit der erde.
si erkennent nicht des steines kraft,
noch minr, waz in der bîschaft
verborgen guoter sinnen ist,
dar zuo vil manger hôher list:
die den narren vrömde sint.
gesehende sint die narren blint.
der tôre der sol vür sich gân
und sol die bîschaft lâzen stân:
im mag der vrüchte werden nicht,
recht als dem hanen im beschicht. (3)

Von einem wolfe und einem schâfe

Von unrechtem gewalte

Ein wolf von durste dar zuo kam
daz er den weg zem wazzer nam,
daz selbe ouch ein schâf beschach:
si giengen beide in einen bach.
der wolf verr ob dem schâfe trank;
zuozim sprach er: »nu hab undank!
daz du mich trinken nicht enlâst,
dar zuo den bach getrüebet hâst,
daz mag dir vil wol schade wesen!«
daz schâf sprach: »wolf, lâ mich genesen!
ich hab dir schaden nicht getân.
ez ist wâr, ân allen wân,
daz der bach vliuzt har zuo mir
und vliuzt nicht wider ûf zuo dir;
dâ von hâstu das wazzer mir
betrüebet zwar, und ich nicht dir.«
der wolf daz schâf zornlîch an sach;
vil herteklîch er zuozim sprach:
»sag an, waz sol dirr widerkîp,
daz du mir dröuwest an den lîp?
sol ichz von dir nicht bezzer hân?
dîn vatter hât mirz ouch getân;
vor siben jâren daz beschach,
dô ich dich bî dîm vatter sach.«
dô sprach daz einvalt schaefelîn:
»hêr Wolf, dîn wort gevaere sîn,

du hâst mîn jâr unrecht gezalt,
ich bin nicht siben mânôt alt.
dar zuo sprichst du, ich dröuwe dir:
daz ist nicht wâr, du dröuwest mir.«
der wolf sprach in der selben stunt:
»sag an, wie getarstu dînen munt
ûf tuon und reden wider mich
mit glîcher hôchvart? daz wil ich
an dir nu rechen; daz ist zît!«
er tôt daz schâf ân allez bît.
Dis bîschaft hoeret wol die an,
die mit hôchvart manigen man
verderben durch ir übermuot.
wenn der schuldig schaden tuot
dem, der gar unschuldig ist,
daz reche got! – den argen list
noch vil maniger hêrre hât
ze dorf, ze burg, und ouch ze stat.
der âne recht lîp unde guot
verderbt, durch sînen swachen muot,
der armen, die unschuldig sint,
daz weisen werdent iriu kint,
der muoz verwâzen iemer sîn,
daz gotes wunder werden schîn. (9)

Von dem magen den henden und vüezen

Von nide und von hazze

Eis mâls huop sich ein grôziu klage
under vriunden, als ich iu sage.
die vüeze klagten kumer grôz,
die hende erbeitens verdrôz,
si klagten alle ûf den bûch,
und sprâchen, er waer ein rechter slûch,
und waer ein müezigaere;
doch würd er selten laere,
er wölt sîn alweg spîse vol,
und müezig sîn, daz taet im wol;
waz die vüez möchtin erloufen,
und die hende gekoufen
(ez waere denn krumb oder slecht),
daz kaem im allez sament recht.

si sprâchen zim: »ez mag nicht sîn!
du muost ouch mit uns lîden pîn,
unde muost ouch erbeit hân
als wir, wiltu mit uns gestân.«
waz sol ich iu sagen mê?
dem bûch was angest unde wê;
si wolten im nicht spîse geben,
daz er behalten möcht daz leben,
noch hende noch die vüeze.
daz was im gar unsüeze.
wie vil er doch mit vlîze bat,
daz er von spîse würde sat,
des êret in noch vuoz noch hant.
des wart der mage siech zehant,
er verlor sîn hitz und sîn natûr.
daz wart den henden gar ze sûr
und ouch den vüezen (daz was wol!).
der lîp wart siechtages vol,
von krankheit beslôz sich der munt,
die hende brâchen hin zestunt,
die vüeze mochten nicht mê gân.
enkeine spîs mocht er enphân;
sus wurden hende und vüeze tôt
mit schulden von des magen nôt.
haetin si im spîse geben,
si haetin wol behebt ir leben.
Ein vriunt bedarf sîs vriundes wol;
sin vriunt neiman hazzen sol.
nît tuot niemanne herzeleit,
denn dem selben, der in treit.
wer nicht dem andern wil vertragen
dur sînen nutz, wem wil der klagen,
üb er dar umbe kunt in nôt,
und lît mit sînen vriunden tôt,
als hie den henden ist beschehen!
daz ist vil wol! des muoz ich jehen. (104)

Von einer tannen und von dornen
Von der welte übermuote

Ein tanne kam in übermuot
eis mâls, als noch vil manger tuot,
des man dik muoz engelten:
die dorne geriet si schelten,
die dâ stuonden under ir.
ûf grôze hôchvart stuont ir gir.
si sprach: »ich bin lang unde breit,
und bin mit esten wol bekleit;
in den luft mîn told ûf gât;
grüen ist mîner esten wât.
mich lobent vrouwen unde man;
ân allez lop sicht man dich stân.
sicher, du bist ze niute guot
wan an ein viur. er ist nicht behuot,
wer dich anrüert: er wirt verwunt,
dîn strelen ist gar ungesunt.
dich hazzent man und ouch diu wîp;
du sêrest manges menschen lîp.«
und dô diu tanne alsus gesprach
zem dorne, schiere daz beschach:
ein man gegangen kam zehant;
ein aks die truog er in der hant,
vil schier sluog er die tannen abe.
der dorn gestuont in guoter habe.
zuo der tannen sprach der dorn:
»wie lîst du nu! wie hâst verlorn
dîn leben und dîn wirdekeit!
sô stân ich noch ân allez leit.
dîn schoeni dir geschadet hât,
dîm ruome ist gesprochen mat.
dâ von du wândest sîn genesen,
sich, daz ist dîn tôt gewesen.«
sus verlôr diu tanne gar
ir schoeni und ir grüenez har.

Nieman ze vil sich rüemen sol
sîs lîbes: er ist gebresten vol,
und lât den menschen an der nôt;
so er leben sol, sô ist er tôt.
die wîl er als die tanne stât
und lebt, vil hôhez lop er hât;

wenn er gevelt, sô velt ouch nider
gewalt und êre, und kunt nicht wider.
wer sol sich vröuwen in der zît,
dâ nicht wan kumer an gelît!
daz dâ hin ist, daz stiftet leit;
unstaet ist gegenwürtekeit.
wel zît noch künftig komen sol,
daz zît erkennet nieman wol.
dâ von sô lâz der vröiden schîn,
sît nieman hiut mag sicher sîn,
üb er morn in vröiden lebe
oder in dem tode strebe.
der dorn gestuont, diu tanne viel nider,
noch kraft noch schoeni was dâ wider.
er sî stark, edel oder rîch,
dem tôde ist alrmenlîch gelîch. (152)

Von einem löwen und von einer geize

Von schedelîchem râte

Ir weide suocht von hungers nôt
ein geiz, als ir natûr gebôt.
si gieng vil hôch in einer vluo,
da ir kein tier mocht komen zuo.
die geiz ein grimmer löwe ersach,
vil senfteklîch er zuozir sprach:
»mich wundert, daz du wilt dîn leben
umb sô kranke spîse geben.
dîn wege die sint vreifen vol.
sô verr sich nieman wâgen sol
um sîne spîse; ez ist nicht guot.
mislunge dem, der alsô tuot,
wen spraeche: im ist beschehen recht.
hie niden sint die wege slecht;
hie stânt die bluomen und der klê;
loup und gras und dennoch mê
stât hie, vil manig weide.
kêr ab har ûf die heide;
dâ vindest guote weide, baz
denn ûf der vluo; geloub mir daz.«
diu geiz zem löwen wider sprach,
dô si sîn âkust an sach:

»ich weiz wol, daz du sagest recht.
dîn werk sint krumb; dîn wort sint slecht.
dîn herz ist boes, dîn rât ist guot.
möcht ich als wol dâ sîn behuot.
als hie, ich kêrte bald hin abe,
möcht ich dâ hân ein sicher habe.
wan ich des nicht mag sicher sîn,
sô volg ich nicht dem râte dîn.«
Ein wîser man an sehen sol,
wer im rât übel oder wol.
wer wol rât und übel tuot,
des menschen rât ist selten guot.
du solt den schouwen harte wol,
der um dîn leben râten sol.
der mag ein râtgeb wesen guot,
der râtet daz er selber tuot.
du solt des râtes end an sehen,
waz von dem râte müg beschehen.
dur niut sô volge dem râtgeben,
der dir râtet an dîn leben:
waer ab der vluo diu geiz dô komen,
ir leben haet ir der löw genomen. (159)

Jahrhundert der Reformation

1. Heinrich Steinhöwel (1412–1478)
2. Martin Luther (1483–1546)
3. Burkard Waldis (1495–1557)
4. Erasmus Alberus (um 1500–1553)
5. Hans Sachs (1494–1576)

Heinrich Steinhöwel

De gallo et margarita

In sterquilinio quidam pullus gallinatius dum quereret escam, invenit margaritam in loco indigno iacentem, quam cum videret iacentem sic ait: o bona res, in stercore hic iaces! si te cupidus invenisset, cum quo gaudio rapuisset ac in pristinum decoris tui statum redisses. Ego frustra te in hoc loco invenio iacentem, ubi potius mihi escam quero, et nec ego tibi prosum, nec tu mihi. Hec Esopus illis narrat, qui ipsum legunt et non intelligunt. (80)

Von dem han und dem bernlin

Ein han suchet syne spys uff ainer misty, und als er scharret, fand er ain kostlichs bernlin an der unwirdigen statt ligende; do er aber daz also ligend sach, sprach er: O du guotes ding, wie liegst du so ellenglich in dem kautt! hette dich ain gytiger gefunden, wie mit großen fröden hett er dich uffgezuket, und werest du wider in den alten schyn dyner zierde geseczet worden. So aber ich dich finde an der schnöden statt ligende, und lieber myne spys fünde, so bist du weder mir nüczlich, noch ich dir. Dise fabel sagt Esopus denen, die in lesent und nit verstant, die nit erkennent die kraft des edeln bernlins, und das honig uß den bluomen nit sugen künent; wann den selben ist er nit nüczlich ze lesen. (80)

De lupo et agno

Esopus de innocente et improbo talem retulit fabulam. Agnus et lupus sicientes ad rivum e diverso venerunt; sursum bibebat lupus, longeque inferior agnus. Lupus et agnum vidit sic ait:

Turbasti mihi aquam bibenti. Agnus patiens dixit: Quomodo aquam turbavi tibi, que ad me de te recurrit? Lupus non erubuit veritatem ac: Maledicis mihi? inquit. Agnus ait: Non maledixi tibi. At lupus: Et ante sex menses ita pater tuus mihi fecit. Agnus ait: Nec ego tunc natus eram. At lupus denuo ait: Agrum mihi pascendo devastasti. Agnus inquit: Cum dentibus caream, quomodo id facere potui? Lupus demum ira concitus ait: Licet tua nequeam solvere argumenta, cenare tamen opipare intendo; agnumque cepit, innocentique vitam eripuit ac manducavit. Fabula significat, quod apud improbos calumniatores ratio et veritas non habent. (81)

Von dem wolff und dem lamp

Esopus seczet von den unschuldigen und den böslistigen triegern ain sölliche fabel. Ain wolff und ain lamp, baide durstige, kamen an ainen bach, allda ze trinken; der wolff trank oben an dem bach, und das lamp ferr unden. Do der wolf das lamp ersach, sprach er zuo im: So ich trinke, so trübst du mir das waßer? Das geduldig lemlin sprach: Wie mag ich dir das waßer trüb machen, das von dir zu mir flüßet? Der wolf errötet nit von der wahrheit des lamps und sprach: He, he, du fluochest mir. Antwürt daz lamp: Ich fluoch dir nit. Ja, sprach der wolf, vor sechs monet det mirs dyn vater ouch. Do sprach das lamp: Nun bin ich doch die selben zyt dannocht nit geboren gewesen. Do sprach der wolf: Du hast mir ouch mynen aker gar verwüst mit dynem nagen und verheret. Do sprach das lamp: Wie möcht das gesyn, nun hab ich doch der zen nicht. Do ward der wolf in zorn bewegt und sprach: Wie wol ich dyne argument und ußzüg nit alle widerreden kan, so will ich doch ain rychlich nachtmal hinacht mit dir haben. Er fieng das unschuldig lemplin, er nam im sin leben und fraß es. Mit diser fabel will Esopus bezaigen, das by bösen und untrüwen anklegern vernunft und wahrhait kain statt finden mag; söliche wolf fint man in allen stetten. (81 f.)

De mure, de rana et de milvo

Qui de salute alterius adversa cogitat, non effugiet malum. De quo talem audi fabulam. Mus dum transire vellet flumen, a rana petit auxilium. At illa grossum petit limum, quo murem sibi ad pedem ligavit et natare cepit flumen. In medio vero flumine se deorsum mersit, ut misero muri vitam eriperet. Ille validus dum teneret vires, milvus e contra volans murem cum unguibus rapuit, simul et ranam pendentem sustulit. Sic et illis contingit, qui de salute alterius adversa cogitant. (82f.)

Von der mus, frosch und wyen

Welher gedenckt dem andern laid und widerwärtikait ze erzögen, der würt dem übel hart entrinnen; darvon hör ain fabel. Zu zyten wäre ain mus gern über ain waßer gewesen, und begeret raut und hilff von einem frosch. Der frosch nam ain schnur und band den fuoß der mus an synen fuoß, und fieng an über das waßer ze schwimmen. Und als er mitten in das waßer kam, tunket sich der frosch, und zoch die mus under sich und wolt sie ertrenken. Do des die ellend mus enpfand, widerstund sy dem frosch nach ieren krefften; in dem kompt ein wy geflogen und nimpt die mit synen klawen, und den hangenden frosch mit ir und aß sie baide. Also beschicht ouch denen, die ander lüt veruntrüwen wellent, und versprechent hilff, und begeren ze schedigen, das in offt gelyche bütt würt. Dise fabel findst ouch völliger in dem leben Esopi by dem end. (83)

De cane et frusto carnis

Amitit proprium quisque avidus alienum sumere cupit. De talibus Esopi fabula sic narrat. Canis flumen transiens partem carnis ore tenebat, cuius umbram videns in aqua, aliam carnem credens, patefecit os, ut etiam eandem arriperet; et illam quam tenebat dimisit, eamque statimque fluvius rapuit. Et sic ubi illam perdidit, et quam putabat sub aqua arripere, non habuit, ac illam quam ferebat similiter perdidit. Sic sepe qui alienum querit, dum plus vult sua perdit. (85)

Von dem hund und stuk flaisch

Welher ze vil gytig ist über fremdes guot, der verlürt offt syn aigen guot dardurch. Von den selben sagt Esopus also. Ain hund truog ain stuk flaisch in dem mul, und lieff durch ain fließend waßer. Im durchlouffen sicht er das flaisch in das waßer schynen, und wänet er sech ain ander stuk in dem waßer, und ward begirig das selb ouch ze niemen, und so bald er das mul uff tett, das selb ouch ze erwüschen, enpfiel im das, das er vor truog, und fuort es das waßer bald hinweg. Also stuond er und hett das gewiß mit dem ungewißen verlorn. Darumb welher gytiger ze vil wil, dem würt offt ze wenig. (85)

De corvo et vulpe

Qui se laudari gaudent verbis subdodis decepti penitent. De quo hec est fabula. Cum de fenestra corvus caseum raperet, alta consedit in arbore. Vulpes, ut hunc vidit, caseum habere cupiens subdodis verbis sic eum alloquitur: O corve, quis similis tibi, et pennarum tuarum qualis est nitor, qualis esset decor tuus, si vocem habuisses claram, nulla tibi prior avis fuisset. At illa vana laude gaudens dum placere vult et vocem ostendere validius clamavit, et ore aperto oblitus casei ipsum deiecit. Quem vulpes dolosa celerius rapuit et avidis suis dentibus abrodit. Tunc corvus ingemuit, ac vana laude deceptus penituit, sed post factum quid penitet. Monet autem hec fabula cunctos verbis subdodis vaneque laudentibus non attendere. (97f.)

Von dem rappen mit dem käs und fuchsen

Welche den schmaichern und den liebkallern gerent ierer wort ufflosen, die werdent betrogen, und rüwig darum syn, als dise fabel ußwyset. Ain rapp nam ainen käs in ainem fenster und füret in uf ainen hohen boum. Do das ain fuchs ersach, ward er des käs begirig, und sprach im zuo schmaichend mit lobworten: O rapp, welher ist dir gelych! Nun hat doch kain vogel sölichen schyn der federn als du hast. Kain zierlicher Vogel möchte erfunden werden, wann du nun ain stimm hettest, dyner schöny gelyche; aber dyne stimm ist ze grob. Der rapp fröwet sich des üppigen-falschen lobes und wolt sich gefälliger machen und syn stimm größer erzaigen. Er rekt sich und schry kreftiglich. Als er aber den schnabel uf tett, enpfiel im der käs; denselber ergrif der böslistig fuchs behendiglich und fraß in. Do ward der rapp rüwig und merket erst, daß alle süße wort des fuchs in list und untrüw warent beschenhen. Darum warnet dise fabel menglich vor den schmaichern und liebkallern. (98)

De monte parturiente

Sepe timor magnus et gravis terror nihil est; ut hec fabula testatur. Quidam mons dabat gemitus magnos, sonos parturientis. Omnis natio ut auduvit statim perturbata est, pavent omnia simul, ut nullus esset memor sui tanto et tam valido sono, mons ille timorem incussit; obliti omnes sensuum. Gemitibus vero maximis a monte factis tandem peperit murem; huius rei fama volat, et quos timor invaserat resumpserunt spiritum, et quod malum putabant, in nihilum omnibus advenit et timor in iocum est mutatus. (115)

Von dem geberenden berg

Offt beschicht, daz großer sorg würt guoter raut, und große angst würt in schimpff verwandelt; als dise fabel bezüget. Ain berg was schwanger, und zuo den zyten, als er geberen solt, schry er über ser und ließ kläglich süffczen und hület erschrokenlich so vil, daz die gancz gegend den schal erhöret und dar von betrübet ward. Menglich waz erschroken und in dem gemüt verirret von dem großen schal. Nach dem über großen süfczen und klagen gebar der berg ain mus. Die geburd ward ußgebrait in dem land, und die vor erschroken warend, enpfiegen widerumb iere krafft, und ward nichcz uß dem, dar uff sie große sorg hetten, und ward die forcht in schimpff verkeret. (116)

De rane et bove

Potentem siquis pauper vult imitari, crepat. De hac re auctor talem posuit fabulam. In prato quedam rana vidit pascentem bovem, putabat se posse fieri talem, si rugosam pellem inflaret. At natos suos interrogavit: Sum ne ipsa quantus est bos? Dixerunt: Non. Iterum inflavit se potius et dixit suis: Quid modo? Responderunt: Nihil simile. Tertio cum se inflaret rupta pelle mortua est, ideo vulgo dicitur: Noli te inflare, ne crepes. (135)

Von dem frosch und dem ochsen

Wa sich die armen in übermuot also erheben, daz sie mainen den mächtigen gelych syn, die verfallen und zerbrechen von ierem hochmuot. Als dise fabel ußwyset. Ain frosch sach ainen ochsen gaun uff ainer waid, und gedacht in im selber: Wa du dyn gerunzelte hut uff bletest, du möchtest ouch wol so groß werden, als diser ochs. Er fieng sich an ze bleen so kreftiglich er mocht, und fragt syne jungen und sprach zuo inen: Wie bedunkt üch, bin ich so groß als der ochs? Sie antwürten: Nain. Er bleet sich aber noch baß und sprach zuo inen: Wie nun? Sie antwurten: Nichcz des gelychen. Er ward sich zuo dem dritten maul bleen, do zerbrach er und starb. Uß dem ist das gemain sprichwort entsprungen: Du solt dich nit ze ser bleen, daß du nit brechest. Daz ist, du solt nit ze hoffärtig und übermütig syn, oder du würdst vernichtet. (135)

De asino et pelle leonis

Metiri se quemque decet propriisque iuvari
Laudibus, alterius nec bona ferre sibi.
Ne detracta gravem faciant miracula risum,
Ceperit in solitis cum remeare malis.
Exuvias asinus detuli cum forte leonis
Reperit, et spoliis induit ora novis.
Aptavitque suis incongrua tegmina membris,
Et miserum tanto pressit honore caput.
Ast ubi terribilis animo circumstetit horror,
Pigraque presumptus venit in ossa vigor,
Mitibus ille feris communia pabula calcans,
Turbabat pavidas per sua lustra feras.
Rusticus hunc magna postquam deprehendit ab aure
Correptum vinculis verberibusque domat.
Et simul abstracta denudans corpora pelle,
Increpat his miserum vocibus ille pecus:
Forsitan ignotos mutato murmure fallis,
Ast mihi, qui quondam, semper asellus eris.
Ne sibimet quisquam de rebus inaniter ullis,
Quod nequit, imponat, fabula ista monet. (265)

Von dem esel und der löwen hut

Ain ieglich mensch sol sich synes aignen lobes behelffen und fremdes guot im selber nit zuo aignen, daz er nit verspottet werde, wann man im abzühet, des er sich in übermuot unrecht hat angenommen. Darvon ist dise fabel. Ain esel fand aines löwen hut und beklaidet sich damit und deket syne gelid, so best er mocht. Do er aber synen ungestalten kopff mit so groußen eren hette zesamen gezogen, ward er grusamlich und forchtsam erschynen, und zertretten den schauffen und lemern iere spys, und in den welden erschreket er die forchtsamen tier, hasen, hinn, hirsch und ir gelychen. Der puwr fand synen verloren esel in fraidiger hut mit trägen geliden und ergriff in by synen auren, die er nit bedeken mocht; er band und schluog in hart, zoch im ab die löwen hut und sprach zuo dem ellenden tier: Du möchtest die unbekannten lycht in forcht bringen; aber wer dich kent, der fürcht dich nit. Darumb belyb ain esel, wie du uncz her gewesen bist, und züch an dyns vatters waut und begere nit fremdes lobes, daz du nit geschmächt werdest, so es dir würt abgezogen. (265)

De bove et mure

Ingentem fertur mus quondam parvus oberrans
Ausus ab exiguo ledere dente bovem.
Verum ubi mordacius confecit vulnera rostro,
Tutus in amfractis conditur ille suis.
Ille licet vasta nimium cervice minetur,
Non tamen iratus, quem petit, esse videt.
Hunc indignantem tali sermone fatigans,
Distulit hostiles calliditate minas:
Non quia magna tibi tribuerunt membra parentes,
Viribus effectum constituere tuis.
Disce tamen, brevibus que sit fiducia membris,
Et facies, quicquit parvula turba cupit. (287)

Von dem stier und der mus

Der rychen und mechtigen krafft und gewalt ist nit größer, wann so viel, als sie sich haltent in willen und gunst der mindern und ierer undertaun. Des hör ain fabel. Ain großer starker stier lag an syner ruow in ainem stall; ain gailende mus kam zuo im und biße in mit ieren klainen zenen, und wie offt er sich beweget, die ze vertryben, so floch sie wider in ir schlupffloch und kam dann wider. Das tribe sie so lang, das der stier in übergroßem zorn warde beweget. Und wie wol er große und krefftig was, so mocht er sich doch an dem klainen tierlin der mus nicht gerechen, wann er kund es nicht gesenhen. Die mus vertruog im ouch synen zorn geschydiglich, wann sie wißte sich ze hüten und sprach zuo im: Wie wol dir ain großer starker lyb von dynen vordern gegeben ist, so haust du doch nit sölliche macht, daz du dyne krafft nach dynem willen mügest erzaigen; wann ich bin klain und raicze dich, und du vermagst dich nit an mir ze rechen. Darum so lerne von mir mit kurczen worten, das du dyn krafft erkenest. Halte dich in willen der mindern rott und verachte niemand, so blybst du krefftig. (287f.)

Martin Luther

Vom Han und perlen

Ein han scharret auff der misten / und fand eine kostliche perlen. / Als er die selbigen ym kot so ligen sahe / sprach er / Sihe / du feines dinglin / ligstu hie / so iemerlich / / wenn dich ein kauffman funde / der wurde dein fro / und (du) wurdest zu grossen ehren komen / Aber du bist mir / und ich bin dir / kein nutze / Ich neme ein kornlin odder wurmlin und lies eym alle perlen /

Lere /

Diese fabel leret / das dis buechlin / bei baurn und groben leüten unwerd ist / wie denn alle künst und weisheit / bey den selbigen veracht ist / wie man spricht / kunst gehet nach brod / Sie warnet aber / das man die lere nicht verachten sol / (14)

Vom wolff und lemlin

Ein wolff und lemlin kamen on geferd / beide an einen bach zu trincken / Der wolff tranck oben am bach / Das lemlin aber / fern unden / Da der wolff des lemlins gewar ward / lieff er zu yhm / und sprach / Warumb truebestu mir das wasser das ich nicht trincken kan / Das lemlin antwortet wie kan ich dirs wasser truben / trinckest du doch ober mir / und mochtest es mir wol truben Der wolff sprach / Wie? fluchestu mir noch dazu? Das lemlin antwortet / Ich fluche dir nicht. Der wolff sprach / Ja Dein Vater thet mir fur sechs monden auch ein solchs / du wilt dich Vetern Das lemlin antwortet / Bin ich (doch) dazu mal nicht geborn gewest / wie sol ich meins Vaters entgelten? Der Wolff sprach / So hastu mir aber / meine wisen und ecker abgenaget und verderbet / Das lemlin antwortet / Wie ist (das) muglich / hab ich doch noch keine zeene? Ey sprach der wolff /

Und wenn du gleich viel aüsreden und schwetzen kanst / wil ich dennoch heint nicht ungefressen bleiben Und wurget also das unschuldige lemlin und fras es

Lere

Der wellt lauff ist / Wer frum sein wil / der mus leiden / solt man eine sache vom alten zaun brechen / Denn Gewalt gehet fur Recht / Wenn man dem hunde zu wil / so hat er das ledder gefressen / Wenn der wolff will / so ist das lamb unrecht (15)

Vom frosch und der Maus

Eine maus were gern uber ein wasser gewest und kundte nicht / und bat einen frosch umb rat und hulffe / Der frosch war ein schalck und sprach zur maus / binde deinen fus an meinen fus / so will ich schwimmen und dich hinuber zihen / Da sie aber auffs wasser kamen / tauchet der frosch hin untern / und wolt die maus ertrencken / Inn dem aber die maus sich weret und erbeitet / fleuget ein weyhe daher / und erhasschet die maus / zeucht den frosch auch mit eraus / und frisset sie beide

Lere

Sihe dich für / mit wem du handelst / Die welt ist falsch und untrew (vol) Denn welcher freünd den andern vermag der steckt yhn ynn sack / Doch Schlegt untrew allzeit yhren eignen herrn / wie dem frossch hie geschicht (16)

Vom hunde und schaff

Der hünd sprach ein schaff fur gericht an / umb brod / das er yhm gelihen hette Da aber das schaff leügnet / berieff sich der wolff (so) auff zeugen / die muste man zu lassen / Der erste zeuge war der wolff / der sprach / Ich weis / das der hund dem schaff / brod gelihen hat / Der Weyh sprach Ich bin da bey gewest / Der Geyr sprach zum schaff wie tharstu das so unverschampt leugnen? Also (verlor) das schaff seine sache / / Und muste mit schaden zur uneben zeit / seine wolle angreiffen / da mit es das brod bezalet / / des es nicht schuldig war

Lere

Hutt dich fur bosen nachbarn / odder schicke dich auff gedult / wiltu bey leüten wonen / / Denn es gonnet niemand dem andern was guts / das ist der wellt lauff / (16)

Vom hunde ym wasser

Es lieff ein hund durch ein(en) wasser strom und hatte ein stuck fleisch ym maule Als er aber den schemen vom fleisch ym wasser sihet / wehnet (er) es were auch fleisch / und schnappet gyrig darnach / Da er aber das maul auffthet empfiel yhm das stuck fleisch / und das wasser furets weg / Also verlor er beide das fleisch und schemen

Lere

Man sol sich begnugen lassen an dem das Gott gibt Wem das wenige verschmahet / dem wird das grosser nicht / Wer zu viel haben wil / der behelt zu letzt nichts / Mancher verleuret / das gewisse / uber dem ungewissen (17)

Von dem Lewen / Rind / zigen und schaff

Es gesellten sich / ein Rind / Zigen / und schaff zum lewen und zogen miteinander auff die iaget ynn einen forst / Da sie nu einen hirs gefangen / und ynn vier teil gleich geteilet hatten Sprach der Lewe Ihr wisset / das ein teil mein ist als ewrs gesellen / / Das ander geburt mir / als eim konige unter den thieren / Das dritte wil ich haben darumb das ich stercker bin und mehr darnach gelauffen und geerbeitet habe / denn yhr alle drey / Wer aber das vierde haben wil / der mus mirs / mit gewallt nemen / Also musten die drey / fur yhre muhe das nach sehen / und den schaden zu lohn / haben

Lere

Fare nicht hoch / Hallt dich zu deines gleichen / Dulcis inexpertis cultura potentis amici / Es ist mit herrn nicht gut kirsschen essen / sie werffen einen mit den stilen. Vlp. L. Si non fuerint / Das ist eine gesellschaft mit dem lewen / wo einer allein den genies / der ander allein den schaden hat (18)

Dieselbige fabel auff ein ander weise

Ein lewe / fuchs und Esel iagten miteinander und fiengen einen hirs / Da hies der lewe den Esel das wiltpret teilen / Der esel machet drey teil Des ward der lewe zornig / und reis dem esel die haut uber den kopff / das er blutrunstig da stund / Und hies den fuchs das wiltpret teilen / Der fuchs sties die drey teil zu samen und gab sie dem lewen gar Des lachet der Lewe / und sprach / Wer hat dich so leren teilen / Der füchs zeiget auff den Esel und sprach / Der Doctor da ym roten parret / (18)

Vom Raben und fuchse

Ein rab hatte einen keße gestolen und satzt sich auff einen hohen baum und wolte zeren Als er aber seiner art nach nicht schweigen kan wenn er isset / horet yhn ein fuchs / uber dem keße kecken und lieff zu / Und sprach O rab / nu hab ich mein (leb)tage nicht schoner vogel gesehen von feddern und gestalt / denn du bist Und wenn du auch (so) eine (schone) stimme hettest zu singen / so solt man dich zum konige kronen (uber) aller vogel Den Raben kützelt solch lob und schmeicheln / fieng an und wolt sein schon gesang (horen lassen) / Und als er den schnabel auffthet empfiel yhm der kese / den nam der fuchs behend / fras yhn und lachet des torichten Rabens

Hut dich wenn der fuchs den Raben lobt Hut fur schmeicheln / / so schinden und schaben (7)

Vom Kranich und Wolffe

(Da der) wolff (eins mals / ein schaff geitziglich fras /) bleib yhm ein beyn (ym) halse uberzwerig stecken / davon er grosse not und angst hatte / Und erbot sich / gros lohn und geschenck zu geben wer yhm hulffe / Da kam der kranich und sties seinen langen kragen dem wolff ynn den rachen und zoch das beyn eraus / Da er aber das verheissen lohn foddert / sprach der wolff / / Wiltu noch lohn haben / Dancke du Gott / das ich dir den hals nicht abgebissen (habe) / du soltest mir schencken das du lebendig aus meinem rachen (komen bist)

Diese fabel zeigt

Wer (den) leuten (ynn der welt) wil wol thun / der mus sich erwegen / undanck zu verdienen / Die wellt lohnet (nicht anders denn) mit undanck Wie man spricht / Wer einen vom galgen erloset dem hilfft der selbige gerne dran (10)

(Stadtmaus und Feldmaus)

Eine (Stad)maus (gieng spatzieren und kam zu) einer feldmaus / die thet yhr gutlich / mit eicheln / gersten nussen und wo mit sie kund Aber die (Stad)maus sprach / Du bist ein arme maus / Was wiltu hie ynn armut leben kom mit mir / ich wil dir und mir gnug schaffen von allerley kostlicher speise / (Die feldmaus) zog mit (yhr) hin / ynn ein herrlich schon haus / darinn die (Stad)maus wonet / und giengen ynn die kemnoten / dor war vol (auff von) fleisch / (speck) wurste / brod kese und alles / Da sprach die (Stad)maus / Nu isß und sey guter ding Solcher speise hab ich teglich uberflussig / Inn des kompt der kelner und rumpelt mit den schlusseln an der thur / Die meuse erschracken und lieffen dauon die (Stad)maus fand bald yhr loch / Aber die felt maus / wuste nirgen hin / lieff die wand auff und abe und hatte sich yhrs lebens erwegen Da der kelner widder hinaus war / sprach die (Stad)maus / Es hat (nü) kein not / las uns guter dinge sein / Die felt maus antwortet / du hast güt sagen / Du wustest dein loch fein zu treffen / die weil bin ich schier fur angst gestorben / Ich will dir sagen was die meinung ist / bleib du eine reiche (Stad)maus und fris würste und speck / Ich wil eine armes feld(meuslin) bleiben und meine eicheln essen / Du bist (kein augenblick) sicher fur dem kelner / fur den katzen fur so viel meusefallen und ist dir das gantze haus feind Solchs alles bin ich frey und sicher ynn meinem (armen) feldlochlin

In grossem wasser fehet man grosse fissche
Aber ynn kleinem wasser fehet man gute fissche
neyder
Wer reich ist / hat viel sorge
fahr (12)

Burkard Waldis

Vom Hanen und Perlen

Gott durch sein güt und weisheit fron
Hat alle ding erschaffen schon
Und als, was lebt, reichlich versorgt,
Daß hungers halb niemand erworgt,
Gibt jedem fleisch zur notturft gnug,
Mit dem beding und solchem fug,
Daß alles, was da hat das leben,
Sol arbeiten und darnach streben,
Nach seiner art die kost erwerben:
So wird es nimmer hungers sterben,
Und wird in Gott nicht darben laßen.
Ein haushan tet auch solcher maßen
Und scharret auf eim alten mist,

Wie der hüner gewonheit ist;
Bald on gefer daselbs zu hand
Ein edle perlen er da fand,
Des er sich nicht versehen het,
Auch in nicht fast erfreuen tet.
Er sprach: »Was tust, edles kleinot,
In disem unfletigen kot?
Wenn dich ein reicher kaufman het,
Vil großer er er dir antet
Und wurd dich halten also hold,
Daß er dich faßen ließ in gold.
Du magst aber nicht nutzen mir;
So kan ich auch nicht helfen dir
Und dir erzeigen zimlich er:
Ein hand voll gersten mir lieber wer,
Damit ich möcht den hunger stillen,
Der sich nicht leßt mit perlen füllen.«
Die unverstendigen merk beim han:
Kunst, weisheit zeigt die perlen an.
Ein narr achtet nicht großer kunst,
Auch ist die straf an im umbsunst.
Das bös den guten ist nicht gut,
Das gut den bösen schaden tut.
Das heiltum ist nicht für die hund,
Perlen seind schweinen ungesund;
Der muscat wird die ku nicht fro,
Ir schmeckt vil baß grob haberstro.
Ein alter sich zum alten findt,
Auch mit einander spieln die kind;
Ein weib get zu den andern frauen,
Ein kranker wil den andern bschauen.
Darumb sichs in der welt jetzt helt:
Zu gleichem gleich sich gern gesellt. (I/12)

Von dem Wolf und dem Lamb

Ein wolf het glaufen in der sonnen
Und kam zu einem külen bronnen.
Als er nun trank, sich weit umbsach,
Ward er dort niden an dem bach
Eins lambs gewar, das auch da trank.
Gar zorniglich der wolf zusprank

Und sprach: »Du trübst das waßer mir,
Daß ich nicht trinken kan für dir.«
Das lamb erschrack und sprach: »Herr, nein!
Bitt, wöllest nicht so zornig sein
Und kein gewalt wider mich üben!
Wie kan ich euch das waßer trüben?
Das waßer, welchs ich trunken hab,
Das fleußt von euch zu mir herab;
Tu euch hiemit nichts zu verdrießen:
Drumb laßt mich meiner unschuld gnießen.
Wenn ich schon wolt, könt ich doch nit
Euch etwas schaden tun hiemit.«
Der wolf sprach: »Schweig, du böses tier!
All deine freunde haben mir
Von anbegin zuwidern tan,
Dein bruder und deinr mutter man;
Kunt mit in kommen nie zu recht;
Ihr seid ein bös, verflucht geschlecht.
Meins schadns wil ich mich jetzt erholen;
Du must mir heut das glach bezalen.«
  Der wolf zeigt die tyrannen an,
Das lamb die armen undertan.
Denn so geschicht noch heut bei tag:
Wo der groß übern kleinen mag,
Wirft er auf in sein ungedult,
Unangesehn ob er hab schult.
Doch hat der gsündigt allzu vil,
Den man zur antwort nicht statten wil.
Wenn man gern schlagen wolt den hund,
Findt sich der knüttel selb zur stund.
Die hund das brot den kindern nemen:
Die alten laßens wol bezemen.
Der weih die tauben tut bekriegen
Und leßt schedliche rappen fliegen;
Und wo der zaun am nidrigsten ist,
Da steigt man über zu aller frist. (I/14)

Von der Schlangen und einer Feilen

In einer werkstatt lag ei feile:
Ein schlang ersahs, lief zu mit eile,
Biß drein und gunt daran zu nagen:

Des lacht die feil, sprach: »Laß dir sagen,
Ich wolt dir all dein zäne zerreißen,
Eh du mir soltst ein stück ausbeißen.
Darumb dich wider mich nicht leg:
Stahl, eisen ich zu freßen pfleg.«
  Ein jeder seh sich für gar eben,
Tu keinem sterkern widerstreben,
Wer sich eim größern widersetzt
Und auf in seine zäne wetzt,
Derselb sich gar unnützlich zerrt,
Gegm backofen das maul aufsperrt. (I/68)

Von Glidern des Menschen und dem Bauch

All glider, die der mensche hat,
Hetten zusamen einen rat
Wider desselben menschen bauch,
Sprachen, »Er ist ein rechter schlauch.
Wir müßen in mit arbeit neren,
Erwerben, was er kan verzeren.
Es schmeckt die nase, die zung sich regt,
Die füße gen, der rücken tregt,
Mit hörn das or im dienen tut,
Das auge wacht mit steter hut,
Es wirkt die hand mit allen treuen,
Der mund muß im die speise keuen.
Ein jedes glid nimt eben war,
Daß nicht dem bauch leid widerfar.
Der faule bauch ligt stetes müßig,
Wird auch der speis oft überdrüßig,
Die wölln wir im nicht lenger geben,
Mag selber schaffen, wil er leben.«
Da sprach der bauch zu den gelidern:
»Wie mögt ir mir so sein zuwidern?
Ist not, daß ir mir speis verschafft,
Wo ir behalten wolt eur kraft.«
Kein glid sich an die rede kert,
Biß sie es die erfarnheit lert.
Von hunger ward der bauch gar schwach,
Da teten auch die glider gmach.
Als den vorderb und schaden sahen,
Eintrechtig zu dem bauche jahen:

»Iß, trink und laß dirs schmecken wol,
Ein jedes wil tun, was es sol.«
Da war der Bauch verdorben schon,
All glider mustn mit im vergon.
 Wie die glider han ein gemeinschaft,
Und eins zu gut dem andern schafft,
So muß ein mensch den andern neren:
Eins kan des andern nicht entperen.
Kein mensch so mechtig oder reich,
Wer er auch Creso und Midi gleich,
Der in worten oder taten
Seins nechsten hülfe kan geraten.
Darumb auch Gott geboten hat,
Daß wir dem nehsten hilf und rat
Erzeigen sollen und in lieben
Und gegen im all wohltat üben.
Ich halt es vor den höchsten schutz
Auf erd und vor den grösten nutz,
Daß einer große freundschaft hat,
Die bei in treten in der not.
Gut ists, der sich zu gutem gsellt
Und gute freund vor augen helt.
 Die fabel zeigt uns auch dermaßen,
Daß oberkeit und undersaßen
Einander sollen sein eingleibt.
Als, was die oberkeit betreibt
Mit kriegen oder rates mute,
Daß es kom der gemein zu gute,
Mit rat und tat sie stetes schützen,
Als zu frommen und irem nutzen.
Da gegen sol auch die gemein
Willig und unverdroßen sein,
Was oberkeit an sie begert,
Daß sie desselben sei gewert,
Es sei am gschoß, steur oder zoll,
Als ungewegert geben sol.
So bstet bürgerlich policei
In irem vorrat auch dabei.
Der gülden friede wird erhalten,
Wo man die einigkeit leßt walten,
Wie uns sanct Paulus auch tut lern
Am dreizehenden zum Römern. (I/71)

Von der Maus und dem Ochsen

Im stall da war ein kleine maus,
Die kam laufen zum loch heraus
Zum ochsen, der im stall da stund,
Biß im in seinen fuß ein wund
Und lief gar bald wider zu loch.
Der ochs trachtet dem feinde nach,
Schüttelt den kopf und sahe sich umb,
Woher solchs unversehens kum;
Da fand er niemand neben sich,
An dem er rechen mocht den stich.
Des lacht die maus im loch dort hinden
Und sprach: »Du kanst den feind nit finden.
Du bist ein stolz, hoffertig tier,
Wilt neimand leiden neben dir
Und als bestellen gar allein.
Nun bin ich nur ein meuslin klein
Und darf mich dir entgegen setzen
Und dich nach meinem gfallen letzen:
Du must dasselbig von mir leiden,
Und trotz, daß du es könnest meiden.«
Die kleine maus lert uns betrachten,
Daß wir die armen nicht verachten.
Man siht oft von einem geringen,
Daß ein ein großen tut verdringen.
Ein kleiner stein stürzt oft ein wagen,
Welcher ein fuder wein kan tragen.
Darumb auch niemand seinen feint
Verachten sol, wie klein er scheint. (II/168)

Von der Sau und einem Stauber

Eine alte sau war ganz unsauber,
Belacht gar hönlich einen stauber,
Darumb daß er seinem herren war
In allen sachen ghorsam gar,
Und sprach: »Dein herr weiß dir zu zwahen,
Mit prügeln lert dich wachteln fahen
Und kürzt dir alle jar die orn:
Ich sahe nie kein größern torn.
Dennoch so gibstu stets gehör;
Es solt fürwar nicht gelten mir.«

Der hund sprach: »Schweig, du grobe sau,
Gee hindern zaun, die kirschkern kau;
Winkelwürst ist dein best gericht:
Bist vil zu grob, verstest es nicht.
Mit schlägen werd ich glert und wacker.
Wenn wir naus ziehen auf den acker,
Fahn lerchen, wachteln oder sperhn:
Krig zum wengsten ein oder zwen,
Und leb mit meinem herren wol,
Drumb mich solchs nicht gereuen sol.«
 In diser fabeln wird beweist,
Wer sich zum guten zeitlich fleißt
Und leßt sich strafen in der jugent,
Der komt dest er zur hohen tugent. (II/256)

Vom Poeten und Bauren

Als ein glerter man, ein poet,
In seim garten gebauet het
Ein sommer gmach, da zu vertreiben
Die zeit mit lesen, dichten, schreiben,
Ongfer ein baur kam zu im nein,
Sprach: »Herr, wie sitzt ir so allein?«
Er sprach: »Seit du bist kommen rein,
Heb ich erst an allein zu sein.«
 Ein glerter man, wenn er studiert
Und in den büchern conversiert,
So tut er weiter umbher wandern,
Denn wenn er lief von eim zum andern. (III/1)

Erasmus Alberus

Von einem Hanen

Bey Dantzig wont ein reicher man
Auff einem hof, da war ein Han,
Der gieng umbher, und scharr im mist,
Wie dann der hüner gwonheit ist,
Und pflegen stets auff solche weiß,
Im mist zusuchen jhre speiß.

Wie nun der Han sicht auff ein seit,
Kaum eines halben Hanschritts weit,
Eins edelgsteins wirdt er gewar,
Wie er war etwan kummen dar,
Verwarloset, und außgekert,
Einer dunn Golds war er wol werdt,
Und noch viel mehr. Da stund der Han,
Und sah den Stein wol eben an,
Er pickt drauff, und nam jhn inn mundt,
Er sprach, du bist mir ungesundt,
Die frucht, so ich vom edelgstein
Empfangen mög, ist warlich klein,
Darumb er mir nicht willkum ist,
Und bleibt meinthalben wol im mist.
Wer ein geschickter Kauffman hie,
So hoch wer er erfrewet nie,
Weil jhm ein solch glück wer beschert,
Sein lebenlang wer er ernert,
Ich weyß nicht was ich mit soll thun,
Weyß nicht mehr dann ein ander hun,
Drumb wer es noch so hübsch und schon,
Hab ich doch keinen nutz darvon.
Ja fünd ich tausent edelgstein,
Ich acht sie all zumal gar klein,
Ein gersten korn ist nicht so fein,
Dannoch solt mirs viel lieber sein.
Morale, das ist, Der verstandt dieser Fabel.
Der edelstein die Kunst bedeut,
Der Han zeigt an die tollen Leut,
So gar nach nichts dann wollust streben,
Fressen und sauffen ist jhr leben,
Sie fragen nichts nach guter Ler,
Ein voller bauch jhn lieber wer. (21)

Von eim Wolff und Lamb

Wenn man will gehn ins Hessenlandt,
Von Franckfurt, zu der lincken handt,
Ein groß gebirg reycht biß an Rhein,
Und in das Hessenlandt hinein,
Vom Mayn ligt zwo meil oder drey,
Was etwan da geschehen sey,

Und was ein Wolff da hab gethan,
Will ich jetzt kürtzlich zeigen an.
Es hett der Wolff getruncken gern,
Er wust ein born, vom weg nicht fern,
Vom berg trollt er baldt durch den waldt
Biß an den Buchbaum, der ist alt,
Da steht der born, er tranck sich sat,
Ein Lämblein zu dem bornfluß trat,
Des wirdt der Wolff gar baldt gewahr,
Das Lämblein stund in grosser fahr.
Der Wolff sprach, Hörstus bösewicht,
Was hastu mir da zugericht?
Wie kompts, das sich dein boßheit übt,
Und hast mir hie den born betrübt?
Du hast ein schalck hinder den ohrn,
Drumb hastu mir betrübt den born,
Du hast mirs zu verdrieß gethan,
Das ich des borns nich trincken kan.
Das Lamb erschrack für solcher stim,
Und wolt sein unschuldt zeigen jm,
Sprach, Lieber Wolff, Was zeihstu mich?
Wo hab ich jhe erzürnet dich?
Du wöllst mirs nicht für ubel han,
Ich hab dir ja kein leidt gethan,
Ich trinck hie von dem born so weit,
Wann du nicht hetst zu mir ein neit,
Der sich von alters inn dir übet,
Ich hett dir nicht den born betrübet,
Und hett ich jhn gleich können dir
Betrüben (solltu glauben mir)
Ich wolts fürwar nicht han gethan,
Drumb kanstu kein sach zu mir han.
Der Wolff wolt doch nicht lassen ab,
Er sprach, Meynstu nicht, das ich hab
Ein sach zu dir? Es hilft dich nicht,
Weystu nicht feyger bösewicht,
Wie wir zwen mit einander stehn?
Du wirst mir nicht also entgehn,
Da sprach das Lamb, Was hab ich than,
Das du kanst ursach zu mir han?
Da sprach der Wolff, ist das nicht fein,
Das der also gerecht will sein?

Der grosse bößwicht nimpt sich an,
Er hab mir nie kein leydt gethan.
Hastu mich nicht ein mal verklagt
Fürn Schäferhunden, und gesagt,
Ich sey ein mörder und ein dieb?
Drumb mich die Hundt nicht haben lieb,
Und belln mich an, bey tag und nacht,
Dasselb hastu zu wegen bracht,
Du machst auch das die Eltern dein,
Mir alle zeit zu widder sein,
Dein gantz geschlecht das hasset mich,
Drumb werd ich jetzundt straffen dich.
Das Lamb sprach, Hab ich solchs gethan,
So sterb ich jetzt von stunden an.
Da sprach der Wolff, die sach ist schlecht,
Du kompst mir jetzundt eben recht,
Dieweil mich hüngert, solt du mir
Zutheil werden, dieweil du dir
Das urtheil selbst gesprochen hast,
Ich hab auch lang genug gefast.
Es wolt nicht anders werden drauß,
Das Lamb dem Wolf must halten auß,
Und hatts umb jhn noch nie verschuldt,
Das Lamb den todt leidt mit gedult.
Morale.
Es ward auff Erden nie so schlecht,
Gewalt gieng underweiln für recht,
Und hat der Hundt schon nichts gethan,
Muß er doch Ledder fressen han.
Item
Malefacere qui vult, nusquam non causam invenit.
Das ist.
Wann einer ist ein böser Man,
So sucht er ursach, wo er kan,
Damit er seinen willn vollnbring,
Obs recht sey, das acht er gering. (30)

Von den Tauben, und dem Habich

Es ist geschehn für langer zeit,
Da hatt der Weih ein grossen neidt,
Ein grossen zorn auff alle Tauben,

Und fuhr im land umbher zuklauben,
Es kundt kein sicher für jhm sein,
Zuletzt die Tauben sahen drein,
Das sie nicht müsten immerdar
Vorm Weihen stehn inn solcher fahr,
Ein Schirmherrn wolten sie erweln,
Der solt dem Weih wol anderst streln.
Da wurden sie mit ein zu rhat,
Und folgten bald auch mit der that,
Der Habich solt jhr Schirmherr sein,
Sie hattens warlich troffen fein,
Sie wollten bessern jhre sach,
Und uberkommen gut gemach,
Und habens doch verderbet gar,
Und müssen stehn in grösser fahr.
Der Habch nam baldt die Herrschafft an,
Fürwar er war ein schwinder Man,
Er treib mit jhn groß ubermut,
Gleich wie der Storck den Fröschen thut,
Also ficht er die Tauben an,
Nun haben sies jhn selbst gethan.
Morale.
Es will sich mancher wol versehn,
Wie hie den Tauben ist geschehn,
Und führt sich selbst in grosse fahr,
Dann wirdt er allererst gewar,
Wie er so sehr genarret hot,
Und sich gesteckt in grosse not,
So wirdt als dann das Sprichwort war,
Und seine Thorheit offenbar,
Wann einr dem regen will entgehn,
Der muß im wasser fahr bestehn,
Ob er dem regen wol entleufft,
Das er im Wasser doch erseufft. (71)

Von eim Ochssen, und einer Mauß

Es beiß ein Mauß des Ochsen fuß,
Der Ochs flucht jhr ein böse druß,
Und eilt der Mauß von stund an noch,
Die Mauß entleufft jhm in ein loch.
Der Ochß war böß, und stund hie auß

Fürm loch, da spottet sein die Mauß,
Und sprach, Ja lieber Ochß, weil du
Bist groß geborn, von einer Ku,
Meynstu darumb, man müß dich achten,
Und du mögst jederman verachten?
Und werstu noch ein grösser Thier,
Und hettst bey dir deins gleichen vier,
Forcht ich mich doch vor ewer keim,
Drumb lieber Ochß zieh wider heim,
Zu deiner Mutter, klag und sag,
Wie dich ein Mauß an diesem tag
Gebissen hab, und weyn mit jhr,
Du wirst fürwar (das sag ich dir)
Machen, das sie des nicht wirdt lachen,
Du wirst sie noch sehr weynen machen.
Verspottet gieng der Ochß zuhauß,
Vexiert von einer kleinen Mauß.
Morale.
Verlaß dich nicht auff deine macht,
Dadurch der klein feindt werd veracht.
Minorem ne contempseris.
Das ist.
Nicht acht den menschen nach dem schein,
Es darff wol was dahinden sein,
Ein kleyner ward ein mal veracht,
Der den darnach umbs leben bracht,
Man findt auch offt ein kleinen man,
Der darff ein grossen greiffen an.
Der groß erschrecklich Goliath
Den David auch verachtet hatt,
Noch fuhr der kleine David zu,
Schlug jhn zu boden wie ein Kuh,
Ich mein, er liebert jhm ein schlacht,
Noch hatt kein schein des Davids macht.
Das laß dir mensch gesaget sein,
Und richt nicht leichtlich nach dem schein. (153)

Von einem Vatter, und seinen Kindern

Es ligt ein stat bey Kautenbach,
Nicht fern vom Rhein heist Andernach,
Ein burger in derselben stadt,

Der klügsten einer auß dem Rhat,
Der hatt viel Sön, denselben er
Durch gleichnus gab ein solche ler,
Wann jhr wolt das euch wol soll gehn,
So müst jhr bey einander stehn,
Und keine zwitracht richten an,
Dann wann euch niemand trennen kan,
So werdt jhr euch sehr wol ernern,
Und wirdts euch niemand können wern.
Wann jhr euch aber trennen last,
Und thut einander uberlast,
Als dann so ists umb euch geschehn,
Des solt jhr hie ein beyspiel sehn.
Ein Besen mit einm starcken bandt
Gab er den Kindern in die handt,
Das jhe einr nach dem andern solt
Versuchen, ob er brechen wolt,
Der Besen war jhn viel zu sterck,
Er sprach, Dabey ein jeder merck,
Wann jhr euch fest zusammen halt,
So werdt jhr wol stehn für gewalt.
Da nam der Vatter in die handt,
Den Besen, und lößt auff das bandt,
Und jedem gab ein sonder reiß,
Versucht, sagt er, auff diese weiß,
Ob jhr dem besen seit zu schwach,
Ein jeder seine girt zubrach.
Sih also (sprach er) wirdts euch gehn,
Werdt ihr nicht bey einander stehn,
Und selbst euch undernander hast,
Und ewer bandt zurtrennen last,
Wann jhr den Neidthart ladt zuhauß,
So müst ihr endtlich weichen drauß,
Mein liebe Sön wo dann hinauß?
Drumb ladt den Neidhart nicht zuhauß.
Morale.
Salustius.
Concordia parvae res crescunt, discordia maximae dilabuntur.
Durch eintracht wechst ein kleine hab,
Durch zwitracht nimpt ein groß gut ab. (196)

15. Fabel des Wolffs mit dem Lamb

Gewalt der geht gar offt für recht,
Als jr inn diesem beyspiel secht.
Das lamb dem wolff was viel zu schlecht.

Ains mals drank ein wolff und ein Lamb
Auß einem Pechlein bayde samb;
Der Wolff tranck oben auß dem pach,
Das Lamb tranck unden; der wolff sprach:
»Lamb, du betrübst das Wasser mir.«
Das gut Lamb sprach hinwider schir:
»Wie kan ichs Wasser trüben dir?
Fleust es doch von dir her zu mir!«
Der Wolff der sprach an alle scham:
»Wie fluchst du mir, du zornigs Lamb!«
Das Lamb sprach: »Hör! ich fluch dir nicht.«
Der wolff ein ander lüg erdicht:
»Vor sechs Monat nambst mir mein korn.«
Das Lamb sprach: »Ich war noch nit born.«
Der wolff sprach: »Ich will dir mehr sagen.
Du hast mein wiesen abgenagen.«
Das Lamb sprach: »Wie mag das bestan?
Nun hab ich ye gar keinen zan.«
Da wurd der wolff in zorn bewegt,
Da jm das Lamb sein lüg aufdeckt,
Sprach: »Wiewol ich dein Argument
Mit nichte widersprechen könd,
Must du doch lassen hie dein haut.«
Das Lemlein das schrey uber laut:
»Hör, wolff! muß ich umb unschuld sterben?«
Der wolff sprach: »Schreib mirs an die kerben!
Ich sich dein unschuld hie nicht an,
Wann ich muß ye zu fressen han
Und speissen mein hungrigen kragen
Und füllen meinen lären magen,
Es sey mit recht oder unrecht,
Das ist mir alles eben schlecht.
Was ich nur uber mag, ist mein.
Darumb must heint mein Nachtmal sein.«
Und erwürgt das unschuldig Lamp

Und het damit ein vollen schlamp
Und dacht: Het ich der Lemmer mehr!
Es wer gleich wider recht und ehr,
Darnach ich ye gar wenig frag.
Es geht als lang, als lang es mag.
Wann man die garauß glocken leut,
Dann muß ichs zalen mit der heut,
Das ich geborgt hab lange zeyt.
Darmit der Wolff von hinnen scheidt.
Also thut noch manch mensch auff erden,
Der zu jm reist, was jm mag werden,
Und denckt jm nur viel zu erwerben,
Ob gleich dardurch viel ander verderben.

47. *Fabel: Die ameis mit dem grillen*

Wider die fawlen

Esopus uns beschreibt ein fabel,
Zu leer uns fürlegt die parabel,
Wie ein ameiß zu Winters zeyt
Zog aus ir hölen tieff und weyt
Ir koren, das sie in dem summer
Gesamlet het mit sorg und kummer,
Zu trücknen an dem kalten lufft,
Weil es mit feuchte war bedufft.
Zu der kam ein hungriger grill,
Er batt die ameiß hoch und viel,
Im auch von jrer speiß zu geben,
Das er beleiben möcht bei leben.
Die ameiß sprach hinwider schon:
»Was hast im sommer du gethon,
Das du nicht speiß hast eingetragen?«
Der grill ward zu der ameiß sagen:
»Ich war frölich und hab gesungen,
Hin und her durch die zeun gesprungen.«
Die ameiß lacht und sprach: »Du gauch,
So sing und spring im winter auch!
Die speiß hab ich für mich gesamlet.«
An diesem wort der grill verstamlet,
Zog ab und lied von hunger zwang
Durch auß und auß den winter lang.

Auß dieser fabel solt verstan
Bey der ameiß ein junger man,
Gantz arbeytsam, embsig und echtig,
Fleissig, genaw, klug und fürttrechtig,
Ordnlich, auch mit zimlicher sparung,
Darmit er uberkumbt ein narung,
Auff das, wenn er zu letzt wirt alt,
Schwach, krafftloß, wie der winter kalt,
An sinn und krefften im geet ab,
Das er denn sein ergenzung hab
An seinem vor gewunnen gut,
Von dem er ordnlich zeren thut.
Zum andern versteht bey dem grillen
Ein jungen man voller mutwillen,
Gesellisch, bübisch, faul, hinlessig,
Vernascht, versuffen und gefressig,
Montag, ertag zum sontag feyret,
Und andrem gaugkelspiel nach leyret,
Das im doch tregt kein brot ins hauß,
Wart seyner werkstat gar nit auß.
Wer nicht, wie er, sein gut verprasset,
Wirt von jm verspott und verhasset,
Er sey ein filtz und nagenranfft.
Es thut wol in der jugend sanfft,
Wenn aber kumbt der winter kalter,
Das schwach und unvermüglich alter,
Erst wirdt in nach der sonnen frieren,
So er sein handel ist verlieren,
Hat nicht, wie vor, ein groß gewinnet,
Und das im hie und dort zerrinnet,
Hat kein parschafft noch hindterhut.
Da in wirt reytten die armut,
Und muß am hunger tuch erst nehen
Wie man das uber tag thut sehen.
Derhalb haist der weiß Salomon
Die klein ameysen schawen on,
Wie sie einsammelt in dem schnitt,
Den faulen zu vermanen mit,
Das er inn jugend sparen lehr,
So sein sterck sich inn schwech verker
Das er im alter darvon zer.

87. Das çamelthier mit dem got Joüi

Es ging ein camel thier
In des waldes refier.
Das sach auf einem wasen
Vier starcker ochsen grasen,
Hetten gar schöne horen.
Das camel thier in zoren
Zw dem got Joüi kom,
Sich groser clag anom,
Sprach: »Hörner hastw geben
Dem ochsen in seim leben,
Dem eberschwein lang zen,
Seim feint zw widersten.
Und mich hastw peschaffen
Werlos on alle waffen,
Das ich gleich pin ein schand
Aller Thier in dem land.
Darümb gib mir auch hörner,
Das ich grimer und zörner
Mein feint auch von mir stos,
Weil ich pin starck und gros.«
Jupiter mit schmacheit
Hört die undanckparkeit,
Sprach er: »Dir hab ich geben
Ser lange jar zw leben,
Gros sterck, das dw magst dragen
Gros püerd in deinen dagen.
Darümb dich helt auf erd
Menschlich gschlecht lieb und werd
Und lest dich pey in wonen
Und kawft dich umb vil kronen.
Nembt dein neidischer müet
Das nit zw danck und güet,
So wil ich wider nemen
Das, destw dich müst schemen.«
Und schnit im ab in zoren
Sein schöne lange oren,
Sprach: »Nün sey vürpas stümpfet,
All dein lebenlang kümpfet,
Plaicher und falber farb,
Als der im neid verdarb.

Die straff ich dir anhenck.
Darpey deins undancks denck.«
Esopus das peschreibet.
Daraus die ler uns pleibet:
Wem got allhie hat geben
In dem zeitlichen leben
Er und guet nach seim stand
Aus vetterlicher hand,
Der sol got drümb dancksagen,
Nit stecz mürren noch clagen
Und gancz unwyrslich dewtten,
Wo er pey ander lewten
Sicht gröser er und güet,
Den er pesiczen thüet,
Auf das er durch sein neiden
Nicht entlich auch mües leiden
Durch sein gros mürmüriren,
Das sein auch thw verlieren
Mit nachrew, schant und schaden,
Sünder danck gottes gnaden,
Der im soliche gab
Frey zw geornet hab,
Auf das im daraus wachs
Frid und rw, wünscht Hans Sachs.

Abraham a Sancta Clara (1644–1709)

Pomplonius Schnauzer von Schnerkingen

Pomplonius Schnauzer, ein Bauer von Schnerkingen in Schwaben, stieg zur Herbstzeit auf einen Birnbaum, damit er die Früchte möchte abbrocken, um selbige den folgenden Tag auf dem Markte zu verkaufen. Weil er aber allzuweit auf einen Ast sich hinausgetrauet, also konnte solcher die schwere Bauernlast nicht ertragen, sondern ist entzwei gebrochen und der arme Pomploni gäh heruntergefallen, auch ihm eine Rippe im Leib zerspalten. Ungefähr ging ein Reisender vorbei, welcher mit dem Bauern ein sonderes Mitleiden getragen. Er ließ sich beinebens verlauten, daß er ein leichtes Mittel wisse, daß er nimmermehr solle von einem Baum fallen. Pomplonius gab zur Antwort: er möchte solches vorhero gewußt haben. »Gleichwohl aber«, sagte er, »mein guter Freund, offenbare mir zu einer Gnad dieses Mittel oder Geheimnis.« – »Gar gern«, antwortete dieser, »Pomploni, steig du inskünftig nicht mehr auf einen Baum, so wirst du gewiß nicht mehr herunterfallen.«

Das Steigen ist schon vielen ein Untergang gewesen, weil es meistens aus Ehrsucht geschieht. In den Schulen ist das Aufsteigen eine Ehre; aber in Ehren steigen, bringet es gemeiniglich eine Gefahr. Der Gipfel des Baumes wird ehender von dem Sturmwind gestutzet, als der untere Ast; die Fisch, so in der Höhe schwimmen, sind nicht so sicher als dieselben, welche sich in der Tiefe aufhalten; der Altist wird viel geschwinder heiser als der Bassist; hohe Gebäude werden ehender vom Donner getroffen als eine niedere Hütte. (I/142)

Der Fuchs und die Maus

Ein dürrer, magerer Fuchs hat sich durch eine gar enge Lücke in ein wohl eingerichtetes Speisgewölb praktiziert. Diesen ersah eine Maus und hat ihn aus Höflichkeit also bewillkommnet: »Guten Tag, mein lieber Herr Hühner- und Taubenkommissarius. Wie kommen Sie hierher? Und in was für Geschäften haben Sie sich in dieses Speisgewölb begeben? Haben Sie etwa eine Kommission von dem ganzen Geflügelwerk aus unserer Herrschaft Maierhof, oder eine Klag vorzubringen wider des

Bäckers feisten Kapaunen?« – »Ach nein«, sprach der Fuchs, »durchaus nichts, meine liebe Frau Speckjubiliererin. Ich bin mittels eines magern Leibs durch ein gar enges Loch hereingeschlupft und will mir allhier einen guten Tag antun.« – »Gar wohl«, antwortet die Maus: »Lassen Sie es sich nur belieben; Sie geben aber wohl acht, daß über dieses Prassen Sie nicht etwan dürfen Ihren Balg lassen.« – Mithin nahm die Maus ihren Abschied. Der Fuchs hatte sich unterdessen dergestalt angefressen, daß ihm der Bauch auseinanderging wie eine Regimentstrommel. Bald hernach kam der Koch in das Speisgewölb, und da solchen der Fuchs ersah, wollte er augenblicklich durch das vorige Loch den Reißaus nehmen, konnte aber wegen der angefressenen Wampe nicht; mußte also frühzeitig seinen Balg lassen.

Auf gleiche Weise ergehet es den unmäßigen Fressern und Bauchdienern: sie sterben durch vielfältiges Luderleben eines frühzeitigen Todes und mögen mit ihrem angeschoppten Wanst durch die enge Himmelpforte zur ewigen Freiheit nicht eingehen, sondern werden endlich dem Teufel zum Raub. (I/172)

Das Stadtmäusl und das Feldmäusl

Es sind einmal zwei Mäusl zusammengekommen, ein Stadtmäusl nämlich und ein Feldmäusl. Wie sie nun gar freundlich einander gegrüßt, so redeten sie von den unterschiedlichen Sachen, unter anderem auch von täglicher Unterhaltung. »Meine Schwester«, sagte das Stadtmäusl zu dem Feldmäusl, »wie erhältst dich denn?« – »Ich komm halt just aus«, antwortete das andere, »iß gemeiniglich Wurzeln, Traidkörndl, kleine Käferl, und gestern hat mein Bruder Hochzeit gehalten, da haben wir ein dürres Brot gehabt, das ich schon längst auf dem Weg gefunden und hat's ein Bettlmann hinweggelegt; denn die Bettlleut nehmen jetzt nicht mehr gern Brot, sondern Geld – also haben wir reichlich gelebt.« – »O du dalkete Närrin«, sagte das Stadtmäusl, »bist wohl hundertmal nicht recht gescheit, tust dich so armselig im Feld erhalten; komm zu mir in die Stadt hinein, da hab ich wohl besser Bissel. Ich bin in einem Haus, da ist gar ein faules und nachlässiges Mensch; dieselbe verdeckt mir kein Schmalz, keinen Speck, kein Fleisch; da leb ich als wie eine Gräfin. Komm nur morgen zu mir, so wirst du es erfahren.« – Eben denselben Tag kommt die Frau über das Speisgewölb und sieht, daß schier alles von

Mäusen angebissen, wischt mit einem Kochlöffel über das Mensch her und meßt ihr den Buckel wacker damit ab. War aber die Frau zornig über das Mensch, so ist das Mensch noch zorniger gewesen und gedachte sich an den Mäusen zu rächen. Die Nacht rückt herzu; das Feldmäusl kommt zu dem Stadtmäusl. Sie gehen miteinander ins Speisgewölb und wischen geschwind über eine geselchte Zung, fressen, zwicken und stupfen daran. »Ist's gut, Schwester?«

»Freilich, über die Maßen.« – Indessen hat das Mensch mit dem Kochlöffl aufgepaßt, den sie vorher gekostet, und wie sie die Mäus über der Zung ertappt, hat sie mit aller Stärke draufgeschlagen. »Hä! du Mäusköpfin, ertapp ich dich da!« Jagte sodann die beiden Mäus in der Kammer herum. Das fremde Feldmäusl wußte die Gelegenheit nicht recht; darum konnte es eine Weil das Loch nicht finden und hat das Mensch dieses gnäscherische Närrl so nah getroffen, daß es ihm das Schweifl abgeschlagen. »Nein«, sagt das Feldmäusl, »behüt mich der und der; mein Lebtag komme ich nicht mehr daher; denn ich will lieber mit wenig vorlieb nehmen und sicher sein, als einen guten Tag haben und stets in der Gefahr leben. Nein, so teuer bezahl ich die Lust und Wollust nicht!«

Mein, was ist die Welt anders als ein Speisgewölb oder Speiskammer, in welcher sie uns das Fleisch, der Satan die sündlichen Ergötzlichkeiten als einen Speck vorsetzen? Nun, alle diejenigen, so an diesem Speck nagen, unterwerfen sich dem ewigen Tod. Ei, da sind wir ja Mäusköpf – wegen einer so geringen Ergötzlichkeit! (II/95)

Der Goldkäfer und der Roßkäfer

Ein Goldkäfer und ein Roßkäfer sind einander begegnet. Dieser grüßet alsobald den Goldkäfer: »Willkommen, mein lieber Bruder!«

»Ich«, sagte der andere, »bin ja dein Bruder nicht, weil du mir gar nicht gleichest.« – »Du mußt wissen«, sagte der Kotkäfer, »daß mein Weib gestorben; darum gehe ich in der Klag. Wann solche ein End hat, sodann will ich in einem so gutem Goldstück aufziehen wie du.« Worauf der Kotkäfer den Goldkäfer zum Mittagmahl eingeladen, welches er Höflichkeit halber nicht wollte abschlagen. Wie er aber vermerkte, daß das ganze Traktament in lauter Roßkot bestanden, sagte er: »Ei, der Teufel hol das Mittagmahl! Du kannst andere Saunarren einladen, denen ich darum nicht neidisch bin. Ich habe meinesteils eine weit bessere Tafel.« Und er begab sich hierauf in einen Blumengarten. Daselbst hat er sich auf eine schöne ausgebreitete Rose gesetzt, allwo es ihm gar wohl geschmecket.

Dergleichen Kotkäfer sind sehr viel in der Welt anzutreffen, welche ihre Freud und Ergötzlichkeit in lauter Wust und Unflat suchen, da unterdessen ehrlichen Gemütern nur die schamhaften Rosen belieben. (II/240)

Der Distelfink

Ein Fink ist ein lieber und lieblicher Vogel. Der macht aus seinem Hals gleichsam ein lebendiges Flötl. Wenn er auf einem grünen Nästl seine Musik vollzogen, da fliegt er auf Disteln, worvon er seinen Namen hat. Carduelis a carduo. Dort plagt er den spitzfindigen Gesellen, sieht, daß solcher auf Iglart allerseits die Stachel ausstreckt, weiß aber zugleich, daß es ein verdecktes Essen und unter diesen Spitzen ein süßer Kern verborgen, resolviert sich endlich zu dieser harten Attacke, pickt und pickt so lang, daß ihm das Blut an dem Schnabl hangt, bis er endlich dieses wachsende Cilicium durchbricht und zu dem gewissen Kern gelangt. Da heißt es: Per aspera ad prospera, auf solche Weis kam ich zu meiner Speis.

Der Himmel als die einzige süße Ersättigung der menschlichen Seel wird auch nicht anderst erobert als durch die Geduld, durch ein hartes und strenges Leben, und bekommt keiner das Prämium bei Gott, der nicht das Argument passive macht: Per aspera ad prospera. (II/300)

Schau nach oben!

Ein Kavalier geht bei Winterszeit, wann der Himmel eine heitere Stirn zeigt, über die Gasse mit seinen Lakaien und Bedienten in sehr schönem und prächtigem Aufzug, geht also in Gedanken fort, wie er etwann möge seine Herrschaft verweitern, indem er in der Hoffnung stehe, es werde ihm eine Hofhenn ein Ei legen. Da er nun in dergleichen Gedanken fortgeht, siehe, da kommt von oben herab ein Schneeballen und trifft ihn. Holla! Wer ist der? Er greift nach dem Degen, er schilt und füllt ganze Galerien an, er macht ein Gesicht wie ein Dutzel junge Teufel, er knarrt mit den Zähnen zusammen, als woll er dem Mars ein Loch ins eisene Wammes beißen. Wie er also voller Trutz hin und her geschaut, da nimmt er wahr, daß eine adeliche Dama und ihm nicht übel geneigtes Frauenzimmer solchen Ballen heruntergeworfen. O, o da ist das trübe Wetter augenblicklich vergangen. O, o base le man! Er buckt sich, als hätt er Fischbein im Buckel, bedanket sich, daß er von schneeweißen Händen einen Schneeballen bekommen. Er hat es für eine sondere Gnad, und wird wenig abgehen, daß der Schnee nicht Feuer anzünd't. Ja, wann es ihm keine Schand wär, so fraß er den Schneeballen vor lauter Lieb und machte also aus dem Herz eine Eisgrube, damit die Liebesaffekten immerzu frisch bleiben. In Summa: er hält es für eine große Gnad, daß er von ihr geworfen worden.

Fällt einige Widerwärtigkeit über uns Menschen und Adamskinder, verlieren wir mit dem Jakob eine schöne Rachel, verlieren wir mit dem Job die Güter und Habschaften, verlieren wir mit dem Tobias die Gesundheit, leiden wir einen Spott wie der Elisäus, leiden wir ein Ehrabschneiden wie die Anna von dem Heli, leiden wir eine falsche Anklag mit dem Joseph, fliegt das Elend über uns so häufig wie die Wachtlen über die Israeliter, sehen wir nichts über uns als Ruten wie des Labans seine Schaf, findet man nichts bei uns als Presten und Krankheiten wie bei dem Schwemmteich zu Jerusalem: ei, so laßt uns derentwegen nicht murren, nicht klagen, nicht trauren, nicht weinen, nicht fluchen, nicht schwören, nicht gumpen, nicht zapplen, nicht werfen, nicht schlagen, nicht greinen, nicht zanken, nicht wüten, nicht toben, nicht stampfen, nicht seufzen; sondern schauen wir lieber in die Höhe! Da werden wir sehen, daß wir von niemand andern sind getroffen worden als von den allerliebsten Händen Gottes, dessen einziges Ziel und End, uns zu sich zu bringen. (II/10)

(Es ist ein Wurm. . .)

Es ist kein so schädlicher, tödlicher, reißender, beißender, winniger, unsinniger, greulicher, abscheulicher Wurm als der nagende Wurm eines *bösen Gewissens*. . .

Es ist ein Wurm, der kriecht in den Kanzleien und auf der Advokaten Schreibtischen herum, der ist der Interessewurm.

Es ist ein Wurm, der kriecht auf der Schneider Scher, der ist der Beschoreswurm.

Es ist ein Wurm, der kriecht auf der Maurer- und Zimmerleut Werkzeug, der ist der faule Wurm.

Es ist ein Wurm, der kriecht in der Eheleuten Betten und Hausrat, der ist der Zankwurm.

Es ist ein Wurm bei der Wucherer Scheuern, der ist der Treid- und Kornwurm.

Es ist ein Wurm, der nistet in den Locken der großen Perücken, der ist ein politischer Wurm.

Es ist ein Wurm, der läßt sich sehen auf der Frauenzimmer Nähkissen, der ist ein Galanteriewurm.

Aber wer will alle Würmer zählen? (I/131)

(Manche Menschen. . .)

. . .

Manche Menschen sind den verderbten Uhren gleich: wenn der Zeiger auf drei steht, so schlägt der Hammer zwölf.

Manche Menschen sind den übermalenen Gräbern gleich, welche auswendig voll Gold, inwendig voll Kot.

Manche Menschen sind den Büchsen in der Apotheke gleich, welche äußerlich einen schönen Titel haben, innerlich aber voll Spinnen, und ist nichts darinnen.

Manche Menschen sind den Puppen oder Kinderdocken gleich – auswendig stolz, inwendig Holz.

Manche Menschen sind den Microscopiis oder Vergrößerungsgläsern gleich: wenn man hineinschaut, ist es ein Elefant; tut man aber das Glas hinweg, so zeigt sich eine Mucken. (II/248)

Jean de La Fontaine (1621–1695)

Die Grille und die Ameise

Die Grille trällerte und sang
den ganzen lieben Sommer lang
und fand sich plötzlich sehr beklommen,
als der Nordwind war gekommen:
im Haus war nicht ein Bröselein
Regenwurm und Fliegenbein.
Hunger schreiend lief sie hin
zur Ameis', ihrer Nachbarin,
mit der Bitte, ihr zu geben
etwas Korn zum Weiterleben
nur bis nächstes Jahr:
Ich werd Euch zahlen, sprach sie gar,
noch vor Verfall, mein Grillenwort,
Hauptstock, Zinsen und so fort.
Die Ameis aber leiht nicht gern;
sie krankt ein wenig an Knausrigkeit:
Was triebt Ihr denn zur Sommerzeit?
fragt sie die Borgerin von fern.
  Da war ich Tag und Nacht besetzt,
ich sang und hatte viel Applaus.
  Gesungen habt Ihr? Ei der Daus,
wohlan, so tanzet jetzt! (13)

Der Rabe und der Fuchs

Auf einem Baume Meister Rabe hockt,
im Schnabel hält er einen Happen Käse.
Vom Käseduft herbeigelockt,
spricht Meister Fuchs so fein als ob er läse:
Ei, guten Morgen, Herr von Rabe,
was seid Ihr hübsch, welch stattliches Gehabe!
Nein, ohne Lüge, Eurer Stimme Pracht,
wär sie so schön wie Dero Federtracht,
des Waldes König wäret, ohne Zweifel, Ihr!
Der Rabe schnappt fast über vor Begier;

gleich soll der Wohllaut seiner Stimme schallen:
er reißt den Schnabel auf und läßt den Käse fallen;
den schluckt der Fuchs; es schmunzelte der Heuchler
und sprach: Mein Herr, ein jeder Schmeichler
lebt gut und gern von dem, der auf ihn hört:
die Lehre ist doch wohl ein Stückchen Käse wert!
Der Rabe, wütend und verdrossen,
schwor ab, jedoch zu spät, für immer solchen Possen. (14)

Der Frosch, der so groß sein wollte wie ein Ochse

Ein Fröschlein, als es einen Ochsen sah,
fand, stattlich stehe dieser da.
Es selber war nicht größer als ein Ei;
begierig dehnt und bläht und plagt es sich,
daß es dem Biest an Größe ähnlich sei.
Schau, Bruder, ruft es, schau auf mich,
hab ichs erreicht, ist es genug? –
O nein. – Und nun? – Noch nicht. – Und jetzt? Sag's frei! –
Es fehlt noch viel. – Der arme Knirps macht Zug um Zug
und platzt mit lautem Knall entzwei.
Das Fröschlein hat in aller Welt Verwandte:
Mit Großmannssucht baut jeder Biedermann,
der kleinste Fürst hält sich Gesandte
und Diener schafft der Herr Marquis sich an. (15)

Die Stadtmaus und die Feldmaus

Die Stadtmaus lud dereinst zu Gast
die Feldmaus artig ein.
Als Hauptgericht gab's einen Brast
Fettammernknochenklein.
Auf einem türkischen Teppich war
entzückend der Tisch gedeckt.
Ich denke mir, wie wunderbar
es den zwei Freundinnen schmeckt.
Das Mahl war wirklich recht famos,
zu essen gab's genug.
Auf einmal war der Teufel los
und mitten im schönsten Zug:
Da tobte an der Saaltür doch
ein köterhafter Krach.

Die Stadtmaus hüpfte in ihr Loch,
die Feldmaus schlüpfte nach.
Der Lärm verbraust, man kehrt zurück,
die Feldmaus hinterher.
Die Stadtmaus lispelte voll Schick:
Hier, bitte, das Dessert!
Ich hab genug, sagt die vom Land,
kommt morgen bei mir vorbei;
's ist weder Neid noch Unverstand
für Eure Schlemmerei:
's ist, weil ich ohne Unterlaß
esse, wie mirs gefällt.
Ade – und pfui auf einen Spaß,
den mir der Schreck vergällt. (21)

Der Wolf und das Lamm

Der Stärkere hat immer recht:
wir zeigens hier am Tiergeschlecht.
Ein Lamm erlabte sich einmal
am reinen Rinnsal einer Quelle.
Ein magrer Wolf war auch zur Stelle,
getrieben von des Hungers Qual.
Du wagst es, sprach er (denn er suchte Stunk)
zu trüben meinen Morgentrunk?
Natürlich haftest du für diesen Schaden! –
Ach, sprach das Lamm, daß Euer Gnaden
besänftige die grimme Wut
und zu bemerken mir geruht:
ich trinke hier am Bache zwar,
doch unterhalb und offenbar
wohl zwanzig Schritte weit von Euch
und trübe folglich nie und nimmer
das Wässerlein um einen Schimmer. –
Und dennoch trübst du's, schalt der Wolf sogleich;
auch hast du mich verwünscht vor etwa einem Jahr. –
Wie, da ich kaum geboren war?
versetzt' das Lamm; an Mutters Euter lag ich noch. –
Warst du's nicht, war's dein Bruder doch! –
Ich hab gar keinen. – Dann war's sonst wer von eurer Sippe,
denn ihr habt alle eine lose Lippe,
ihr, euer Hund, der Hirt auch mit der Hippe.

Man sagt's. Mein ist die Rache jetzt zur Stund!
Er schleppte das Lamm in den Wald und riß es
und würgt' es formlos in den Schlund.
(Auch ein »Verfahren«, ein gewisses!) (22)

Der Hahn und die Perle

Ein Hahn scharrt' eine Perle aus dem Mist
und gab sie, harmlos wie er ist,
dem Händler, der gerad des Weges kam:
Ich finde sie, sprach er, zwar köstlich fein,
ein Hirsekorn aber, noch so klein,
paßt mir halt besser in den Kram.
Ein Tölpel erbte flugs
ein Manuskript; er trugs
zum Nachbar Antiquar in Absicht auf Gewinst:
Ich glaube, sprach er, es ist gut;
ein Dukätchen aber tut
mir halt doch einen bessern Dienst. (33)

Der Löwe und die Ratte

Mach dir die Welt, so gut es geht, erbötig:
oft hat man auch geringe Leute nötig.
Zwei Fabeln bring' ich frank und frei
als Proben dieser Wahrheit bei.
Der Löwe ruhte. Zwischen seinen Pranken
schlüpft arglos eine Ratte aus dem Nest.
Fast göttlich fand der Löwe den Gedanken,
daß er es sei, der sie am Leben läßt.
Die Wohltat lohnte sich alsbald.
Sind es nicht närrische Entwürfe,
zu glauben, daß ein Leu der Ratte je bedürfe?
Doch es geschah, als einst im Wald
der Löwe in ein Stricknetz ging
und mit Gebrüll sich mehr und mehr verfing.
Die Ratte rannte rasch herbei
und nagte Strick um Strick, zuletzt das Netz entzwei.
Geduld und Dauer schaffen oft
viel mehr, als Kraft und Wut erhofft. (49)

Die Taube und die Ameise

Das andere Beispiel gibt ein noch kleineres Tier:
Ein Täubchen trank am Lauterbach.
Eine Ameise fiel aus Ungemach
ins Wasser. All ihre Kraft verbrauchte sie schier,
in diesem Ozean ans Ufer zu kommen.
Alsbald warf die Taube aus Mildherzigkeit
einen Grashalm ins Wasser zur rechten Zeit;
er kam als Rettungsinsel geschwommen.
Die Ameise landet. Kurz darauf
tritt ein barfüß'ger Taugenichts auf;
ihm hing eine Armbrust an der Seite.
Den Vogel der Venus sieht er kaum,
brät er ihn schon im Topf und macht ein Fest im Traum.
Doch als er zum Töten die Waffe gezückt,
die Ameise den Schelm in die Ferse zwickt.
Er dreht sich um und blickt:
die Taube hört ihn, fliegt und sucht das Weite;
mit ihr entflieht der Braten auch des Laffen
und ihm bleibt nichts, als hinterherzugaffen. (49)

Die Glieder und der Magen

Ich darf wohl meine Arbeit hier
mit dem Königtum beginnen:
ich zeig's von außen und von innen.
Das Vorbild liefert Meister Magen mir,
denn was er braucht, der Körper schafft's herbei.
Müd waren die Glieder des alltäglichen Plagens;
jedes wollte ein Herr sein, frank und frei,
ohne etwas zu tun, nach dem Beispiel des Magens.
Er wird, sagten sie, ohne uns von der Luft leben müssen.
Wir schwitzen, wir rackern uns ab auf tierische Weise.
Und für wen? Um ihm das Dasein zu versüßen.
Wir haben nichts, ihn aber mästen wir mit Speise.
Feiern wir also, dies Geschäft hat er uns ja gelehrt!
Gesagt, getan. Die Hände hörten auf zu handeln,
die Arme zu schaffen, die Beine zu wandeln;
vom Magen sagte man: mag er sich suchen, was er begehrt.
Das war ein Irrtum, der sie später reute:
sie magerten ab, es blieben nur Knochen und Häute,
im Körper formte sich kein frisches Blut.

Jedes Glied litt darunter. Die Kräfte versagten.
Erst dadurch sahen die Aufwiegler ein,
daß er, der faul und müßig schien zu sein,
zum gemeinsamen Wohl hatte mehr als sie selber beigetragen.
Dies paßt auch auf die Königsmacht recht gut:
sie nimmt und gibt auf gleiche Weise.
Alle arbeiten für sie und davon
zieht jeder Nahrung, jeder Lohn.
Sie läßt das Handwerk blühn, bereichert den gesamten
Handel, besoldet die Beamten,
unterhält die Bauern, bezahlt Soldaten,
verteilt an hundert Stellen allerhöchste Gnaden,
belebt kurzum den ganzen Staat.
Das sagte Menenius einmal zur rechten Zeit.
Damals hatte sich die Gemeinde mit dem Senat entzweit;
die Hetzer sagten, es habe der Senat
alle Macht, Schätze, Ehren und Würden;
dem Volk aber wolle man alle Last aufbürden,
Tribute, Steuern, Kriegs- und andere Dienstbarkeit.
Schon stand es außer den Mauern, gerüstet zum blutigen Streit,
die Mehrzahl suchte in fremden Ländern ihr Glück,
da sagte ihnen Menenius,
sie hätten mit den Gliedern Ähnlichkeit.
Drob kehrten sie zum guten Schluß,
belehrt durch den Vergleich, zu ihrer Pflicht zurück. (65)

Der Wolf und der Fuchs

Wie kommt's, daß Äsop dem Fuchs die Gabe verleiht,
in allen Stücken zu glänzen mit Pfiffigkeit?
Ich suche nach dem Grund und finde keinen.
Der Wolf, sollte man doch meinen,
weiß genausoviel, wenn er ergrimmt
um sein Leben kämpft oder es anderen nimmt.
Ich glaub's und wage vielleicht als allzu dreister
Schüler zu widersprechen meinem Meister.
Ein Fall, wo alle Ehre dem roten Tier
zuteil wird, ist übrigens hier:
Eines Nachts schien der Mond in eine Zisterne;
das runde Bild glich einem dicken Käse;
es schöpften wechselweise zwei Gefäße
das feuchte Element: gerne

setzte sich unser Pappenheimer,
von hündischem Hunger geplagt, in den oberen Eimer;
der and're hielt ihn in der Schwebe.
So fuhr der Fuchs, auf daß er lebe,
vom Irrtum gezogen, in die Not hinab
und fühlte sich bald verloren wie im Grab:
wie kommt er wieder herauf, wenn nicht ein zweiter
Hungerleider, vom selben Bild verlockt,
als Nachfolger im Elend sich in den Eimer hockt
und den Fuchs aus der Patsche zieht? Unheiter
vergingen zwei Tage; niemand kam zur Zisterne.
Der Zahn der Zeit hatte beflissen
während zweier Nächte abgebissen
ein Stück von dem rundgesichtigen Silbersterne.
Meister Reineke war verzweifelt. Gevatter
Wolf mit gieriger Gurgel trat ans Brunnengatter.
Kamerad, rief der Fuchs, Glück
auf, ich schenk dir was! Siehst du dies Stück?
Es ist vortrefflicher Käse: Gott Faun hat ihn gemacht.
Und Io, die Kuh, gab ihre Milch dazu.
Jupiter, wenn er krank ist, facht
seine Eßlust wieder an mit dieser Kost.
Ich hab' diese Ecke weggegessen.
Zum Rest wünsch ich dir guten Appetit und Prost!
Komm herunter im Eimer, den ich indessen
eigens für dich bereitgehalten.
Nicht übel wußte der Schelm die Geschichte auszugestalten.
Der Wolf war dumm genug, sie für wahr zu halten.
Er eimerte hinab, sein Gewicht überwog,
während er Meister Reineke aufwärts zog. –
Spotten wir nicht; nur allzu oft
verführt uns ein falscher Stern!
Was er fürchtet, glaubt jeder leicht; und ebenso gern,
was er wünscht oder hofft. (298)

Jahrhundert der Aufklärung

1. Daniel Wilhelm Triller (1695–1782)
2. Daniel Stoppe (1697–1747)
3. Friedrich von Hagedorn (1708–1754)
4. Christian Fürchtegott Gellert (1715–1769)
5. Magnus Gottfried Lichtwer (1719–1783)
6. Johann Wilhelm Ludwig Gleim (1719–1803)
7. Gottlieb Konrad Pfeffel (1736–1809)
8. Gotthold Ephraim Lessing (1729–1781)

Daniel Wilhelm Triller

Das Kind an dem Rheinstrom, und ein Wanderer

Es saß ein Knäblein an dem Rhein,
Und hatte zweene kleine Töpfe;
Ein Wandrer sprach: Was soll das seyn?
Hier sitz ich, rief das Kind, und schöpfe
Den ganzen Rheinstrom dahinein,
Auf daß ich dessen tiefe Gründe
Und innerliches Wesen finde.
Dieß schien dem Wandrer lächerlich;
Doch sprach er: Nein! wer wundert sich?
Der Anschlag kömmt von einem Kinde.

Ihr, die ihr mit Vermessenheit
In jegliches Geheimniß dringet,
Und nicht bedenkt, wie schwach ihr seyd,
Wie wenig euch das Werk gelinget;
Mich dünkt, ihr sucht mit kleinen Töpfen
Den großen Rheinstrom auszuschöpfen. (587; 229)

Die Tulpe und die Mayenbluhme

Die Tulpe sah die Mayenbluhme,
Im Thale, niederträchtig stehn:
Wie weit bis du von meinem Ruhme!
Wie bin ich gegen dir so schön!
Wie prächtig ist mein Kleid geschmücket,
Wie stehst du gegentheils gebücket,

Wie ärmlich ist dein weiß Gewand;
Woran man keine Farb' erblicket!
Wie glücklicher ist nun mein Stand!
Du hast wohl Ursach, dich zu schämen,
So ließ die Tulpe sich vernehmen.
  Worzu viel Worte? Du hast recht;
Wer läugnet es? versetzte jene,
Dein Ansehn ist gewiß nicht schlecht,
Und deine Kleidung wunderschöne,
Ja bis zum Laubwerk und zum Stiel,
Sind wenig Blumen dir zu gleichen;
Ich muß dir also freylich weichen:
Doch riech ich wohl, und nütze viel.

Wie mancher hat ein schön Gewand,
Und äußerliche gute Minen?
Allein wo bleibet der Verstand?
Und was kann er dem Nächsten dienen? (592; 236)

Der Affe mit einer Mandel

Als einst ein Affe, *Crith* genannt,
Im Garten, eine Mandel fand,
Die noch in Schalen eingeschlossen;
Sprach er, wär nur der Kern heraus,
So hätt ich einen guten Schmauß,
Für diesen Tag, vergnügt genossen;
Allein was taugt wohl unversucht?
Die Schalen sind erst aufzuschließen,
Hernach kann ich die süsse Frucht,
So viel gemächlicher genießen.

Er nahm die Mandel drauf in Mund,
Und biß sich Zung und Zahnfleisch wund,
Eh sich die Schalen brechen ließen.
Doch als er endlich sie zerknickt,
Und mit Begier hinein geblickt,
Den Kern nunmehro zu gewinnen;
Fand er, für alle seine Müh,
Nur einen Wurm und Staub darinnen;
Worüber er aus Unmuth schrie:
O weh! wie reut mich mein Beginnen!

So pflegts mit Schriften herzugehn,
Die schwer und dunkel zu verstehn,
Und als in harten Schalen, stecken;
Man bricht sich fast den Kopf entzwey,
Den angenehmen Kern zu schmecken,
Und denkt, wie gut der Inhalt sey.
Doch wenn die Rätzel aufgeschlossen,
Und alles nun ins Licht gesetzt;
Erblickt man zornig und verdrossen
Nur Staub und Würmer auf die Letzt. (598; 244)

Der Glieder Streit mit dem Magen

Die Glieder fingen an, den Magen
Mit diesen Worten zu verklagen:
Da liegt er auf der Bärenhaut,
Thut nichts, als daß er nur verdaut,
Sich stets mit Speis' und Trank erquicket,
Und was ihm übrig, von sich schicket;
Wir aber sorgen Tag und Nacht,
Ihm seine Nahrung zu gewinnen;
Ey! sind wir dann nicht wohl bey Sinnen?
Auf, laßt uns ihm den Dienst entziehn!
Er mag hinfort sich auch bemühn,
Und seine Nahrung selbst erwerben,
Wo nicht; so kann er Hungers sterben;
Was haben wir vor Dank davon?
Was gab er uns vor einen Lohn?
Nun gnug, es heißt in diesem Falle,
Für sich ein jeder, Gott für alle!

Hiermit bewegte sich kein Glied,
Es ward dem Mund und armen Magen
Kein Essen weiter fürgetragen,
Der Leib bekam kein frisch Geblüt,
Und konnt' aus Schwachheit und für Beben,
Nicht Haupt, noch Fuß und Hand erheben.

Da merkten erst die Glieder an,
Daß der, der ihnen müßig schiene,
Dem ganzen Körper besser diene,
Als ihre Müh bisher gethan,
Und ihnen allen heilsam wäre,
Wenn man ihn, wie zuvor, ernähre.

So müssen auch der Obrigkeit
Die Unterthanen alle dienen;
Weil sie dafür hinwieder ihnen
Schutz, Unterhalt und Ruh verleiht.
Der Magen lebt zwar durch die Glieder;
Doch er ernährt und stärkt sie wieder. (630; 285)

Der Storch und der Frosch

Ein Storch wollt einen Frosch verschlingen,
Ach! schone meiner, sagte der,
Was treibt dich an? wo rührt es her,
Daß du mich itzt suchst umzubringen?
Ich that dir ja nie was zu leid,
Drum denk doch an die Billigkeit.

Ja, sprach der Storch, ich muß gestehen,
Du hast mir nichts zu leid gethan;
Allein mich kömmt der Hunger an,
Der soll mir nun durch dich vergehen?
Warum verzehrst du denn die Schnecken;
Warum schluckst du die Mücken ein,
Die dir doch nie zuwider seyn?
Hier blieb dem Frosch die Rede stecken,
An diesen Einwurf dacht er nicht;
Doch konnt er nichts dargegen sagen;
Drauf schlang ihn, als ein gut Gericht,
Der Storch in seinen leeren Magen.

Dieß ist in die Natur gegeben,
Und jederzeit der Welt ihr Lauf,
Der eine muß vom andern leben,
Der größre frißt den kleinern auf;
Wer nicht die Macht hat, sich zu wehren,
Der laß sich mit Geduld verzehren. (14)

Die Nachteule und der Haushahn

Die Eule flog des Nachts umher,
Wie diese scheuen Vögel pflegen,
Ein Haushahn sah dieß ungefehr,
Und rief: Mein! sage mir, weswegen

Du so des Nachts beschäfftigt bist,
Daß dir der Schlaf ein Fremdling ist.

Ich thu es, sprach sie, Mäuse, Spinnen
Und andre Würmer zu gewinnen.
Dieß ist ja wohl der Müh noch werth,
Sprach hier der Hahn, der Ruh zu missen,
Fahr wohl, mein Freund, behalte dir
Die hochgerühmten Leckerbissen;
Der Schlaf hingegen wird von mir
So wohlfeil wahrlich nicht entbehrt.

Wie mancher der Gelehrten sitzt
Die ganze Nacht bis an den Morgen,
Und liest und schreibt mit Angst und Sorgen,
Daß er bald friert, bald wieder schwitzt;
Allein was bringet sein Beginnen
Der Welt für Nutz, und ihm für Frucht,
Als daß er Mäuse, Grillen, Spinnen,
Mit großer Müh umsonst gesucht. (16)

Das Schaf und der Wolf

Nachdem es ungefehr sich traf,
Daß hier ein Wolf, und dort ein Schaf
Bey einem Bach zusammen kommen,
Und beyde Seiten eingenommen:
So sprach das Schaf, was thu ich hier,
Daß du mit frecher Mordbegier
Mir stets nach meinem Leben trachtest,
Und mich so unbarmherzig schlachtest,
Wenn es mein Unfall mit sich bringt,
Daß dir dein Straßenraub gelingt?

Mit nichten! ließ der Wolf sich hören,
Du irrst dich sehr, mein guter Freund,
Denn, tracht ich gleich, dich zu verzehren;
Ists doch so böse nicht gemeynt.
Aus keinem Haß entstehn die Triebe,
In meiner dir geneigten Brust;
Dein süßes Fleisch erweckt mir Lust,
Ich freß dich nur aus lauter Liebe.

So macht es mancher falsche Freund,
Er schwätzt von nichts, als lauter Liebe,
Giebt aber dann die schärfsten Hiebe,
Wenn er am allerfrömmsten scheint.
Doch wenn die Bosheit klar erhellet,
Und man ihn drum zur Rede stellet:
Ist er wohl noch so frech zu sagen:
Es ist zwar übel ausgeschlagen:
Doch war es gut von mir gemeynt. (35)

Der Tag und die Nacht

Der Tag sprach einstens zu der Nacht:
Weist du, daß mir der Vorzug bleibet?
Ich mache, daß der Mensch erwacht,
Und nützliche Geschäffte treibet;
Du aber bringst ihn, wie ums Leben,
Und gräbst ihn in die Federn ein;
Was kann er denn für Nutzen geben,
Wie kann er andern dienlich seyn?

Du irrest dich! Wenn ich nicht wäre,
Sprach hier mit finstrer Stirn die Nacht:
So würdest du um Nutz und Ehre,
Und selbst die Welt ums Glück, gebracht.
Denn, daß die Menschen Tagewerke
Und nützliche Geschäffte thun,
Darzu erlangen sie die Stärke,
Wenn sie des Nachts erst sanfte ruhn.

Unnöthig ist die Zweifelsfrage,
Denn Gott hat alles gut gemacht;
Es hilft und dient die Nacht dem Tage,
Der Tag hinwiederum der Nacht;
Ein jegliches Geschöpf erschiene,
Daß es den Schöpfer preis', uns diene. (49)

Daniel Stoppe

Der Kater und die Mäuse

Ein Kater, der von Kindheit an
Sich auf der Mäusejagd mit Fleiß hervorgethan;
Ein Held, dem mehr als tausend Ratten,
Den Untergang zu danken hatten,
Ward endlich alt und schwach, und konnte nicht mehr sehn.
Die Ratten sagten ihm: Es sey ihm Recht geschehn;
Gott ließ ihn nun, zur Strafe seiner Sünden
Und auch zugleich zu ihrer Sicherheit,
Nach Wunsch verkrummen und verblinden.
Ach! sprach der alte Schalk, die Sünden sind mir leid;
Der Himmel kennt mein reuiges Gewissen;
Ich trage meine Schuld und will sie gerne büssen.
Ich fühle schon, mein Tod ist nicht mehr weit;
Gottlob! es geht mit mir zu Ende.
Ich bitt euch alles ab: Hier habt ihr meine Hände!
Kommt her, und sagt mirs zu, daß ihr versöhnlich seyd!
Die Ratten merkten gleich, wie viel die Uhr geschlagen.
Ja, sprachen sie, gar gern! Wir wollen dir verzeihn;
Doch nahe wird sich niemand wagen.
Wir können weit entfernt so gute Freunde seyn,
Als wenn wir näher zu dir kämen,
Denn dazu werden wir uns nimmermehr bequemen.
Kurz um, die Ratten liefen fort,
Und wünschten ihm Glück auf die Reise.
Drauf kam ein Dutzend junge Mäuse.
O seht doch! schrien sie, den kranken Kater dort!
Ihr Kinder! rief der Dieb, kommt her, und seht mich sterben!
Ich hab itzt gleich mein Testament gemacht,
Und euch als meinen künftgen Erben,
Mein ganz Vermögen zugedacht.
Drauf mauzt' er noch einmal, als nähm er gute Nacht;
Er hielt den Athem an, lag still und ausgestreckt,
Als wär er in der That verreckt.
Die Mäuse liessen sich, durch diese List, betrügen;
Sie sprungen auf ihn los, und tanzten um ihn her.
Man sah ein Blatt Papier zu seinen Füssen liegen,
Und dieß bestärkte sie in ihrem Wahn noch mehr.
Ach! riefen sie, seht! seht! da liegt das Testament!

Der Kater schnappte zu, und fieng auf diese Weise
Vier ihm zu nah getretne Mäuse.
Ich weis wohl, sprach der Schalk, daß ihr nicht lesen könnt.
Geht, laßt euch meinen Bauch die wahre Nachricht sagen,
Von dem, was ich euch zugedacht;
Der Rechtsfreund, welcher mir das Testament gemacht,
Wohnt ohnedem in meinem leeren Magen.

Die glatten Worte sind ein Eis, das leichte bricht.
Wer falschen Leuten glaubt, der kennt die Welt noch nicht.
(I/15)

Das Echo und der Knabe

Ein Knabe hütete die Kühe
Und zwar das allererste mal.
Er kletterte mit seinem Viehe,
Auf einen hohen Berg; gleich über lag ein Thal,
Das stieß an einen Wald, der voller Fichten stand.
Man konnte weit und breit kein schöner Echo haben,
Als das, was hier die Bäume von sich gaben.
Dem Kühmonarchen war die Sache nicht bekannt.
Er suchte seine Unterthanen,
Durch die Schalmey, zum Fressen zu vermahnen;
Er pfiff sein Hirtenlied, das Echo pfiff ihm nach.
Er sah sich um, und konnte niemand sehen;
Drum wußt er nicht, wie ihm geschehen,
Indem er sich allein zu seyn versprach.
Wer pfeift dort? Fieng er an zu fragen.
Wer pfeift dort? Hört er jemand sagen,
Und wußte doch nicht, wer es wär.
Ich bins, schrie dieser hin; ich bins, schrie jener her.
Wie heißt du? fuhr er fort. Wie heißt du? schallt es wieder.
Die Stimme schien ihm zu bekannt zu seyn,
Er fieng schon an sich drüber zu erfreun,
Als spräch er hier mit einem seiner Brüder.
Komm zu mir! rief er ihm. Komm zu mir! klangs zurücke.
Ich kann nicht, hieß es hier. Ich kann nicht, hieß es dort.
Das gieng nun so in einem Stücke,
Fast eine Viertelstunde fort.
Nunmehro schien es unserm Knaben,
Der unbekannte Freund woll ihn zum Narren haben.

Sie schimpften sich zu beyden Teylen sehr,
Die Schurken flogen hin und her.
Der Wald sprach alle Worte nach,
Die der erzürnte Knabe sprach,
So daß die Esel selbst, nebst andern schönen Namen,
Vernehmlich wiederhohlt und stets zurücke kamen.
Ein Mann, der Kräuter las, kam ungefehr dazu;
Er hatte dem Geschrey schon lange zugehöret.
Mein Sohn! hub dieser an, weswegen schreyest du?
Es ist ja niemand hier, der deine Ruhe störet.
Ach! sprach er, sagt mir doch! kennt ihr den Jungen nicht,
Der dort im Walde steht, und schimpflich von mir spricht?
Er hat mich recht zum Narrn, und blöckt mich immer an.
Ich hab ihm gar nichts Leids gethan,
Und dennoch schimpft er mich; ich kanns nicht mehr vertragen;
Bey meiner Seel! ich leid es ihm nicht mehr;
O hätt ich ihn nur hier, wenn er gleich größer wär,
Ich wollt ihm mit der Hand die Gosche schon zerschlagen.
Nicht so, mein Sohn! sprach unser Kräutermann,
Ich hab es wohl gehört, du fiengst die Händel an.
Wer andre Leute schimpft, der muß sich nicht beklagen,
Wenn sie ihm eben das zu seiner Kränkung sagen. (I/36)

Das Thal und die Berge

Gott, der die Berge schuf, schuf auch das Thal zugleich,
Ein jedes mit besondern Gaben;
Was dem zu fehlen schien, schien der zu viel zu haben.
Der Schöpfer sprach: Vertraget euch!
Ihr Berge sonderlich vertragt euch mit den Thälern,
Denn euer Ueberfluß beruht auf ihren Fehlern.
Allein der Hochmuth nahm die Berge dennoch ein;
Ihr Thäler! schrien sie, ihr macht euch zu gemein;
Gebraucht mehr Höflichkeit, und geht zu eures gleichen.
Ihr Herren! rief ein Thal, wir werden schwerlich weichen:
Wenn ihr gleich höher seyd, als wir:
Gnug! daß wir tiefer sind, als ihr.
Zudem so müßt ihr ja auf unsre Kosten leben;
Was uns Gott abgekürzt, das hat er euch gegeben;
Daß ihr erhabner seyd, rührt nicht von eurer Wahl,
O nein! das stund bey dem, der uns erschaffen hat;

Denn fände zwischen uns die gleiche Theilung statt;
So wäre weder Berg noch Thal.
Die Berge wollten noch nicht Fried und Freundschaft hegen;
Sie thaten unerträglich groß,
Und schimpften unerlaubt auf ihre Nachbarn los.
Der eine Berg war sonderlich verwegen;
Und da er auf den Fall der nahen Thäler drung:
So stellt er sich mit Fleiß, als wenn er niesen wollte,
Damit durch die Erschütterung
Ein losgerißner Stein das Thal erschlagen sollte.
Allein der weise Gott, der darauf Achtung gab,
Daß jegliches Geschöpf in seinen Schranken bliebe,
Damit der Größere den Kleiner nicht vertriebe,
Warf endlich selbst den Berg zur Straf ins Thal hinab,
Und machte Berg und Thal dadurch zum ebnen Lande.

Ihr Menschen von erhabnem Stande!
Die Fabel zielt auf euch. Seht her! und stellt euch hier
Den umgeworfnen Berg zu eurem Beyspiel für. (II/76)

Die Narrenkappen

Ein Mann, der manchen Markt zeither umsonst durchlaufen,
Trug Narrenkappen feil, und konnte nichts verkaufen.
Er wunderte sich sehr, daß gar kein Abgang sey;
Daß, da die ganze Welt ein Nest voll Narren wäre,
Doch gleichwohl niemand was von seinem Kram begehre.
Kauft! kauft doch! rief der Handelsmann,
Probirt mich! ich vertheure keinen;
Der Preis muß in der That dem Aermsten leidlich scheinen,
Drey Groschen sind ein Geld, was ieder zahlen kann;
Ist das nicht wohlfeil gnug? Jedoch was half ihm dieß?
Der Nam und schlechte Preis war selbst ein Hinderniß,
Daß gar kein Abgang war; so daß ich sicher wette,
Er hätte nichts verkauft, wenn er dem Käufer gleich
Drey Groschen zugegeben hätte.
Das war für seinen Geiz ein ärgerlicher Streich.
Gut! sprach er, will kein Narr zum Kaufen sich entschliessen:
So bin ich selbst ein Narr; so werd ich nach und nach,
Zu meiner eignen Schand und Schmach,
Die Kappen selbst zerreissen müssen.
Er setzte sich, gleich auf der Stelle,
Die schönste, mit der größten Schelle,

Auf seinen eignen Kopf. So närrisch dieses schien:
So wars doch in der That ein großes Glück für ihn.
Gleich kam ein junger Herr, der von ihm wissen wollte,
Was dieß für eine Art von neuen Mützen sey,
Und was das Stücke gelten sollte?
Der Kaufmann log und schwur bey seiner Ehr und Treu,
Daß, wenn in Africa die Sonn am höchsten stiege,
Die Ritterschaft daselbst, zu Haus und öffentlich,
Dergleichen Sommermützen trüge.
Wer eine haben will, der komm und melde sich;
Wo nicht: so muß er sich bis übers Jahr gedulden.
Mein Vorrath ist nicht groß, und auch schon halb verthan;
Der Preis ist so und so: Das Stücke für drey Gulden.
Der junge Herr nahm gleich den Kauf begierig an,
Und bat, man möcht ihm doch das Ding vorher erklären,
Zu was an dieser Tracht die Schellen nütze wären?
Der Kaufmann mußte sich die Frage selbst belachen;
Doch sprach er: Lieber Freund! die Schelle, wie ihr seht,
Ist, nicht zur Zierrath bloß, nein! darum dran geneht,
Groß Aufsehn in der Welt zu machen,
Wie an den Pferden das Geläute;
Im Finstern sonderlich erweckt es Furcht und Scheu,
Damit ein ieder von der Weite
Gleich hören kann, wer vor ihm sey.
Gar gut! mein Herr! lebt wohl! sprach dieser deutsche Lappe,
Gieng heim, und legte sich mit seiner Narrenkappe
Ans Fenster in sein Staatsgemach;
Das Volk erblickt ihn kaum: Gleich äfft ihm ieder nach.
Wie sonst ein einzger Narr viel hundert andre macht:
So gieng es auch allhier mit dieser neuen Tracht;
Man sprang darnach mit vollem Draben;
Zuletzte schlugen sich die Leute gar darum.
Der Zeit nach waren kaum zwo Stunden völlig um:
So war schon keine mehr zu haben.
Das junge Volk trug ohne Scheu
Die Cimbeln an der Modemütze,
Ganz sichtbar, ungedämpft und frey;
Die Alten, als ein Volk von weitgeübtrem Witze,
Verhinderten den Klang, so gut es möglich war,
Indem sie einen Flor um ihre Schellen schlugen,
Damit sie nicht so stark, so frech und offenbar;
Damit sie nicht so helle klungen.

Ein Affe wird kein Mensch, er sey so klug er sey;
Doch wird der Mensch manchmal zum Affen;
Der pflegt sich sonderlich in Kleider zu vergaffen,
Und pflichtet, als ein Narr, der dümmsten Mode bey. (II/33)

Friedrich von Hagedorn

Das geraubte Schäfgen

Als Joabs Heldenheer die Kinder Ammon schreckte
Und schon ganz Israel das Land um Rabba deckte,
Wo der Gewaltigen und Hanons Unverstand
Die Boten schänden ließ, die David abgesandt;
Da raubte sein Befehl Uria Glück und Leben,
Um das geliebte Weib, das ihm der Herr gegeben,
Die Tochter Eliams, die Davids Freundinn war,
Und, als sie ausgetraurt, ihm einen Sohn gebahr.

Dem Herrn mißfiel die That, und Nathan ward ersehen,
Mit Worten seines Zorns zum Könige zu gehen.
Er sprach: In einer Stadt befanden sich zugleich
Zween Männer; einer arm, der andre groß und reich.
Der Reiche sahe stets in Tagen voller Freuden
Die Heerden seines Hofs auf grünen Hügeln weiden;
Die Rinder unzerstreut bey jungen Farren ruhn;
Der Geiß' und Widder Muth im Felde fröhlich thun;
Die Lämmer ohne Fehl um ihre Mütter springen;
Das Lastvieh durch den Klee mit reichen Bürden dringen;
Die Blüten dicker Saat sich an den Wassern blähn
Und seiner Schnitter Fleiß die schönsten Halme mähn.
Dem Armen, ach! was war dem Armen doch beschehret?
Ein einzig kleines Schaf, das er gekauft, genähret.
Das wuchs und ward bey ihm und seinen Kindern groß
Und kannte seinen Ruf und schlief in seinem Schos
Und trank von seinem Kelch und aß von seinem Bissen
Und folgte seiner Hand und lief nach seinen Küssen:
Er hielte dieses Schaf, sein liebstes auf der Welt,
Wie in Jerusalem man eine Tochter hält.
Dem Reichen kam ein Gast; daß der bewirthet würde,
Nahm er kein Rind, kein Schaf aus seiner Weid' und Hürde.

Die räuberische Faust macht ihm ein Freudenmahl
Aus jenem weissen Schaf, das er dem Armen stahl.
Er schwieg, und David schwur: Der Frevler soll nicht leben!
Er soll nicht nur das Schaf vierfältig wiedergeben;
Wer solche Missethat in Israel beginnt,
So wahr der Höchste lebt! der ist des Todes Kind.

Du, David bist der Mann: erwiedert der Prophete;
Will deine Seele noch, daß man den Räuber tödte?
So spricht der Herr, dein Gott: Ich habe dich gebaut;
Zum Könige gesalbt; das Reich dir anvertraut;
Den Händen Sauls gewehrt; itzt deines Volks verschonet;
Und dir das Haus verliehn, in dem dein Herr gewohnet;
Die Weiber deines Herrn gab ich in deinen Schos;
Du bist in Israel, du bist in Juda groß.
Du bist durch mich ein Herr, ein Sieger und ein König,
Du, des Isai Sohn. Ist dieses dir zu wenig;
So füg ich mehr hinzu. Wie aber kannst du nun
Vor meinem Angesicht ein solches Übel thun?
Des Herrn Gebot verschmähn, ihn und sein Wort verachten?
Durch dich frisst Ammons Schwert Uria, deinen Knecht.
Sein Blut zeugt wider dich, und schreyt zu mir um Recht.
Noch darfst du gar sein Weib itzt, als dein Weib, umfassen;
Drum soll das Rachschwert nie von deinem Hause lassen.
So spricht der Herr, dein Gott: Zu desto größrer Pein
Soll dir dein eignes Haus des Unglücks Quelle seyn.
Die Weiber will ich dir vor deinen Augen rauben,
Und deinem Nächsten selbst der Strafe Lust erlauben:
An ihnen soll das Volk was insgeheim geschehn
Bey lichtem Sonnenschein mit Schmach gerochen sehn. (1)

Der Wolf und das Pferd

An einem schönen Frühlingsmorgen
Betrat ein Wolf voll Nahrungssorgen
Der fetten Anger keimend Grün.
Da sah er mit erwünschten Freuden
Ein wolbefleischtes Füllen weiden,
Das seinen Zähnen reizend schien.

Er hatte grosse Lust zur Beute;
Nur daß er ieden Gegner scheute,
Der stärker war als Lamm und Schaf.

Drum sollt' es ihm durch List gelingen,
Den jungen Streiter zu bezwingen,
Der an Gewalt ihn übertraf.

Er nähert sich dem stolzen Pferde:
Er schwört, daß auf der ganzen Erde
Kein Wurzelmann ihm ähnlich sey.
Erhabner Houyhnhum, spricht er weiter:
Ich kenne Stauden, Pflanzen, Kräuter,
Von hier bis in die Tartarey.

Ich kann den Kranken Hülf ertheilen,
Spatt, Kropf, Geschwulst und alles heilen,
Dem andrer Helfer Rath gebricht.
Mir müssen Krampf und Würmer weichen;
Den Koller weiß ich wegzuscheuchen;
Und was versteh ich sonsten nicht!

Itzt bin ich darum hier erschienen,
Mit meiner Wissenschaft zu dienen;
Wenn ihnen diese rathen kan.
Sie gehn zu frey, zu rasch im Felde:
Dieß zeigt, daß ich die Wahrheit melde,
Uns Ärzten nicht viel Gutes an.

Dürft ich, weil sie zu sehr sich regen,
Ein Band um ihre Schenkel legen;
Gewiß, sie sollten Wunder sehn.
Ich fordre nichts für Cur und Mühe,
Weil ich den Geiz vor allem fliehe;
Die Heilung soll umsonst geschehn.

Das Füllen dankt ihm und versetzet:
Ich habe mich am Huf verletzet,
Und spüre dort die schwerste Pein.
Herr Doctor! kommt, beseht den Schaden,
Könnt ihr der Schmerzen mich entladen?
Nichts, spricht der Wolf, wird leichter seyn.

Er will auch keine Zeit verlieren,
Und stellt, den Anschlag auszuführen,
Sich unverzüglich hinters Pferd.
Das will, aus gleichgeschwinden Pflichten,
Ihm zum voraus den Lohn entrichten.
Ein Arzt ist seines Lohnes werth.

Der Houyhnhum sucht ihn klug zu machen,
Schlägt aus, zerquetscht des Wolfes Rachen
Und wiehert ihm die Worte zu:
Nichts giebt ein grösseres Vergnügen,
Als den Betrüger zu betrügen;
Freund! das beweisen ich und du. (29)

Der Hirsch, der Hund und der Wolf

Ein ieder Frommer thut was man in Hamburg thut:
Das Gute glaubt er oft, allein das Böse selten.
Ihn lehrt der Lauf der Welt, daß Neid und Frevelmuth
Der Tugend Henker sind und auch die Frömmsten schelten.
Sonst ists ein bloßes Glück, wenn einen Bösewicht
Die Unschuld und das Recht, trotz seiner Kunst! beschämen.
Ein Wolf jagte einen Hund. Der bat, aus Zuversicht,
Den Hirsch, ihn ungesäumt in seinen Schutz zu nehmen.
Der Flüchtling wird erhört; doch ihn verfolgt sein Feind
Und spricht: Ich komm, o Hirsch, dein einzig Kalb zu rächen.
Der Schnaphan hats erwürgt; ich sah es, ich, dein Freund,
Und den verwürkten Hals soll ihm kein andrer brechen.
Der Hund verneint die That. Er fleht und schwört dabey:
Es sey ihm, von Natur, das Wildpret recht zuwider.
Ihm zeigt der strenge Hirsch sein fürchterlich Geweih.
Beklagter seufzt und heult und wirft sich vor ihm nieder.
Als drauf sein Kläger ihm mit neuen Zeugen droht,
Kömmt, gleich zur rechten Zeit, das Hirschkalb hergesprungen.
Den frechen Lügner trifft Verwirrung, Furcht und Tod;
Doch dieses Beispiel schreckt nur wenig Lästerzungen. (51)

Das Hühnchen und der Diamant

Ein verhungert Hühnchen fand
Einen feinen Diamant,
Und verscharrt' ihn in den Sand.

Mögte doch, mich zu erfreun,
Sprach es, dieser schöne Stein
Nur ein Weizenkörnchen seyn!

Unglückselger Überfluß,
Wo der nöthigste Genuß
Unsern Schätzen fehlen muß! (70)

Der Berg und der Poet

Ihr Götter, rettet! Menschen, flieht!
Ein schwangrer Berg beginnt zu kreissen,
Und wird itzt, eh man sichs versieht,
Mit Sand und Schollen um sich schmeissen.
Er brüllt, er kracht, und Thal und Feld
Sind durch gerechte Furcht entstellt.
Was kann dem nahen Unfall wehren?
Es wird ein Wunderwerk geschehn:
Er muß mit Städten trächtig stehn
Und bald ein neues Rom gebähren.

Suffenus schwitzt und lärmt und schäumt:
Nichts kann den hohen Eifer zähmen;
Er stampft, er knirscht; warum? er reimt,
Und will itzt den Homer beschämen.
So setzt sich Pythons Priesterinn
Halb rasend auf den Dreyfuß hin,
Und spürt in Hirn und Busen Wehen.
Was ist der stolzen Feder Frucht?
Was würckt des Dichters Wirbesucht?
Zum minsten, glaub' ich, Odysseen.

Allein, gebt Acht, was kömmt heraus?
Hier ein Sonnet, dort eine Maus. (92)

Christian Fürchtegott Gellert

Das Füllen

Ein Füllen, das die schwere Bürde
Des stolzen Reuters nie gefühlt,
Den blanken Zaum für eine Würde
Der zugerittnen Pferde hielt;
Dieß Füllen lief nach allen Pferden,
Worauf es einen Mann erblikt,
Und wünschte, bald ein Roß zu werden,
Das Sattel, Zaum, und Reuter schmükt.

Wie selten kennt die Ehrbegierde
Das Glück, das sie zu wünschen pflegt!

Das Reutzeug, die gewünschte Zierde,
Wird diesem Füllen aufgelegt.
Man führt es streichelnd hin und wieder,
Daß es den Zwang gewohnen soll;
Stolz geht das Füllen auf und nieder,
Und stolz gefällt sichs selber wohl.

Es kam mit prächtigen Geberden
Zurück in den verlaßnen Stand,
Und machte wiehernd allen Pferden
Sein neu erhaltnes Glück bekannt.
Ach! sprach es zu dem nächsten Gaule,
Mich lobten alle, die mich sahn;
Ein rother Zaum lief aus dem Maule
Die schwarzen Mähnen stolz hinan.

Allein wie giengs am andern Tage?
Das Füllen kam betrübt zurück,
Und schwitzend sprach es: Welche Plage
Ist nicht mein eingebildet Glük!
Zwar dient der Zaum, mich auszuputzen;
Doch darum ward er nicht gemacht.
Er ist zu meines Reuters Nutzen
Und meiner Sklaverey erdacht.

Was wünscht man sich bey jungen Tagen?
Ein Glück, das in die Augen fällt;
Das Glück, ein prächtig Amt zu tragen,
Das keiner doch zu spät erhält.
Man eilt vergnügt, es zu erreichen,
Und, seiner Freyheit ungetreu,
Eilt man nach stolzen Ehrenzeichen,
Und desto tiefrer Sklaverey. (I/11)

Der Blinde und der Lahme

Von ungefehr muß einen Blinden
Ein Lahmer auf der Straße finden,
Und jener hofft schon freudenvoll,
Daß ihn der andre leiten soll.

Dir, spricht der Lahme, beyzustehn?
Ich armer Mann kan selbst nicht gehen;

Doch scheints, daß du zu einer Last
Noch sehr gesunde Schultern hast.

Entschliesse dich, mich fortzutragen:
So will ich dir die Stege sagen:
So wird dein starker Fuß mein Bein,
Mein helles Auge deines seyn.

Der Lahme hängt mit seiner Krücken,
Sich auf des Blinden breiten Rücken.
Vereint wirkt also dieses Paar,
Was einzeln keinem möglich war.

Du hast das nicht, was andre haben,
Und andern mangeln deine Gaben;
Aus dieser Unvollkommenheit
Entspringet die Geselligkeit.

Wenn jenem nicht die Gabe fehlte,
Die die Natur für mich erwählte:
So würd er nur für sich allein,
Und nicht für mich, bekümmert seyn.

Beschwer die Götter nicht mit Klagen!
Der Vortheil, den sie dir versagen,
Und jenem schenken, wird gemein,
Wir dörfen nur gesellig seyn. (I/37)

Der Bettler

Ein Bettler kam mit blosem Degen
In eines reichen Mannes Haus,
Und bat sich, wie die Bettler pflegen,
Nur eine kleine Wohltat aus.
Ich, sprach er, kenn ihr christlich Herze;
Sie sorgen gern für andrer Heil,
Und nehmen mit gerechtem Schmerze
An ihres Nächsten Elend Theil.
Ich weiß, mein Flehn wird sie bewegen;
Sie sehn, ich fordre nichts mit Unbescheidenheit;
Nein, ich verlasse mich (hier wies er ihm den Degen)
Allein auf ihre Gütigkeit.

Diß ist die Art lobgieriger Scribenten,
Wenn sie um unsern Beyfall flehn:

Sie geben uns mit vielen Complimenten
Die harte Fordrung zu verstehn.
Der Autor will den Beyfall nicht erpressen;
Nein, er verläßt sich blos auf unsre Billigkeit;
Doch daß wir diese nicht vergessen:
So zeigt er uns zu gleicher Zeit
In beiden Händen Krieg und Streit. (I/47)

Der grüne Esel

Wie oft weiß nicht ein Narr durch thöricht Unternehmen
Viel tausend Thoren zu beschämen!

Neran, ein kluger Narr, färbt einen Esel grün,
Am Leibe grün, roth an den Beinen,
Fängt an, mit ihm die Gassen durchzuziehn;
Er zieht, und jung und alt erscheinen.
Welch Wunder! rief die ganze Stadt,
Ein Esel, zeisiggrün! der rothe Füsse hat!
Das muß die Chronick einst den Enkeln noch erzählen,
Was es zu unsrer Zeit für Wunderdinge gab!

Die Gassen wimmelten von Millionen Seelen;
Man hebt die Fenster aus, man deckt die Dächer ab;
Denn alles will den grünen Esel sehn,
Und alle konnten doch nicht mit dem Esel gehn.

Man lief die beiden ersten Tage
Dem Esel mit Bewundrung nach.
Der Kranke selbst vergaß der Krankheit Plage,
Wenn man vom grünen Esel sprach.
Die Kinder in den Schlaf zu bringen,
Sang keine Wärterinn mehr von dem schwarzen Schaf;
Vom grünen Esel hört man singen,
Und so geräth das Kind in Schlaf.

Drey Tage waren kaum vergangen:
So war es um den Werth des armen Thiers geschehn.
Das Volk bezeugte kein Verlangen,
Den grünen Esel mehr zu sehn:
Und so bewundernswerth er anfangs allen schien:
So dacht itzt doch kein Mensch mit einer Sylb an ihn.

Ein Ding mag noch so närrisch seyn,
Es sey nur neu: so nimmts den Pöbel ein.

Er sieht, und er erstaunt. Kein Kluger darf ihm wehren.
Drauf kommt die Zeit, und denkt an ihre Pflicht;
Denn sie versteht die Kunst, die Narren zu bekehren,
Sie mögen wollen, oder nicht. (I/102)

Der Maler

Ein kluger Maler in Athen,
Der minder, weil man ihn bezahlte,
Als, weil er Ehre suchte, malte,
Ließ einen Kenner einst den Mars im Bilde sehn,
Und bat sich seine Meynung aus.
Der Kenner sagt ihm frey heraus,
Daß ihm das Bild nicht ganz gefallen wollte,
Und daß es, um recht schön zu seyn,
Weit minder Kunst verrathen sollte.
Der Maler wandte vieles ein;
Der Kenner stritt mit ihm aus Gründen,
Und konnt ihn doch nicht überwinden.
Gleich trat ein junger Geck herein,
Und nahm das Bild in Augenschein.
O, rief er, bey dem ersten Blicke,
Ihr Götter, welch ein Meisterstücke!
Ach welcher Fuß! O wie geschickt
Sind nicht die Nägel ausgedrückt!
Mars lebt durchaus in diesem Bilde.
Wie viele Kunst, wie viele Pracht
Ist in dem Helm, und in dem Schilde,
Und in der Rüstung angebracht!
Der Maler ward beschämt gerühret,
Und sah den Kenner kläglich an.
Nun, sprach er, bin ich überführet!
Ihr habt mir nicht zu viel gethan.
Der junge Geck war kaum hinaus:
So strich er seinen Kriegsgott aus.

Wenn deine Schrift dem Kenner nicht gefällt:
So ist es schon ein böses Zeichen;
Doch wenn sie gar des Narren Lob erhält;
So ist es Zeit, sie auszustreichen. (I/125)

Cotill

Cotill, der, wie es vielen geht,
Nicht wußte, was er machen sollte,
Und doch nicht müssig bleiben wollte;
Denn müssig gehn, wenn mans nicht recht versteht,
Ist schwerer, als man denken sollte;
Cotill gieng also vor die Stadt,
Und machte sich etwas zu schaffen.
Er gieng, und schlug im Gehen oft ein Rad.
O schrie man, seht den jungen Laffen,
Der den Verstand verlohren hat!
Er macht die Hände gar zu Füssen.
Ihr Kinder zischt den Narren aus.
Allein Cotill ließ sich diß alles nicht verdrüssen.
Kurz, es gefiel ihm so, er gieng vors Thor hinaus.
Man mochte, was man wollte, sagen,
Er fuhr dort fort, im Gehn sein Rad zu schlagen.

Der Teufel! Seht, das war ein rechtes Rad!
Fieng endlich einer an zu fluchen.
Ich möcht es doch bald selbst versuchen.
Er sagt es kaum, als ers schon that.
Nun, sprach er, seh ich wohl, wie viel man Vortheil hat.
Es ist ganz hübsch um so ein Rad,
Denn man erspart sich viele Schritte.
Der Mann ist nicht so dumm, der es erfunden hat.
Den Tag darauf kam schon der Dritte,
Und that es nach. Die Zahl vermehrte sich.
In kurzem sprach man schon gelinder;
Man fragte stark nach dem Erfinder,
Und lobt ihn endlich öffentlich.

Nimm alles vor, es sey so toll es will.
Heiß anfangs närrisch, wie Cotill;
Dein Beyfall ist drum nicht verlohren.
Sey nur beherzt, und spare keinen Fleiß.
Ein Thor findt allemal noch einen grössern Thoren,
Der seinen Werth zu schätzen weiß. (II/72)

Der Knabe

Ein Knabe, der den fleissigen Papa
Oft nach den Sternen gucken sah,
Wollt auch den Himmel kennen lernen.
Er blieb steif vor dem Sehrohr stehn,
Und sah begierig nach den Sternen;
Allein er konnte nicht viel sehn.
Was heißt es denn, sprach drauf der Knabe,
Daß ich fast nichts erkennen kann?
Ha, Ha, nun fällt mirs ein, was ich vergessen habe;
Mein Vater fängt es anders an,
Er blinzt zuweilen zu, das hab ich nicht gethan.
O bin ich nicht ein dummer Knabe!
Schon gut! Nun weiß ich, was ich thu.
Und hurtig hielt er sich die Augen beide zu,
Und sah durchs Sehrohr nach den Sternen.
Der Narr! was sah er denn? Das alles, was du siehst,
Wenn du, um durch die Schrift Gott deutlich sehn zu lernen,
Dir die Vernunft vorher entziehst. (II/81)

Magnus Gottfried Lichtwer

Die beraubte Fabel

Es zog die Göttin aller Dichter
Die Fabel in ein fremdes Land,
Wo eine Rotte Bösewichter
Sie einsam auf der Straße fand.

Ihr Beutel, den sie liefern müssen
Befand sich leer; sie soll die Schuld
Mit dem Verlust der Kleider büssen,
Die Göttin litt es mit Gedult.

Hier wieß sich eine Fürsten Beute
Ein Kleid umschloß das andre Kleid;
Man fand verschiedner Thiere Häute
Bald die, bald jene Kostbarkeit.

Hilf Himmel, Kleider und kein Ende!
Ihr Götter! schrien sie habet Danck,

Ihr gebt ein Weib in unsre Hände
Die mehr trägt, als ein Kleider-Schranck.

Sie fuhren fort, noch mancher Plunder
Ward preis; doch eh man sichs versah,
Da sie noch schrien, so stund, o Wunder!
Die helle Wahrheit nackend da.

Die Räuber-Schaar sah vor sich nieder,
Und sprach: Geschehen ist geschehn,
Man geb ihr ihre Kleider wieder,
Wer kann die Wahrheit nackend sehn? (8)

Der Fuchs

Es fand der Fuchs ein Buch im Grase,
Ein Buch im Grase? sagtest du,
Wie kam das Buch ins Gras? mein Freund! laß mich in Ruh,
Ich sag, er fand es da, trotz seiner spitzen Nase,
So lautet, sag ich, der Bericht.
Und fand er es im Grase nicht,
Wo hätt er es denn sonst gefunden?
Das Buch in Leder eingebunden,
Das Meister Fuchs im Grase fand
war, o beweinenswürdger Schade!
Die weltberühmte Vulpiade
Sonst Reinecke der Fuchs genannt,
Es steckte zwar der Fuchs die Nase tief hinein,
Es schien, als hätt er Lust zu lesen,
Allein, wie konnt es möglich seyn?
Er war auf Schulen nie gewesen.
Der gute Schlucker suchte hier
Ein Pflaster für den leeren Magen,
Er suchte Fleisch, und fand Papier.
Er wollte schon den Band zernagen,
Als er im Buche selbst sein Bildniß hier und da
Nicht ohne Schrecken gläntzen sah.
So fort ward es von ihm durchbildert,
Sein liebreich Angesicht befand sich überall
Bey manchem Glücks- und Unglücks-Fall,
Recht nach dem Leben abgeschildert.
Besonders rührt ihn die Gefahr,
Die ihn bis untern Galgen brachte,

Und gar zum armen Sünder machte,
Weil alles so natürlich war.
Man sprach das Urteil über ihn,
Der weisse Stab lag ihm zu Füssen,
Der Galgen stunde da, und schien
Ihn schon als Hauswirth zu begrüssen.
Der Kater Hintz hielt einen Strick,
Und hieß ihn auf die Leiter treten,
Der Bär hub an mit ihm zu beten,
So nahe schien allhier sein letzter Augenblick.
Hier schimpft und sprach der Hünerdieb,
Entweder mein Gedächtnis-Kasten,
Hat so viel Löcher als ein Sieb,
Wo nicht, so lügen die Phantasten,
Die dies gemahlt, mit allem Fleiß:
Denn nach der Bilder Sinn zu rathen,
So stehn hier viel von meinen Thaten,
Davon ich keine Sylbe weiß.

Was da der Fuchs spricht, würden wir
Von hundert alten Helden hören,
Wenn sie der Bücher, die wir hier
Von ihnen lesen, kundig wären. (15)

Der Vogel Platea, und die Reiger

Der Vogel Platea, nach andern Pelican,
Nach andern Löffel-Gans, (das Thier hat viele Nahmen)
Griff einsmals zweene Reiger an,
Die aus dem nächsten Wasser kamen,
Und jagte diesen Herrn die Fische wieder ab,
Die sie im Teiche weggefangen,
Und strafte sie dabey, daß sie den Raub begangen,
Da denn ein Wort das andre gab.
O, rief ein Reiger, das ist schnöde,
Wir fangen unsre Kost mit Müh,
Ein fauler Schlemmer speiset sie.
Hier fiel der Platea ihm trotzig in die Rede,
Wie? du begehrst noch ungescheut,
Gestohlne Sachen zu behalten?
Eh soll man euch die Köpfe spalten,
Es lebe die Gerechtigkeit!

Es ward der Raub hierauf von ihm sofort verzehret.
Dergleichen Vogel wohnt noch ietzt in mancher Stadt.
Der ebenfalls wie der, verschiedne Nahmen hat,
Und die Gerechtigkeit zu seinem Vortheil ehret.
Man klagt darüber hier und da;
Wer zweifelt, frage nur die Leute.
Er straft die Dieberey, und nährt sich von der Beute,
Als wie der Vogel Platea. (62)

Die Rehe

Mein Kind, du wagest dich so kühnlich in den Wald,
Als ob kein Tyger um uns wohne,
Ersieht er dich, so bist du kalt;
So sagt' ein Reh zu seinem Sohne.
Wohl, sprach der Rehbock, saget mir,
Was ist der Tyger für ein Thier,
So flieh ich ihn als wie das Feuer.
O Sohn! das ist ein Ungeheuer,
Ein Scheusal von Gestalt, sein blitzend Angesicht
Verräth den Mörder gleich, sein Rachen raucht vom Blute,
Der Bär ist so erschrecklich nicht,
Und bey dem Löwen ist mir nicht so schlimm zu Muthe.
Gut! unterbrach der Sohn, nun kenn ich diesen Herrn,
Er gieng hinweg, sein Unglücks-Stern,
Trieb ihn zum Tyger hin, der in dem Grase ruhte.
Der Rehbock stutzte zwar, doch er erholte sich,
Und sprach: das ist er nicht: der Tyger raucht vom Blute,
Und sieht abscheulich fürchterlich,
Hingegen dieses Thier ist schön, geputzt und freundlich,
Sein Blick zwar feurig, doch nicht feindlich,
O! solchen Tygern geh ich nach,
Hub er mit Kühnheit an zu schreyen,
Doch mocht es ihm zu spät gereuen,
Als ihm das Tyger-Thier drauf das Genicke brach.

Man thut gar wohl, daß man der Jugend
Der Laster Scheußlichkeit entdeckt,
Jedoch man zeig' ihr auch den falschen Schein von Tugend,
Das schön und süße Gift, das in den Lastern steckt,
Sonst macht der falsche Glantz von diesen,
Daß sie die Laster oft für Tugenden erkiesen. (117)

Die gefangene Droßel

Eine Droßel, die sich fieng,
Als sie nach den Beeren gieng,
Ließ der Thorheit sich gereuen,
Wär ich, sprach sie, wieder frey,
So wollt ich die Leckerey
Aerger als den Geyer scheuen.
Eine Jungfer die sich flinck
An die jungen Kerle hieng,
Die sie um das Cräntzgen brachten,
Schrie in der Gewissens-Pein,
Möcht ich wieder Jungfer seyn,
Wollt ich keinen Kerl mehr achten. (124)

Die Flinte und der Haase

Ein Jäger schlief im Hafer-Schwaden,
Und stützte sich auf seine Hand.
Sein Rohr mit groben Schrot geladen,
Lag ihm zu Füßen aufgespannt.
Ihn sah und floh ein blöder Haase,
Der doch die Furcht bald fallen ließ,
Bald näher kam, bald mit der Nase,
An die geladne Flinte stieß.
Verwegner! geh, hub hier die Flinte
Mit drohenden Gebehrden an,
Wie? weist du nicht, daß ich noch hinte
Dich nach der Hölle schicken kann.
Vor meinem Blitz erschrickt der Tyger,
Der Löwe, Bär, das Schwein und Rind,
Die alle muthiger und klüger
Als ein verzagter Haase, sind.
Mein Freund, du irrst in deinem Satze,
Warf ihm der Lang-Ohr lachend ein,
Vor deinem Drohn läuft keine Katze,
Dein Herr ists, den wir alle scheun.
So lange dessen Augen wachen,
So fürchtet dich auch jedes Thier,
Allein, wenn sie sich dunckel machen,
So hat es keine Noth allhier.

Was hilft Gesetz, was helfen Strafen,
Wenn Obrigkeit und Fürsten schlafen? (138)

Das Kameel

Es ließ sich ein Kameel, das mit gebognem Knie
Vor seinem Meister lag, mit Waaren starck belasten,
Man brachte Sack und Pack, und manchen schweren Kasten,
Dis alles litt das gute Vieh,
Es muchste nicht einmal, bis es bey sich verspürte,
Daß es die volle Ladung führte.
Da stund es wieder auf; allein des Meisters Hand,
Zwang es, sich abermals zu bücken,
Der auf das arme Thier noch viele Lasten band,
Er band, und sieh! es warf die gantze Fracht vom Rücken.

Gebt Achtung, wenn ihr Kinder lehrt,
Daß ihr auf einmahl nicht sie allzustarck beschwert,
Es geht der Jugend wie den Alten,
Wer alles fassen soll, wird endlich nichts behalten. (154)

Der Jupiter und die Schnecke

Der Jupiter gab allen Thieren frey,
Daß sie eine Bitte thaten;
Dieselben kamen nun, und bathen,
Nach ihrer Absicht, mancherley.
Die Schnecke kroch auch mit herbey,
Und bath sich einzig dieses aus,
Daß sie ihr glatt- und rundes Haus
Auf ihrem Rücken tragen möchte.
Und stets die Wohnung mit sich brächte.
  Was? rief der Jupiter ihr zu,
Was, Thörichte, begehrest du?
Du wünschest dir auf deinem Rücken,
Selbst unbesonnen eine Last?
Nun wohl! dein Wunsch soll dir zwar glücken;
Doch sprich, was du für Ursach hast?
  Ich thu es, sagte sie dargegen,
Nur einzig meiner Nachbarn wegen,
Die selten was zu taugen pflegen.

Der, den ein böser Nachbar quält,
Wird auf der Schnecken Seite treten,
Und glauben, daß sie recht gebethen,
Und was vernünftiges gewählt. (299)

Johann Wilhelm Ludwig Gleim

Der Habicht. Die Störche.

Ein Habicht stieß auf eine Lerche
Im Angesichte zweener Störche.
Und hurtig rupft und speist er sie.

Ach, sprach ein Storch, die arme Lerche die!
Vorhin sang sie so artig noch.

Storch, sprach der Habicht, spare doch
Die Seufzer nur! – Den du verzehrt,
Der arme Frosch, der ist beklagenswerth,
Vorhin quakt er so artig noch! (I/8)

Der Löwe. Der Fuchs.

Herr Löwe, sprach ein Fuchs, ich muß
Es dir nur sagen, mein Verdruß
Hat sonst kein Ende.

Der Esel spricht von dir nicht gut;
Er sagt: was ich an dir zu loben fände,
Das wüßt er nicht; Dein Heldenmuth
Sey zweifelhaft; auch gäbst du keine Proben
Von Großmuth und Gerechtigkeit;
Du würgetest ohn Unterscheid;
Er könne dich nicht loben.

Ein Weilchen schwieg der Löwe still;
Dann sprach er: Fuchs, er spreche, was er will;
Denn, was von mir ein Esel spricht,
Das acht ich nicht! (I/9)

Die Katze. Die Maus.

Jüngst spielte meine Katze
Mit einer kleinen Maus,
Die sie gefangen hatt' im Hinterhaus.
Wie war das Spiel?

Die sanfte Tatze
Warf sie nach ihr, und, auf und nieder
Ließ sie sie laufen, fieng sie wieder,
Und sah dabey vergnügt und freundlich aus.

Ach! liebe Katze! sprach die Maus,
Ich kenne deine Schmeicheleyen
Und deine Scherze; ach! Sie dräuen
Mir einen nahen bittern Tod!

Was? sprach die Katze, das ist Spott!
Und bieß sie todt! (I/11)

Der Hirsch. Der Hase. Der Esel.

Ein Hirsch, mit prächtigem Geweih
Von achtzehn Enden gieng spazieren.
Ein Hase lief vorbey,
Sah ihn und stutzte.

Starr auf allen Vieren
Steht er, und gaft ihn an,
Macht Männchen, geht heran,
Und sagt:

Sieh mich doch an!
Ich bin ein kleiner Hirsch;
Denn spitz ich meine Ohren,
So hab ich solch Geweih, wie du!

Ein Esel hörte zu,
Und sagte: Du hast recht,
Wir sind von einerley Geschlecht,
Der Hirsch, und ich, und du.

Der Hirsch that einen Seitenblick,
Und gieng in dicken Wald zurück. (I/23)

Der Greiß. Der Tod.

Ein Greiß von acht und achtzig Jahren,
Ein armer, schwacher, kranker Greiß,
Mit wenigen schneeweissen Haaren,
Kam aus dem Wald und trug, ein schweres Bündel Reiß
Auf seinen alten krummen Rükken.

O Gott, der arme alte Mann!
Wie oft mußt er sich wohl mit saurer Mühe bükken,
Als er die Reiserchen im weiten Walde laß?
Er hatte keinen Sohn, sonst hätte der's gethan.

Weil ers für Mattigkeit nicht weiter tragen kan,
Setzt er es ab, und als er krum da saß
Bey seinem Bündel, und bedachte,
Wie viel Bekümmerniß, und Müh und Noth,
Die Hand voll Holz ihm machte,
Wie viel sein wenig täglich Brod,
Da seufzt er lebens satt, und weint und ruft den Tod.

Befreye mich, spricht er, von aller meiner Quaal
Komm doch du lieber Tod! ach komm doch nur einmal!
Und bringe mich, mich armen Greiß zur Ruh!

Er kömmt, geht auf ihn zu;
Was willst du? fragt er ihn, du armer Alter du?
Der du so flehentlich mich hergerufen hast?
Du trägst auch eine schwere Last!
Ach lieber Tod, antwortet er darauf,
Ach, hilf sie mir doch auf! (II/22)

Bey einem Spaziergange im Garten erzählt
ein Vater seinem Sohn die Fabel
von der Eichel und dem Kürbis.

Sohn, mit Weisheit und Verstand
Ordnete des Schöpfers Hand
Alle Dinge. Sieh umher!
Keines steht von ohngefehr,
Wo es steht. Das Firmament
Wo die grosse Sonne brennt,
Und der kleinste Sonnenstaub,
Deines Athems leichter Raub,
Trat, auf Gottes mächtig Wort,
Jegliches an seinen Ort.
Alles ist in seiner Welt
Ganz vollkommen. Dennoch hält
Mancher Thor es nicht dafür
Und kunstrichtet Gott in ihr.

So ein Thor war jener Mann,
Den ich dir nicht nennen kan,
Der, als er an schwachen Ranken,
Einen Kürbis hangen sah,
Groß und schwer, wie deiner da,
Den du selbst gezogen hast,

Den verwegenen Gedanken
Hegete: Nein, solche Last
Hätt' ich an so schwaches Reiß
Warlich doch nicht aufgehangen.
Manchen Kürbis, gelb und weiß,
Reih bey Reih, in gleichem Raum,
Hätt ich wollen lassen prangen,
Hoch am starken Eichenbaum!

Also denkend geht er fort,
Und gelanget an den Ort
Einer Eiche, lagert sich
Längelang in ihren Schatten,
Und schläft ein. – – –

Die Winde hatten
Manche Woche nicht geweht,
Aber, als er schläft, entsteht
In der Eiche hohem Wipfel,
Ein Gelispel. Starke Weste
Schütteln ihre vollen Äste,
Und es stürzt von dem Bewegen
Prasselnd ein geschwinder Regen,
Reifer Eicheln, von dem Gipfel!
Viele liegen auf dem Grase,
Aber eine fällt gerade
Dem Kunstrichter auf die Nase.

Plötzlich springt er auf, und sieht,
Daß sie blutet. Dieser Schade
Geht noch an, denkt er, und flieht,
Und bereuet auf der Flucht
Den Gedanken, welcher wolte,
Daß der Eichbaum eine Frucht
Gleich dem Kürbis tragen sollte.

Traf ein Kürbis mein Gesicht,
Spricht er, nein, so lebt ich nicht.
O wie dumm hab ich gedacht!
Gott hat alles wohl gemacht. (II/28)

Das Pferd. Der Esel.

Einst trug auf seinem schmalen Rükken
Ein Esel schwere Last,
Die fähig war ihn todt zu drükken.
Ein ledig Pferd gieng neben ihm. Du hast
Auf deinen Rükken nichts, sprach das geplagte Thier,
Hilf liebes Pferdchen hilf! ich bitte dich hilf mir.

Was helfen! sagt der grobe Gaul,
Du bist der rechte Gast, du bist ein wenig faul,
Trag zu! – – – Ich sterbe, liebes Pferd, – – –
Die Last erdrükkt mich, rette mich!
Die Helfte wär ein Spiel für dich!
Ich kan nicht, sprach das Pferd.

Kurz: Unter dem zu schweren Sakk
Erlag der Esel. Sakk und Pakk
Schmiß man so gleich dem Rappen auf;
Des Esels Haut, noch oben drauf. (II/33)

Gottlieb Konrad Pfeffel

Ein Kater sah bei einem Schmauß
Die goldgefüllten Römer blinken;
Er sah die Gäste wacker trinken
Und rief in vollem Eifer aus:
»O Himmel, welch ein toller Haufen!
Wie schändlich ist es Wein zu saufen,
Uns Katzen ekelt vor dem Wein.
Nur bei den Menschen gibt es Prasser;
Wir löschen unsern Durst mit Wasser,
O lernt von Katzen weise seyn!« –
»Herr Murner, nur nicht so vermessen«,
Rief ihm ein Gast mit Lachen zu:
»Ich bin so tugendhaft als du,
Denn ich kann keine Mäuse fressen.« (12)

Der Adler und der Weih

Beim Adler ward ein Weih verklagt,
Daß er vom Straßenraube lebe.
Beklagter wird citirt und scharf befragt,
Was er hierauf zur Antwort gebe?
»Herr König, ich bekenne frei«,
Erwiederte der Schalk und strich die Segel,
»Daß ich ein großer Freund vom Wildpret sey.« –
»Wie unverschämt!« rief der Monarch der Vögel.
Das Compliment verdroß den Weih.
»Was soll«, sprach er, »die todte Ringeltaube
In deinem Nest? Die Curialien
Bei Seite, Sire, lebst du nicht auch vom Raube?«
»Ha Bösewicht! das sind Regalien«,
Versetzt der Aar, »die mir allein gebühren«;
Und hieß den Wilddieb stranguliren. (49)

Der Wiesel und die Maus

Ein Wiesel fing auf seiner Jagd
Ein fettes Mäuschen. »Ach, ich Arme!«
Rief es: »erbarme dich, erbarme,
Gestrenger Herr, dich deiner Magd!« –
»Das Mitleid, Bäschen, schmelzt nur Thoren,
Mich nicht«, versetzt der Wütherich;
»Mich hungert, und ich habe dich
Zu meinem Frühstück auserkoren,
Und dabei bleibt es.« – »Willst du mich,
Mein trauter Ohm, in Freiheit setzen,
So weis ich dir ein Hamsternest,
Wo sich ein Schatz von vielen Metzen
Des besten Korns erbeuten läßt.« –
»Laß sehen.« – Mit getroster Miene
Zeigt ihm die Maus die Colonie.
Der Bösewicht vertilget sie
Und inventirt die Magazine.
Nun gab er seinen Einstandsschmaus;
Das Bäschen ließ sichs wohlbehagen:
Beim Nachtisch nahm er es am Kragen
Und sprach: »ich schließe meinen Magen
Von Alters her mit einer Maus.«

Gestatten mächtige Corsaren
Der schwachen Unschuld ihren Schutz,
So thun sie's bloß aus Eigennutz
Und um zum Nachtisch sie zu sparen. (120)

Der Hund und der Esel

Der biedre Hund verließ die Burg des wilden Leuen;
Er traf auf einer grünen Bahn
Den sanften Junker Langohr an.
»Woher?« – »Ich floh den Hof.« – »Warum?« – Die Plackereien
Des Sultans kränkten mich.« –»Das brave Thier!
Wohlan, ich mache dich zu meinem Leiblakeien.
Bleib hier, ich bin nicht grausam wie der Schach.« –
»Nein«, sprach der Hund mit ernsten Mienen,
»Verbrechen ists dem Wüthrich dienen;
Dem Dummkopf dienen, wäre Schmach.« (128)

Die Giraffe

Das Thier mit klafterhohem Fuß,
Sonst Giraff, das die Musen hassen,
Weil man den Namen stümmeln muß,
Um ihn in einen Vers zu passen. –

Dies Monstrum des Parnasses stand
Vor einem Wald, steif wie die Ceder:
So steht ein finstrer Doctorand
Auf seinem staubigten Katheder.

Ein Esel sah es, während er
Mit einem Fuchs auf einer Wiese
Mittagsruh hielt, von vorneher
Und rief: »Sieh, Bruder, welch ein Riese!«

»Laß uns ein Eckchen in den Wald
Auf jenem Seitenpfade gehen«,
Versetzt der Fuchs, »so wirst du bald
Den Riesen auch von hinten sehen.«

Gesagt, gethan. Das Wunderthier,
Das kurz vorher als Ries' erschienen,
War itzt ein Zwerg. »Gibts Hexen hier?«
Schrie Langohr mit bestürzten Mienen.

»Verbanne, Nachbar, deinen Graus;
Um einen Mann für groß zu achten,
Mußt du zuvor«, rief Reinhard aus,
»Von allen Seiten ihn betrachten.« (145)

Die Löwin und das wilde Schwein

Zur Löwin sprach die wilde Sau:
»Im ganzen Land kommt keine Frau
An Fruchtbarkeit mir bei.« –
»Ich habe«, sprach mit edlem Hohn
Die Löwin, »zwar nur einen Sohn;
Allein es ist ein Leu.« (264)

Der wilde Eber und die Ferkel

Den Keiler sah'n sein Hauerpaar
Die Ferkel an der Eiche wetzen,
Und alle riefen mit Entsetzen:
»Wie? Vater, drohet uns Gefahr?«
Der Vater sprach: »Nicht daß ich's wüßte;
Allein es wäre viel zu spät,
Falls ich, wenn die Gefahr entsteht,
Erst meine Waffen schleifen müßte.« (265)

Das Glück des Esels

Ein Esel zog in kurzem Trab
Mit faulem Dünger durch die Straßen;
Der Dunst, den dieser von sich gab,
War eine Pest für alle Nasen.

Die ekle Fracht ward kaum erblickt,
So trat ein jeder auf die Seite.
»Ei, ei!« sprach Langohr hoch entzückt,
»Wie ehren mich die guten Leute!«

Er trug an einem andern Tag
Den Raub von zwanzig Blumenbeeten,
Der bunt in seinen Körben lag,
Die süßen Balsam von sich wehten.

Er ward umringt. Der Nasen Schmaus
Hat Jung und Alt herzugetrieben,

»Ha!« rief das Thier mit Tränen aus,
»Wie mich die guten Leute lieben!«

Beglückte Dummheit! sollte sie
Nicht selbst des Weisen Neid erregen?
Was auch geschieht, weiß ihr Genie
Zu ihrem Vortheil auszulegen. (277)

Der Affe und der Löwe

Der Löwe brach ein Bein. Man rief
Den Doctor Fuchs, ihn zu kuriren;
Doch alles drehen, schindeln, schmieren
Half nichts; das Bein blieb lahm und schief.
Um dem Monarchen zu hofiren,
Erschien sein erster Hofpoet,
Ein Affe, der gar schlau sich dünkte,
Einst in der Residenz, und hinkte
So arg als seine Majestät.
»Wie?« sprach der Fürst ergrimmt zum Gecken,
»Ich glaube gar, du willst mich necken?« –
»Ich?« lallte Matz, »behüte Gott!
Mich trieb die schönste meiner Pflichten,
Als treuer Knecht, als Patriot,
Nach deinem Vorbild mich zu richten.« –
»Geh, Schelm!« fiel ihm der König ein,
»Statt meinen Fehler nachzuahmen,
So hink in deinem eignen Namen!«
Er sprach's und brach ihm knacks ein Bein. (315)

Der Löwe, der Fuchs und der Esel

Den Fuchs und Esel nahm der Leu
Mit auf die Jagd. Nach kurzem Streite
Erlag ein Hirsch. »Du«, sprach der Dey
Zum Langohr, »theile nun die Beute.«
Gar weislich machte der Gesell
Drei gleiche Theile. Flugs entbrannte
Des Leuen Grimm; er riß das Fell
Ihm von dem Nacken, und ernannte
Den Fuchs zum Theilungskommissar.
Der Schalk vereinigt alle Stücke,
Und bietet sie dem Leuen dar.

»Wer«, sprach der Dey mit losem Blicke,
»Hat so zu theilen dich gelehrt?«
Das Aug dem Esel zugekehrt,
Den er noch triefend von dem Blute
Des rohen Schädels vor sich sah,
Sprach Reinhard: »Ei, Herr König, da,
Der Doctor mit dem rothen Hute.« (342)

Der Fuchs und der Esel

Ein Fuchs, der einen Hahn zerrissen,
Blieb vor dem Leichnam stehn, und sah ihn traurig an.
Ein Esel nahm es war. »Dich reut, was du gethan,
Mein Lieber«, sprach er; »dein Gewissen
Erwacht ein bischen spät; doch besser spät, als nie.« –
»Freund«, ächzte der Bandit, »dein Mund hat wahr gesprochen.
Mich reuet meine That, denn ach, das Rabenvieh
Hat leider! nichts, als Haut und Knochen.« (442)

Gotthold Ephraim Lessing

Der Hamster und die Ameise

Ihr armseligen Ameisen, sagte ein Hamster. Verlohnt es sich der Mühe, daß ihr den ganzen Sommer arbeitet, um ein so weniges einzusammeln? Wenn ihr meinen Vorrath sehen solltet! – –

Höre, antwortete ein Ameise, wenn er grösser ist, als du ihn brauchst, so ist es schon recht, daß die Menschen dir nachgraben, deine Scheuren
ausleeren, und dich deinen räubrischen Geitz mit dem Leben büssen lassen! (1/II) (196)

Der kriegerische Wolf

Mein Vater, glorreichen Andenkens, sagte ein junger Wolf zu einem Fuchse, das war ein rechter Held! Wie fürchterlich hat er sich nicht in der ganzen Gegend gemacht! Er hat über mehr als zweyhundert Feinde, nach und nach, triumphirt, und ihre schwarze Seelen in das Reich des Verderbens gesandt. Was Wunder also, daß er endlich doch einem unterliegen mußte!

So würde sich ein Leichenredner ausdrücken, sagte der Fuchs; der trockene Geschichtschreiber aber würde hinzusetzen: die zweyhundert Feinde, über die er, nach und nach, triumphiret, waren Schafe und Esel; und der eine Feind, dem er unterlag, war der erste Stier, den er sich anzufallen erkühnte. (1/XII) (199)

Die Eiche und das Schwein

Ein gefrässiges Schwein mästete sich, unter einer hohen Eiche, mit der herabgefallenen Frucht. Indem es die eine Eichel zerbiß, verschluckte es bereits eine andere mit dem Auge.

Undankbares Vieh! rief endlich der Eichbaum herab. Du nährest dich von meinen Früchten, ohne einen einzigen dankbaren Blick auf mich in die Höhe zu richten.

Das Schwein hielt einen Augenblick inne, und grunzte zur Antwort: Meine dankbaren Blicke sollten nicht aussenbleiben, wenn ich nur wüßte, daß du deine Eicheln meinetwegen hättest fallen lassen. (1/XV) (200)

Die Sperlinge

Eine alte Kirche, welche den Sperlingen unzählige Nester gab, ward ausgebessert. Als sie nun in ihrem neuen Glanze da stand, kamen die Sperlinge wieder, ihre alten Wohnungen zu suchen. Allein sie fanden sie alle vermauert. Zu was, schrieen sie, taugt denn nun das grosse Gebäude? Kommt, verlaßt den unbrauchbaren Steinhaufen! (1/XVII) (201)

Aesopus und der Esel

Der Esel sprach zu dem Aesopus: Wenn du wieder ein Geschichtchen von mir ausbringst, so laß mich etwas recht vernünftiges und sinnreiches sagen.

Dich was sinnreiches! sagte Aesop; wie würde sich das schicken? Würde man nicht sprechen, du seyst der Sittenlehrer, und ich der Esel? (1/XXX) (206)

Der Wolf auf dem Todtbette

Der Wolf lag in den letzten Zügen und schickte einen prüfenden Blick auf sein vergangenes Leben zurück. Ich bin freylich ein Sünder, sagte er; aber doch, hoffe ich, keiner von den größten. Ich habe Böses gethan; aber auch viel Gutes. Einsmals, erinnere ich mich, kam mir ein blöckendes Lamm, welches sich von der Heerde verirret hatte, so nahe, daß ich es gar leicht hätte würgen können; und ich that ihm nichts. Zu eben dieser Zeit hörte ich die Spöttereyen und Schmähungen eines Schafes mit der bewundernswürdigsten Gleichgültigkeit an, ob ich schon keine schützende Hunde zu fürchten hatte.

Und das alles kann ich dir bezeugen; fiel ihm Freund Fuchs, der ihn zum Tode bereiten half, ins Wort. Denn ich erinnere mich noch gar wohl aller Umstände dabey. Es war zu eben der Zeit, als du dich an dem Beine so jämmerlich würgtest, das dir der gutherzige Kranich hernach aus dem Schlunde zog. (2/IV) (208)

Die Pfaue und die Krähe

Eine stolze Krähe schmückte sich mit den ausgefallenen Federn der farbigten Pfaue, und mischte sich kühn, als sie gnug geschmückt zu seyn glaubte, unter diese glänzende Vögel der Juno. Sie ward erkannt; und schnell fielen die Pfaue mit scharfen Schnäbeln auf sie, ihr den betriegrischen Putz auszureissen.

Lasset nach! schrie sie endlich; ihr habt nun alle das eurige wieder. Doch die Pfaue, welche einige von den eignen glänzenden Schwingfedern der Krähe bemerkt hatten, versetzten: Schweig, armselige Närrin; auch diese können nicht dein seyn! – und hackten weiter. (2/VI) (209)

Der Löwe mit dem Esel

Als des Aesopus Löwe mit dem Esel, der ihm durch seine fürchterliche Stimme die Thiere sollte jagen helfen, nach dem Walde ging, rief ihm eine nasenweise Krähe von dem Baume zu: Ein schöner Gesellschafter! Schämst du dich nicht, mit einem Esel zu gehen? – Wen ich brauchen kann, versetzte der Löwe, dem kann ich ja wohl meine Seite gönnen.

So denken die Grossen alle, wenn sie einen Niedrigen ihrer Gemeinschaft würdigen. (2/VII) (209)

Der Esel mit dem Löwen

Als der Esel mit dem Löwen des Aesopus, der ihn statt seines Jägerhorns brauchte, nach dem Walde ging, begegnete ihm ein andrer Esel von seiner Bekanntschaft, und rief ihm zu: Guten Tag, mein Bruder! – Unverschämter! war die Antwort. –

Und warum das? fuhr jener Esel fort. Bist du deßwegen, weil du mit einem Löwen gehst, besser als ich? mehr als ein Esel? (2/VIII) (209)

(Die beiden letzten Zeilen lauten in Versen (1753):
Nur nicht so stolz, rief ihm der Bruder wieder zu!
Du bist nichts mehr als ich; ich bin nichts mehr als du!
Geh mit dem Löwen, geh allein,
Du Esel wirst ein Esel seyn.)

Der Rabe und der Fuchs

Ein Rabe trug ein Stück vergiftetes Fleisch, das der erzürnte Gärtner für die Katzen seines Nachbars hingeworfen hatte, in seinen Klauen fort.

Und eben wollte er es auf einer alten Eiche verzehren, als sich ein Fuchs herbey schlich, und ihm zurief: Sey mir gesegnet, Vogel des Jupiters! – Für wen siehst du mich an? fragte der Rabe. – Für wen ich dich ansehe? erwiederte der Fuchs. Bist du nicht der rüstige Adler, der täglich von der Rechte des Zeus auf diese Eiche herab kömmt, mich Armen zu speisen? Warum verstellst du dich? Sehe ich denn nicht in der siegreichen Klaue die erflehte Gabe, die mir dein Gott durch dich zu schicken noch fortfährt?

Der Rabe erstaunte, und freuete sich innig, für einen Adler gehalten zu werden. Ich muß, dachte er, den Fuchs aus diesem Irrthume nicht bringen. – Großmüthig dumm ließ er ihm also seinen Raub herabfallen, und flog stolz davon.

Der Fuchs fing das Fleisch lachend auf, und fraß es mit boshafter Freude. Doch bald verkehrte sich die Freude in ein schmerzhaftes Gefühl; das Gift fing an zu wirken, und er verreckte. (2/XV) (212)

Der Besitzer des Bogens

Ein Mann hatte einen trefflichen Bogen von Ebenholz, mit dem er sehr weit und sehr sicher schoß, und den er ungemein werth hielt. Einst aber, als er ihn aufmerksam betrachtete, sprach er:

Ein wenig zu plump bist du doch! Alle deine Zierde ist die Glätte. Schade! – Doch dem ist abzuhelfen, fiel ihm ein. Ich will hingehen und den besten Künstler Bilder in den Bogen schnitzen lassen. – Er ging hin; und der Künstler schnitzte eine ganze Jagd auf den Bogen; und was hätte sich besser auf einen Bogen geschickt, als eine Jagd?

Der Mann war voller Freuden. »Du verdienest diese Zierrathen, mein lieber Bogen!« – Indem will er ihn versuchen; er spannt, und der Bogen – zerbricht. (3/I) (219)

Die Schwalbe

Glaubet mir, Freunde; die grosse Welt ist nicht für den Weisen, ist nicht für den Dichter! Man kennet da ihren wahren Werth nicht, und ach! sie sind oft schwach genug, ihn mit einem nichtigen zu vertauschen.

In der ersten Zeit war die Schwalbe ein eben so tonreicher, melodischer Vogel, als die Nachtigall. Sie ward es aber bald müde, in den einsamen Büschen zu wohnen, und da von niemand, als dem fleissigen Landmanne und der unschuldigen Schäferinn gehört und bewundert zu werden. Sie verließ ihre demüthigere Freundin, und zog in die Stadt.

– Was geschah? Weil man in der Stadt nicht Zeit hatte, ihr göttliches Lied zu hören, so verlernte sie es nach und nach, und lernte dafür – bauen. (3/XXIV) (228)

Der Wolf und das Schaf

Der Durst trieb ein Schaf an den Fluß; eine gleiche Ursache führte auf der andern Seite einen Wolf herzu. Durch die Trennung des Wassers gesichert und durch die Sicherheit höhnisch gemacht, rief das Schaf dem Räuber hinüber: »ich mache dir doch das Wasser nicht trübe, Herr Wolf? Sieh mich recht an; habe ich dir nicht etwa vor sechs Wochen nachgeschimpft? Wenigstens wird es mein Vater gewesen seyn.« Der Wolf verstand die Spötterey; er betrachtete die Breite des Flusses und knirschte mit den Zähnen. Es ist dein Glück, antwortete er, daß wir Wölfe gewohnt sind, mit euch Schafen Geduld zu haben; und gieng mit stolzen Schritten weiter. (Anhang) (234)

Aus: ›Nathan der Weise‹ (III,7)

Vor grauen Jahren lebt' ein Mann im Osten,
der einen Ring von unschätzbarem Wert
aus lieber Hand besaß. Der Stein war ein
Opal, der hundert schöne Farben spielte,
und hatte die geheime Kraft, vor Gott
und Menschen angenehm zu machen, wer
in dieser Zuversicht ihn trug. Was Wunder,
daß ihn der Mann im Osten darum nie
vom Finger ließ und die Verfügung traf,
auf ewig ihn bei seinem Hause zu
erhalten? Nämlich so. Er ließ den Ring
Von seinen Söhnen dem geliebtesten
und setzte fest, daß dieser wiederum
den Ring von seinen Söhnen dem vermache,
der ihm der liebste sei; und stets der liebste,
ohn' Ansehen der Geburt, in Kraft allein
des Rings, das Haupt, der Fürst des Hauses werde. – (...)

So kam nun dieser Ring, von Sohn zu Sohn,
auf einen Vater endlich von drei Söhnen,
die alle drei ihm gleich gehorsam waren,
die alle drei er folglich gleich zu lieben
sich nicht entbrechen konnte. Nur von Zeit
zu Zeit schien ihm bald der, bald dieser, bald
der dritte, so wie jeder sich mit ihm
allein befand, und sein ergießend Herz
die andern zwei nicht teilten, würdiger
des Ringes, den er denn auch einem jeden
die fromme Schwachheit hatte zu versprechen.

Das ging nun so, so lang es ging. – Allein
es kam zum Sterben, und der gute Vater
kommt in Verlegenheit. Es schmerzt ihn, zwei
von seinen Söhnen, die sich auf sein Wort
verlassen, so zu kränken. – Was zu tun? –
Er sendet insgeheim zu einem Künstler,
bei dem er, nach dem Muster seines Ringes,
zwei andere bestellt, und weder Kosten
noch Mühe sparen heißt, sie jenem gleich,
vollkommen gleich zu machen. Das gelingt
dem Künstler. Da er ihm die Ringe bringt,

kann selbst der Vater seinen Musterring
nicht unterscheiden. Froh und freudig ruft
er seine Söhne, jeden insbesondre,
gibt jedem insbesondre seinen Segen –
und seinen Ring, – und stirbt. – (. . .)

Kaum war der Vater tot, so kommt ein jeder
mit seinem Ring, und jeder will der Fürst
des Hauses sein. Man untersucht, man zankt,
man klagt. Umsonst; der rechte Ring war nicht
erweislich. – (. . .) Die Söhne
verklagten sich; und jeder schwur dem Richter,
unmittelbar aus seines Vaters Hand
den Ring zu haben – wie auch wahr! – nachdem
er von ihm lange das Versprechen schon
gehabt, des Ringes Vorrecht einmal zu
genießen. – Wie nicht minder wahr! – Der Vater,
beteu'rte jeder, könne gegen ihn
nicht falsch gewesen sein; und eh' er dieses
von ihm, von einem solchen lieben Vater,
argwöhnen lass': eh' müss' er seine Brüder,
so gern er sonst von ihnen nur das Beste
bereit zu glauben sei, des falschen Spiels
bezeihen; und er wolle die Verräter
schon auszufinden wissen; sich schon rächen. (. . .)

Der Richter sprach: »Wenn ihr mir nun den Vater
nicht bald zur Stelle schafft, so weis' ich euch
von meinem Stuhle. Denkt ihr, daß ich Rätsel
zu lösen da bin? Oder harret ihr,
bis daß der rechte Ring den Mund eröffne? –
Doch halt! Ich höre ja, der rechte Ring
besitzt die Wunderkraft, beliebt zu machen,
vor Gott und Menschen angenehm. Das muß
entscheiden! Denn die falschen Ringe werden
doch das nicht können! – Nun, wen lieben zwei
von euch am meisten? – Macht, sagt an! Ihr schweigt?
Die Ringe wirken nur zurück und nicht
nach außen? Jeder liebt sich selber nur
am meisten? – O, so seid ihr alle drei
betrogene Betrüger! Eure Ringe
sind alle drei nicht echt. Der echte Ring
vermutlich ging verloren. Den Verlust

zu bergen, zu ersetzen, ließ der Vater
die drei für einen machen. (. . .)
Und also«, fuhr der Richter fort, »wenn ihr
nicht meinen Rat, statt meines Spruches, wollt:
Geht nur! – Mein Rat ist aber der: Ihr nehmt
die Sache völlig, wie sie liegt. Hat von
euch jeder seinen Ring von seinem Vater,
so glaube jeder sicher seinen Ring
den echten. – Möglich, daß der Vater nun
die Tyrannei des einen Rings nicht länger
in seinem Hause dulden wollte! – Und gewiß,
daß er euch alle drei geliebt und gleich
geliebt, indem er zwei nicht drücken mögen,
um einen zu begünstigen. – Wohlan!
Es eifre jeder seiner unbestochnen,
von Vorurteilen freien Liebe nach!
Es strebe von euch jeder um die Wette,
die Kraft des Steins in seinem Ring an Tag
zu legen! Komme dieser Kraft mit Sanftmut,
mit herzlicher Verträglichkeit, mit Wohltun,
mit innigster Ergebenheit in Gott,
zu Hilf'! Und wenn sich dann der Steine Kräfte
bei euern Kindes-Kindeskindern äußern:
So lad' ich über tausend Jahre
sie wiederum vor diesen Stuhl. Da wird
ein weisrer Mann auf diesem Stuhle sitzen
als ich, und sprechen. Geht!« – So sagte der
bescheidne Richter.

Goethezeit

1. Christian Friedrich Daniel Schubart (1739–1791)
2. Johann Gottfried Herder (1744–1803)
3. Johann Wolfgang von Goethe (1749–1832)
4. Friedrich von Schiller (1759–1805)
5. Friedrich Hölderlin (1770–1843)

Christian Friedrich Daniel Schubart

Der Wolf und der Hund

Zum Hunde, der die ganze Nacht
An seiner Kette zugebracht
Und, wann der Tag zu grauen fing,
Aufs Gay mit seinem Metzger ging,
Sprach einst ein Wolf: »Herr Bruder, wie so mager,
So schäbicht und so hager!
Du armer Hund!
Da sieh mich an, wie froh und wie gesund
Ich bin! – Ich rieche nach der Luft.
Mein Wolfsbalg atmet frischen Duft,
Ich fresse dir mit gleicher Lust, Herr Bruder,
Bald frisches Fleisch, bald Luder,
Denn leck ich klaren Quell und bin
Den ganzen Tag von frohem Sinn.«
»Du aber, ach!« versetzte Melak, »ach!
Herr Bruder, nur gemach;
Drum bist du Wolf, ich Hund – du frei,
Ich aber in der Sklaverei.«
Und die Moral? – o die ist jedermann bekannt
In Deutschland und in Engelland.

Der Hahn und der Adler

Eine Fabel ohne Moral

Ein Fürst war einem Hahnen hold –
»Warum nicht gar! Was? einem Hahnen?«
Ja, ja, er liebt' ihn mehr als seine Untertanen. –
Sein Kamm war Purpur, seine Federn Gold.
Dumm war er zwar, jedoch sein Kikriki
Galt an dem Hofe vor Genie.

Kein Höfling durfte sich erdreusten,
Dem Hahnen was zu tun. Ihn speisten
Prinzessinnen mit eigner Hand
Und schmückten seinen Hals mit einem goldnen Band.
Der Hofmann ehrte ihn, der oft vor Neid erstickte,
Wann sich die Dame niederbückte
Und er die Perlenschnur am Marmorarm bepickte.
An einem Morgen flog der Hahn
Hinab in Garten, schlug die Flügel
Und krähete von einem Rasenhügel
Den goldnen Morgen an.
Ein Adler flog vorbei. Der stolze Haushahn schrie
In seiner schmettrenden Trompetenmelodie:
»Wohin, Herr Bruder, schon so früh? –
  Quälst du dich noch mit Sonnenflug?
  Zu deinem Glück ist's schon genug
  An einem Hahnenflügelschlage. –
  Komm und genieße goldne Tage! –
  Die Könige bewundern dich,
  Dich speisen Fürstinnen mit hoher Hand wie mich.
  Was willst du dich mit Donnerkeulen plagen?
  Kann Zeus sie dann nicht selber tragen?«
»Schweig«, sprach mit einem ernsten Blicke
Der Sonnenflieger zu dem Hahn,
»Ich fliege zu der Wolkenbahn;
Du aber bleibst im Staub zurücke.
Ein Schwätzer, leer wie du, ist's wert,
Daß ihn der goldne Höfling ehrt.
Ihr Beifall und ein Band ziemt deinem Hahnenwitze;
  Ich aber fliege zu dem Sitze
  Des Donnerers und trage Blitze,
  Und der Olympus sieht mich lächelnd an,
  Selbst Vater Zeus, der donnern kann,
Gibt mir zum Lohne väterliche Blicke;
Dann eil ich stolz zum Felsennest zurücke.
Und Teuts erhabner Bardenchor
Singt aus dem Eichenhain zu meinem Fels empor.
  Vor trunkner Wollust schlummr ich hin
  Und fühl's – daß ich ein Adler bin.«

Der gnädige Löwe

Der Tiere schrecklichsten Despoten
Kam unter Knochenhügel hingewürgter Toten
Ein Trieb zur Großmut plötzlich an.
Komm, sprach der gnädige Tyrann
Zu allen Tieren, die in Scharen
Vor seiner Majestät voll Angst versammlet waren;
Komm her, beglückter Untertan,
Nimm dieses Beispiel hier von meiner Gnade an!
Seht, diese Knochen schenk ich euch! –
Dir, rief der Tiere sklavisch Reich,
Ist kein Monarch an Gnade gleich! –
Und nur ein Fuchs, der nie den Ränken
Der Schüler Machiavells geglaubt,
Brummt in den Bart: Hm, was man uns geraubt
Und bis aufs Bein verzehrt, ist leichtlich zu verschenken!

Die Forelle

In einem Bächlein helle,
  Da schoß in froher Eil
Die launische Forelle
  Vorüber wie ein Pfeil.
Ich stand an dem Gestade
  Und sah in süßer Ruh
Des muntern Fisches Bade
  Im klaren Wasser zu.

Ein Fischer mit der Rute
  Wohl an dem Ufer stand
Und sah's mit kaltem Blute,
  Wie sich das Fischlein wand.
So lang dem Wasser Helle,
  So dacht ich, nicht gebricht,
So fängt er die Forelle
  Mit seiner Angel nicht.

Doch plötzlich war dem Diebe
  Die Zeit zu lang. Er macht
Das Bächlein tückisch trübe,
  Und eh ich es gedacht, –
So zuckte seine Rute,
  Das Fischlein zappelt dran,

Und ich mit regem Blute
  Sah die Betrogne an.

Die ihr am goldnen Quelle
  Der sichern Jugend weilt,
Denkt doch an die Forelle;
  Seht ihr Gefahr, so eilt!
Meist fehlt ihr nur aus Mangel
  Der Klugheit. Mädchen, seht
Verführer mit der Angel! –
  Sonst blutet ihr zu spät.

Johann Gottfried Herder

Der Weinstock

Am Tage der Schöpfung rühmten die Bäume gegeneinander, frohlockend ein jeglicher über sich selbst. »Mich hat der Herr gepflanzt«, so sprach die erhabene Zeder, »Festigkeit und Wohlgeruch, Dauer und Stärke hat er in mir vereint.« »Jehovas Huld hat mich zum Segen gesetzt«, so sprach der umschattende Palmbaum; »Nutzen und Schönheit hat er in mir vermählt.« Der Apfelbaum sprach: »Wie ein Bräutigam unter den Jünglingen prange ich unter den Bäumen des Paradieses.« Und die Myrte sprach: »Wie unter den Dornen die Rose stehe ich unter meinen Geschwistern, dem niedrigen Gesträuch.« So rühmten alle, der Öl- und Feigenbaum, selbst die Fichte und Tanne rühmten sich. – Der einzige Weinstock schwieg und sank zu Boden. »Mir«, sprach er zu sich selbst, »scheint alles versagt zu sein, Stamm und Äste, Blüten und Frucht; aber so, wie ich bin, will ich noch hoffen und warten.« Er sank danieder, und seine Zweige weinten.

Nicht lange wartete und weinte er; siehe, da trat die Gottheit der Erde, der freundliche Mensch, zu ihm. Er sah ein schwaches Gewächs, ein Spiel der Lüfte, das unter sich sank und Hilfe begehrte. Mitleidig richtete er's auf und schlang den zarten Baum an seine Laube. Froher spielten an jetzt die Lüfte mit seinen Reben, die Glut der Sonne durchdrang ihre harten, grünenden Körner, bereitend in ihnen den süßen Saft, den Trank für Götter und Menschen.

Mit reichen Trauben geschmückt neigte bald der Weinstock sich zu seinem Herrn nieder, und dieser kostete seinen erquickenden Saft und nannte ihn seinen Freund. Die stolzen Bäume beneideten jetzt die schwanke Ranke; denn viele von ihnen standen schon entfruchtet da; er aber freute sich seiner schlanken Gestalt und seiner harrenden Hoffnung.

Darum erfreut sein Saft noch jetzt des Menschen Herz und hebt empor den niedergesunkenen Mut und erquicket den Betrübten.

Verzage nicht, Verlassener, und harre duldend aus. Im unansehnlichen Rohre quillt der süßeste Saft; die schwache Rebe gebiert Begeisterung und Entzückung.

Alles zum Guten

Immer gewöhne sich der Mensch zu denken: »Was Gott schickt, ist gut; es dünke mir gut oder böse.«

Ein frommer Weiser kam vor eine Stadt, deren Tore geschlossen waren; niemand wollte sie ihm öffnen; hungrig und durstig mußte er unter freiem Himmel übernachten. Er sprach: »Was Gott schickt, ist gut«, und legte sich nieder.

Neben ihm stand sein Esel, zu seiner Seite eine brennende Laterne, um der Unsicherheit willen in derselben Gegend. Aber ein Sturm entstand und löschte sein Licht aus; ein Löwe kam und zerriß seinen Esel. Er erwachte, fand sich allein und sprach: »Was Gott schickt, ist gut.« Er erwartete ruhig die Morgenröte.

Als er ans Tor kam, fand er die Tore offen, die Stadt verwüstet, beraubt und geplündert. Eine Schar Räuber war eingefallen und hatte eben in dieser Nacht die Einwohner gefangen weggeführt oder getötet. Er war verschont. »Sagte ich nicht«, sprach er, »daß alles, was Gott schickt, gut sei? Nur sehen wir meistens am Morgen erst, warum er uns etwas des Abends versagte.«

Johann Wolfgang von Goethe

Der Adler und die Taube

Ein Adlerjüngling hob die Flügel
Nach Raub aus;
Ihn traf des Jägers Pfeil und schnitt
Der rechten Schwinge Sennkraft ab.
Er stürzt' herab in einen Myrtenhain,
Fraß seinen Schmerz drei Tage lang
Und zuckt' an Qual
Drei lange, lange Nächte lang.
Zuletzt heilt' ihn
Allgegenwärt'ger Balsam
Allheilender Natur.
Er schleicht aus dem Gebüsch hervor
Und reckt die Flügel – ach,
Die Schwingkraft weggeschnitten –,
Hebt sich mühsam kaum
Am Boden weg,
Unwürd'ger Raubbedürfnis nach,
Und ruht tieftraurend
Auf dem niedern Fels am Bach,
Und blickt zur Eich' hinauf,
Hinauf zum Himmel.
Und eine Träne füllt sein hohes Auge. –
Da kömmt mutwillig durch die Myrtenäste
Hergerauscht ein Taubenpaar,
Läßt sich herab und wandelt nickend
Über goldnen Sand am Bach
Und ruckt einander an.
Ihr rötlich Auge buhlt umher,
Erblickt den Innigtraurenden.
Der Täuber schwingt neugiergesellig sich
Zum nahen Busch und blickt
Mit Selbstgefälligkeit ihn freundlich an.
Du trauerst, liebelt er;
Sei gutes Mutes, Freund!
Hast du zur ruhigen Glückseligkeit
Nicht alles hier?
Kannst du dich nicht des goldnen Zweiges freun,
Der vor des Tages Glut dich schützt?

Kannst du der Abendsonne Schein
Auf weichem Moos am Bache nicht
Die Brust entgegenheben?
Du wandelst durch der Blumen frischen Tau,
Pflückst aus dem Überfluß des Waldgebüsches dir
Gelegne Speise, letzest
Den leichten Durst am Silberquell.
O Freund, das wahre Glück ist die Genügsamkeit,
Und die Genügsamkeit hat überall genug!
O weise! sprach der Adler, und trüb' erst
Versinkt er tiefer in sich selbst.
O Weisheit! du redst wie eine Taube.

Aus: ›Tasso‹ (V,5 / Z. 3419ff.)

Antonio. Und wenn du ganz dich zu verlieren scheinst,
  Vergleiche dich! Erkenne, was du bist!
Tasso. Ja, du erinnerst mich zur rechten Zeit! –
  Hilft denn kein Beispiel der Geschichte mehr?
  Stellt sich kein edler Mann mir vor die Augen,
  Der mehr gelitten, als ich jemals litt,
  Damit ich mich mit ihm vergleichend fasse?
  Nein, alles ist dahin! – Nur eines bleibt:
  Die Träne hat uns die Natur verliehen,
  Den Schrei des Schmerzes, wenn der Mann zuletzt
  Es nicht mehr trägt – Und mir noch über alles –
  Sie ließ im Schmerz mir Melodie und Rede,
  Die tiefste Fülle meiner Not zu klagen:
  Und wenn der Mensch in seiner Qual verstummt,
  Gab mir ein Gott, zu sagen, wie ich leide.
Antonio (tritt zu ihm und nimmt ihn bei der Hand).
Tasso. O edler Mann! Du stehest fest und still,
  Ich scheine nur die sturmbewegte Welle.
  Allein bedenk' und überhebe nicht
  Dich deiner Kraft! Die mächtige Natur,
  Die diesen Felsen gründete, hat auch
  Der Welle die Beweglichkeit gegeben.
  Sie sendet ihren Sturm, die Welle flieht
  Und schwankt und schwillt und beugt sich schäumend über.
  In dieser Woge spiegelte so schön
  Die Sonne sich, es ruhten die Gestirne
  An dieser Brust, die zärtlich sich bewegte.

Verschwunden ist der Glanz, entflohn die Ruhe. –
Ich kenne mich in der Gefahr nicht mehr
Und schäme mich nicht mehr, es zu bekennen.
Zerbrochen ist das Steuer, und es kracht
Das Schiff an allen Seiten. Berstend reißt
Der Boden unter meinen Füßen auf!
Ich fasse dich mit beiden Armen an!
So klammert sich der Schiffer endlich noch
Am Felsen fest, an dem er scheitern sollte.

Friedrich von Schiller

Aus: ›Die Verschwörung des Fiesco zu Genua‹ (II,8)

FIESCO (der sich niedersetzt): Genueser – Das Reich der Tiere kam einst in bürgerliche Gärung, Parteien schlugen mit Parteien, und ein *Fleischerhund* bemächtigte sich des Throns. Dieser, gewohnt, das Schlachtvieh an das Messer zu hetzen, hauste hündisch im Reich, klaffte, biß und nagte die Knochen seines Volks. Die Nation murrte, die Kühnsten traten zusammen, und erwürgten den fürstlichen Bullen. Itzt ward ein Reichstag gehalten, die große Frage zu entscheiden, welche Regierung die glücklichste sei? Die Stimmen teilten sich dreifach. Genueser, für welche hättet ihr entschieden?

ERSTER BÜRGER: Fürs Volk. Alle fürs Volk.

FIESCO: Das Volk gewanns. Die Regierung ward demokratisch. Jeder Bürger gab seine Stimme. *Mehrheit* setzte sich durch. Wenige Wochen vergingen, so kündigte der Mensch dem neugebackenen Freistaat den Krieg an. Das Reich kam zusammen. Roß, Löwe, Tiger, Bär, Elefant und Rinozeros traten auf und brüllten laut: Zu den Waffen! Itzt kam die Reih an die übrigen. Lamm, Hase, Hirsch, Esel, das ganze Reich der Insekten, der Vögel, der Fische ganzes menschenscheues Heer – alle traten dazwischen und wimmerten: Friede! Seht, Genueser! Der Feigen waren *mehr* denn der Streitbaren, der Dummen *mehr* denn der Klugen – *Mehrheit* setzte sich durch. Das Tierreich streckte die Waffen, und der Mensch brandschatzte sein Gebiet. Dieses Staatssystem ward also verworfen. Genueser, wozu wäret ihr itzt geneigt gewesen?

ERSTER UND ZWEITER: Zum Ausschuß! Freilich, zum Ausschuß!

FIESCO: Diese Meinung gefiel! Die Staatsgeschäfte teilten sich in mehrere Kammern. *Wölfe* besorgten die Finanzen, *Füchse* waren ihre Sekretäre. *Tauben* führten das Kriminalgericht, *Tiger* die gütlichen Vergleiche, *Böcke* schlichteten Heuratsprozesse. Soldaten waren die *Hasen*, *Löwen* und *Elefant* blieben bei der Bagage, der *Esel* war Gesandter des Reichs, und der *Maulwurf* Oberaufseher über die Verwaltung der Ämter. Genueser, was hofft ihr von dieser weisen Verteilung? Wen der Wolf nicht zerriß, den prellte der Fuchs. Wer diesem entrann, den tölpelte der Esel nieder. Tiger erwürgten die Unschuld; Diebe und Mörder begnadigte die Taube, und am Ende, wenn die Ämter niedergelegt wurden, fand sie der Maulwurf alle unsträflich verwaltet. – Die Tiere empörten sich. Laßt uns einen *Monarchen* wählen, riefen sie einstimmig, der Klauen und Hirn und nur *einen* Magen hat – und *einem* Oberhaupt huldigten alle – *einem*, Genueser – aber (indem er mit Hoheit unter sie tritt) es war der Löwe.

ALLE (klatschen, werfen die Mützen in die Höh): Bravo! Bravo! das haben sie schlau gemacht!

ERSTER: Und Genua solls nachmachen, und Genua hat seinen Mann schon.

FIESCO: Ich will ihn nicht wissen. Gehet heim. Denkt auf den Löwen.

Friedrich Hölderlin

›Wie wenn am Feiertage . . .‹

Wie wenn am Feiertage, das Feld zu sehn,
Ein Landmann geht, des Morgens, wenn
Aus heißer Nacht die kühlenden Blitze fielen
Die ganze Zeit und fern noch tönet der Donner,
In sein Gestade wieder tritt der Strom,
Und frisch der Boden grünt
Und von des Himmels erfreuendem Regen
Der Weinstock trauft und glänzend
In stiller Sonne stehn die Bäume des Haines:

So stehn sie unter günstiger Witterung,
Sie, die kein Meister allein, die wunderbar
Allgegenwärtig erzieht in leichtem Umfangen
Die mächtige, die göttlichschöne Natur.
Drum wenn zu schlafen sie scheint zu Zeiten des Jahrs
Am Himmel oder unter den Pflanzen oder den Völkern,
So trauert der Dichter Angesicht auch,
Sie scheinen allein zu sein, doch ahnen sie immer.
Denn ahnend ruhet sie selbst auch.

Jetzt aber tagts! Ich harrt und sah es kommen,
Und was ich sah, das Heilige sei mein Wort.
Denn sie, sie selbst, die älter denn die Zeiten
Und über die Götter des Abends und Orients ist,
Die Natur ist jetzt mit Waffenklang erwacht,
Und hoch vom Aether bis zum Abgrund nieder
Nach festem Gesetze, wie einst, aus heiligem Chaos gezeugt
Fühlt neu die Begeisterung sich,
Die Allerschaffende, wieder.

Und wie im Aug ein Feuer dem Manne glänzt,
Wenn hohes er entwarf, so ist
Von neuem an den Zeichen, den Taten der Welt jetzt
Ein Feuer angezündet in Seelen der Dichter.
Und was zuvor geschah, doch kaum gefühlt,
Ist offenbar erst jetzt,
Und die uns lächelnd den Acker gebauet,
In Knechtsgestalt, sie sind erkannt,
Die Allebendigen, die Kräfte der Götter.

Erfrägst du sie? im Liede wehet ihr Geist,
Wenn es der Sonne des Tags und warmer Erd
Entwächst, und Wettern, die in der Luft, und andern,
Die vorbereiteter in Tiefen der Zeit,
Und deutungsvoller, und vernehmlicher uns
Hinwandeln zwischen Himmel und Erd und unter den Völkern.
Des gemeinsamen Geistes Gedanken sind,
Still endend, in der Seele des Dichters,

Daß schnellbetroffen sie, Unendlichem
Bekannt seit langer Zeit, von Erinnerung
Erbebt, und ihr, von heilgem Strahl entzündet,
Die Frucht in Liebe geboren, der Götter und Menschen Werk,
Der Gesang, damit er beiden zeuge, glückt.

So fiel, wie Dichter sagen, da sie sichtbar
Den Gott zu sehen begehrte, sein Blitz auf Semeles Haus
Und die göttlichgetroffne gebar,
Die Frucht des Gewitters, den heiligen Bacchus.

Und daher trinken himmlisches Feuer jetzt
Die Erdensöhne ohne Gefahr.
Doch uns gebührt es, unter Gottes Gewittern,
Ihr Dichter! mit entblößtem Haupte zu stehen,
Des Vaters Strahl, ihn selbst, mit eigner Hand
Zu fassen und dem Volk ins Lied
Gehüllt die himmlische Gabe zu reichen.
Denn sind nur reinen Herzens,
Wie Kinder, wir, sind schuldlos unsere Hände,

Des Vaters Strahl, der reine, versengt es nicht
Und tieferschüttert, die Leiden des Stärkeren
Mitleidend, bleibt in den hochherstürzenden Stürmen
Des Gottes, wenn er nahet, das Herz doch fest.
Doch weh mir! wenn von

Weh mir!

Und sag ich gleich,

Ich sei genaht, die Himmlischen zu schauen,
Sie selbst, sie werfen mich tief unter die Lebenden,
Den falschen Priester, ins Dunkel, daß ich
Das warnende Lied den Gelehrigen singe.
Dort

19. Jahrhundert

1. Friedrich Haug (1761–1829)
2. Wilhelm Hey (1790–1854) – Otto Speckter (1807–1871)
3. Friedrich Rückert (1788–1866)
4. Artur Schopenhauer (1788–1860)
5. Franz Grillparzer (1791–1872)
6. Heinrich Heine (1797–1856)
7. Marie von Ebner-Eschenbach (1830–1916)
8. Wilhelm Busch (1832–1908)
9. Friedrich Nietzsche (1844–1900)

Friedrich Haug

Der Pfau und der Rabe

Ein Pfau und Rabe flogen um die Wette.
Ermattet blieb der Erst're bald zurück;
Allein, als ob er, bangend vor Gespötte,
Sich dieses Wetteflugs zu schämen hätte,
Rief der Verschmitzte, Hohn im Blick,
Voll demosthenischer Emphase:
»Zu meinem Glücke fällt mir ein:
Ich kann *mit dir* nicht Preisbewerber sein.
Schwarz bist du, häßlicher rings im Land
Als Unglücksvogel anerkannt,
Und lebst – mir ekelt – nur vom Aase.« –
Der Rabe sprach: Du feiger Wicht!
Von *meinen Eigenschaften* nicht,
Vom Fliegen ist allein die Rede;
Von einer Kunst, *so dir gebricht*!

So greift nicht selten in gelehrter Fehde
Ein Hohlkopf die *Person des Weisen* an,
Wenn seine Schriften er nicht tadeln kann. (6)

Der Glühwurm

Ein Glühwurm sandt' um Mitternacht vom Grase
Sein schwaches Zitterlicht umher.
Ameisenchöre riefen mit Extase:
»Ein Gott, ein Gott ist Er!«

Vom süßen Lobe trunken schleicht der Kühne
Sich mühsam in den Gartensaal.
Er hofft entzückt auf einer höher'n Bühne
Anbetung überall.

Blind von kristallner Hängeleuchter Glanze
Will noch der eitle Tor sich bläh'n,
Umsonst! Er leuchtet nicht und wird im Tanze
Zertreten ungesehn.

Nun die Moral? – So geltet, kleine Geister,
In eurem Städtchen ihr für groß;
Doch spielt vorm Publikum ihr stolz den Meister,
Trifft euch des Glühwurms Los. (43)

Der Pilger und die Schlange

Ich *floh* die *Schlange* – »Freund, warum?«
Rief sie mir schmeichelnd zu.
»Ich ändre flugs die Glanzhaut um
Zu deiner Ruh.«
Sie zischt', als ich ihr Antwort gab:
»Willst du, daß man dir traut,
So lege deine Sitten ab,
Nicht deine *Haut*!« (45)

Wolf und Stachelschwein

Der Wolf begann zum Stachelschwein:
»Was soll dein eitles Dräu'n und Dröhnen
Mit hundert Bajonetten sein?
Laß ab! Wir wollen uns versöhnen.« –
Doch jenes sprach: Herr Fuchs-Wolf, nein!
Komm erst mit ausgebrochnen Zähnen;
Dann zieh' ich meine Stacheln ein. (53)

Die eitle Gans

»Laut preise man's!«
Rief eine Gans.
»Ich bin geflogen.«
Ein Haushahn sprach:
Wir sah'n dir nach;

Du hast gelogen.
Du tatst im Lauf
Die Flügel auf:
Heißt *das* genügen?
Nein, stolzes Tier,
Lacht alles hier,
Du kannst nicht fliegen. –
»Ja«, rief die Gans
Erbost: »Ich kann's.
Ich flog. Es glückte!«
Der Hausherr blickte
Vom Fenster her
Und lacht' und nickte:
Was wollt ihr mehr? (73)

Die Fischotter und der Fuchs

Fischotter schalt: O Fuchs, Tyrann,
Den selbst die Unschuld nicht erweichen kann!
Warum die Gäns' und Hühner grausam töten?
Da rief der Fuchs verhöhnend: Sprich!
Macht Neiden oder Mitleid dich,
Fischotter, jetzt zum Katecheten? –
»Das helle Mitleid. Um und um
Vermag kein Tier des Mordes mich zu zeihen.« –
»Zu deinem Glücke sind die Fische stumm;
Doch könnten sie wie Gänse schreien,
Sie würden dich im Wasserteich
Unisono vermaledeien.« – –

Ihr Tadler, denkt zuerst an euch. (137)

Wilhelm Hey

Vogel

Knabe, ich bitt' dich, so sehr ich kann:
O, rühre mein kleines Nest nicht an!
O, sieh nicht mit deinen Blicken hin!

Es liegen ja meine Kinder drin,
Die werden erschrecken und ängstlich schrei'n,
Wenn du schaust mit den großen Augen herein.

Wohl sähe der Knabe das Nestchen gern,
Doch stand er behutsam still von fern.
Da kam der arme Vogel zur Ruh',
Flog hin und deckte die Kleinen zu
Und sah so freundlich den Knaben an:
Hab' Dank, daß du ihnen kein Leid getan.

Knabe und Hündchen

Kn. Komm nun, mein Hündchen, zu deinem Herrn,
  Ordentlich grade sitzen lern'.
H. Ach, soll ich schon lernen und bin so klein;
  O, laß es doch noch ein Weilchen sein!
Kn. Nein, Hündchen, es geht am besten früh;
  Denn später macht es dir große Müh'.

Das Hündchen lernte; bald war's geschehn,
Da konnt' es schon sitzen und aufrecht gehn,
Getrost in das tiefste Wasser springen
Und schnell das Verlorne wiederbringen.
Der Knabe sah seine Lust daran,
Lernt' auch und wurde ein kluger Mann.

Kind und Kätzchen

Kind. Kätzchen, du mußt nicht kratzen,
  Mach' nicht so scharfe Tatzen,
  Gib mir ein Pfötchen, sanft und weich.
Katze. Kindchen, ja, das tu ich gleich;
  Aber ich will dir auch was sagen:
  Mußt mich nicht erst zupfen und schlagen.

Zupfte das Kind nun auch einmal,
Machte dem armen Kätzchen Qual;
Tat nun das Kratzen auch nicht gut,
Kam wohl gar noch ein Tröpfchen Blut;
War's doch von beiden nicht bös gemeint,
Blieben auch fernerhin gut Freund.

Sau

Kinder, spricht die Mama,
Höret mir zu und folget ja.
Müßt nur recht manierlich sein,
Immer euch sauber halten und rein,
Nicht euch wälzen auf allen Wegen,
Nicht euch in jede Pfütze legen.

Und wie sie selbst es stets getan,
Und wie es von ihr die Kinder sahn,
So lernten sie's auch mit Fleiß und Müh'
Und machten es ganz und gar wie sie.
Sie wollten nichts bessers, nichts schlechters sein:
Es wurde ein jedes wieder ein Schwein.

Miezchen

K. Miezchen, warum wäschst du dich
  Alle halbe Stunden? sprich!
M. Weil es gar zu häßlich steht,
  Wenn man nicht recht sauber geht;
  Köpfchen, Pfötchen, alles rein,
  Anders darf's bei mir nicht sein.

Unser Miezchen, hört ich dann,
Stand in Ehren bei jedermann.
Sie ließen es gern in die Stube kommen
Und haben's wohl gar auf den Schoß genommen.
Ich denke, das Waschen und das Putzen
Hat ihm gebracht so großen Nutzen.

Schinken und Bratwurst

Sch. Bratwürstchen, du dort im Tiegel, sag,
  Was nur so schön hier riechen mag.
Br. Schinken, das weiß ich gut genug,
  Ich habe ja selbst den schönen Geruch.
  Ich schwitze hier auf dem Feuer ein wenig;
  Drum riech ich so schön als wie ein König.

Dem Würstchen wird es im Tiegel heiß,
Daß es nicht mehr zu bleiben weiß.
Köchin, wo steckst du nur so lange?

Feuer, das brennt; ihm wird ganz bange.
Köchin, so sei doch nicht so dumm,
Komm nur geschwind, und wend' es um.

Knabe und Esel

Kn. Esel, wie häßlich siehst du aus:
  Ohren so hoch fast wie ein Haus.
E. Hab' doch mit meinen Ohren Geduld!
  Glaub' mir's, ich bin nicht dran schuld.
  Es kommt ja von Gott, der weiß gar eben,
  Warum er sie mir so groß gegeben.

Der Knabe sah umher in der Welt,
Da fand er's gar wunderlich bestellt;
Hier groß, dort klein, hier dunkel, dort hell;
Hier langsam zu kriechen, dort flügelschnell.
Da sprach er mit Freuden: »Gott hat an allen
In ihrer Art sein Wohlgefallen.«

Friedrich Rückert

Parabel

Es ging ein Mann im Syrerland,
Führt' ein Kameel am Halfterband.
Das Thier mit grimmigen Geberden
Urplötzlich anfing scheu zu werden,
Und that so ganz entsetzlich schnaufen,
Der Führer vor ihm mußt' entlaufen.
Er lief und einen Brunnen sah
Von ungefähr am Wege da.
Das Thier hört er im Rücken schnauben,
Das mußt' ihm die Besinnung rauben.
Er in den Schacht des Brunnens kroch,
Er stürzte nicht, er schwebte noch.
Gewachsen war ein Brombeerstrauch
Aus des geborstnen Brunnens Bauch;
Daran der Mann sich fest that klammern,
Und seinen Zustand drauf bejammern.

Er blickte in die Höh', und sah
Dort das Kameelhaupt furchtbar nah,
Das ihn wollt oben fassen wieder.
Dann blickt er in den Brunnen nieder;
Da sah am Grund er einen Drachen
Aufgähnen mit entsperrtem Rachen,
Der drunten ihn verschlingen wollte,
Wenn er hinunter fallen sollte.
So schwebend in der Beiden Mitte,
Da sah der Arme noch das Dritte.
Wo in der Mauerspalte ging
Des Sträuchleins Wurzel, dran er hing,
Da sah er still ein Mäusepaar,
Schwarz eine, weiß die andre war.
Er sah die schwarze mit der weißen
Abwechselnd an der Wurzel beißen.
Sie nagten, zausten, gruben, wühlten,
Die Erd' ab von der Wurzel spülten;
Und wie sie rieselnd niederrann,
Der Drach im Grund aufblickte dann,
Zu sehn, wie bald mit seiner Bürde
Der Strauch entwurzelt fallen würde.
Der Mann in Angst und Furcht und Noth,
Umstellt, umlagert und umdroht,
Im Stand des jammerhaften Schwebens,
Sah sich nach Rettung um vergebens.
Und da er also um sich blickte,
Sah er ein Zweiglein, welches nickte
Vom Brombeerstrauch mit reifen Beeren!
Da konnt' er doch der Lust nicht wehren.
Er sah nicht des Kameeles Wuth,
Und nicht den Drachen in der Fluth,
Und nicht der Mäuse Tückespiel
Als ihm die Beer' in's Auge fiel.
Er ließ das Thier von oben rauschen,
Und unter sich den Drachen lauschen,
Und neben sich die Mäuse nagen,
Griff nach den Beerlein mit Behagen,
Sie däuchten ihm zu essen gut,
Aß Beer auf Beerlein wohlgemuth,
Und durch die Süßigkeit im Essen
War alle seine Furcht vergessen.

Du fragst: Wer ist der thöricht Mann,
Der so die Furcht vergessen kann?
So wiss', o Freund, der Mann bist du;
Vernimm die Deutung auch dazu.
Es ist der Drach im Brunnengrund
Der Todes aufgesperrter Schlund;
Und das Kameel, das oben droht,
Es ist des Lebens Angst und Noth.
Du bist's, der zwischen Tod und Leben
Am grünen Strauch der Welt mußt schweben.
Die beiden, so die Wurzel nagen,
Dich sammt den Zweigen, die dich tragen,
Zu liefern in des Todes Macht,
Die Mäuse heißen Tag und Nacht.
Es nagt die schwarze wohl verborgen
Vom Abend heimlich bis zum Morgen,
Es nagt vom Morgen bis zum Abend
Die weiße, wurzeluntergrabend.
Und zwischen diesem Graus und Wust
Lockt dich die Beere Sinnenlust,
Daß du Kameel die Lebensnoth,
Daß du im Grund den Drachen Tod,
Daß du die Mäuse Tag und Nacht
Vergissest, und auf Nichts hast Acht,
Als daß du recht viel Beerlein haschest,
Aus Grabes Brunnenritzen naschest.

Artur Schopenhauer

(Der Apfelbaum und die Tanne)

Hinter einem in seiner vollen Blütenpracht ausgebreiteten Apfelbaum erhob eine gerade Tanne ihren spitzen dunklen Gipfel. Zu dieser sprach jener: »Siehe die Tausende meiner schönen muntern Blüten, die mich ganz bedecken! Was hast du dagegen aufzuweisen? Schwarzgrüne Nadeln.« –

»Wohl wahr«, erwiderte die Tanne, »aber wenn der Winter kommt, wirst du entlaubt dastehn; ich aber werde sein, was ich jetzt bin.«

(Die Stachelschweine)

Eine Gesellschaft Stachelschweine drängte sich an einem kalten Wintertag recht nahe zusammen, um, durch die gegenseitige Wärme, sich vor dem Erfrieren zu schützen. Jedoch bald empfanden sie die gegenseitigen Stacheln; welches sie dann wieder von einander entfernte. Wann nun das Bedürfnis der Erwärmung sie wieder näher zusammen brachte, wiederholte sich jenes zweite Übel, so daß sie zwischen beiden Leiden hin und her geworfen wurden, bis sie eine mäßige Entfernung von einander herausgefunden hatten, in der sie es am besten aushalten konnten. –

So treibt das Bedürfnis der Gesellschaft, aus der Leere und Monotonie des eigenen Innern entsprungen, die Menschen zueinander; aber ihre vielen widerwärtigen Eigenschaften und unerträglichen Fehler stoßen sie wieder voneinander ab. Die mittlere Entfernung, die sie endlich herausfinden, und bei welcher ein Beisammensein bestehen kann, ist die Höflichkeit und feine Sitte. Dem, der sich nicht in dieser Entfernung hält, ruft man in England zu: keep your distance! – Vermöge derselben wird zwar das Bedürfnis gegenseitiger Erwärmung nur unvollkommen befriedigt, dafür aber der Stich der Stacheln nicht empfunden. – Wer jedoch viel eigene, innere Wärme hat, bleibt lieber aus der Gesellschaft weg, um keine Beschwerde zu geben noch zu empfangen.

Der Lydische Stein

Auf einen schwarzen Stein war Gold gerieben;
Ein gelber Strich jedoch war nicht geblieben:
»Dies ist nicht echtes Gold!« so riefen alle.
Man warf es hin zu schlechterem Metalle.

Es fand sich spät, daß jener Stein, obzwar
Von Farbe schwarz, doch kein Probierstein war.
Hervorgesucht kam jetzt das Gold zu Ehren:
Nur echter Stein kann echtes Gold bewähren.

Franz Grillparzer

Das elegante Frühstück im Kuhstall

Seht mir doch die blanken Rinder,
Wie sie stehn im vollen Glanz,
Bunt geschmückt wie Christtagskinder,
Kopf und Nacken ziert der Kranz!
Herren gehn herum und Frauen,
Fein von Sitten und Gewand
Und um Ohr und Hörner krauen
Sie mit schmeichelnd sanfter Hand.
Sonst von Rohen nur mißhandelt
Und gequält von Magd und Knecht,
Hat die Welt sich so verwandelt?
Ward der Mensch mit eins gerecht? –
Armes Volk, du hebst den Nacken?
Und es wächst dir neu der Mut?
Morgen wird man neu dich placken,
Heut ist man zum Scherz dir gut:
Wenn nicht eigne Lust sie triebe,
Deine lockte sie wohl nie,
Und nicht, Völklein! deine Liebe,
Deine Milch begehren sie! (126)

Diplomatischer Rat

Ein Marder fraß die Hühner gern,
Doch wußt er nicht, wie sie erhaschen;
Er fragt den Fuchs, 'nen alten Herrn,
Dem Steifheit schon verbot das Naschen.
Der sagt ihm: »Freund, der Rat ist alt,
Was hilft zu zögern, brauch Gewalt!«
Der Marder stürmt in vollem Lauf,
Die Hühner aber flattern auf,
Die eine gackernd, kreischend jene,
Gerade in des Fuchses Zähne,
Der gegenüber lauernd lag
Und mühlos hielt den Erntetag.

Wenn du nach Hühnern lüstern bist,
Frag keinen, der sie selbst gern frißt. (251)

Gutgemeinte Bemühungen

Ein Mann kehrt heim zur Winterszeit,
Ihn fror, auch war kein Mahl bereit,
Die Asche kalt auf seinem Herd,
Doch wie er stochernd um sie kehrt,
Da glimmt ein Fünkchen schwach und klein,
Verborgen wie des Glühwurms Schein.
Der Mann fährt hoch vor Freuden auf,
Türmt drüber Holz in hohem Hauf
Und kniet und bläst soviel er kann,
Ob ers vermag zu fachen an,
Und fährt so fort mit Windes Rasen,
Bis er das Fünkchen – ausgeblasen.

Willst du Verglommnes neu beleben,
Muß sich dein Eifer Weile geben. (256)

Politik

Ich sah einen Rudel Gassenbuben,
Wie kaum entschlüpft aus des Lehrers Stuben,
Die warfen sich mit Ballen von Schnee
Und lachten, tats einem im Fallen weh.
Sie waren mit Ekelnamen nicht faul
Und streckten die Zunge aus ihrem Maul.
»Ei«, dacht ich in meinem Sinne, »ei,
Und so was duldet die Polizei?«
Da gewahrt ich Gold in ihren Haaren
Und sah erst, daß es Könige waren. (359)

Orientalischer Kongress

Der Esel und der Wolf im Streit,
Sie greifen zum Gewehr,
Da treten als Vermittler ein
Die Nachbarn ringsumher:
Der Stockfisch und das Murmeltier,
Der Marder und der Fuchs,
Dem Langohr nah und fern verwandt,
Sie bieten Hilfe flugs.
Doch dreinzuschlagen, eh es not,

Wär eben auch zu toll;
Man zieht dem Esel ab die Haut
Und schreibt ein Protokoll. (464)

Politisch

Mit wem soll sich verbünden der Hase!
Der Fuchs schleicht ihm nach im Grase,
Von oben rauschen des Geiers Schwingen,
Der Bauer im Kohlfeld legt ihm Schlingen,
Und macht er sich endlich auf die Füße,
Treffen ihn des Jägers Schüsse. (573)

(Die Rose)

Ein Knabe fand einst im Garten eine Rose. Ihr lieblicher Geruch entzückte ihn. Wie schön bist du, herrliche Blume, sprach er, wie balsamisch duftest du! Wie süß muß erst dein Geschmack sein! Er nahm hastig einige Blätter in den Mund, aber wie verzog sich sein Gesicht als er die unvermutete Bitterkeit auf seiner Zunge schmeckte. Nichtswürdige Betrügerin, schrie er, und warf die lieblichste aus Floras Töchtern unwillig von sich, Betrügerin, wie hat mich deine glatte Außenseite hintergangen! Nicht ich, du selbst hast dich betrogen, erwiderte die Rose; wer hieß dich von mir mehr als Duft verlangen! (Tgb. 50, 1809)

(Die Glocke)

Ein Knabe hörte eine Glocke lieblich ertönen. Entzückt über ihren Klang nahm er sie von der Schnur, umfaßte sie kindisch mit beiden Händen und versuchte den vorigen Ton ihr zu entlocken. Vergebens, ein mattes Geklapper war alles was er hörte. Verächtlich warf er sie in einen Winkel. Totes Metall! rief er! Sei nicht ungerecht, versetzte die Glocke. Ich töne lieblich, doch frei muß ich schweben in freier Luft, wie die rauhe Körperwelt mich berührt verstumme ich.

Weine Genie, daß niemand diese Lehre begreifen will! (Tgb. 82, 1809/10)

Fabel

Der Rabe saß auf einem hohen Baume und hielt ein Heiratsprojekt im Schnabel. Der Fuchs, von dem fetten Geruche angelockt, schlich herbei, stellte sich unter den Baum, hob den Kopf und sprach: Du schöner Vogel! Mit Unrecht nennt man dich schwarz, du hast vielmehr eine größere Ähnlichkeit mit dem Pfau als du selbst weißt. Wenn du nur auch Prinzipien hättest. Der Rabe wollte: Legitimität krächzen, öffnete den Schnabel und das Heiratsprojekt fiel herab. Der listige Preuße aber hob es auf und lief davon. (Tg. 3254, 1837)

(Der Schmetterling)

Ein Schmetterling verirrte sich in mein offen stehendes Fenster und geriet zwischen die Doppelscheiben der geschlossenen obern Flügel. Da mühte er sich nun ab, aus der durchscheinenden Scheidewand herauszukommen, aber vergebens, weil er immer höher emporstrebte und sich dadurch immer mehr einkerkerte. Endlich verlor er die Kraft und sank herab – zwischen die offen stehenden Fensterflügel, wo er denn leicht ins Freie kam. So wird es der deutschen Poesie gehen. (Tgb. 3364, 1838)

Heinrich Heine

Der tugendhafte Hund

Ein Pudel, der mit gutem Fug
Den schönen Namen Brutus trug,
War viel berühmt im ganzen Land
Ob seiner Tugend und seinem Verstand.
Er war ein Muster der Sittlichkeit,
Der Langmut und Bescheidenheit.
Man hörte ihn loben, man hörte ihn preisen
Als einen vierfüßigen Nathan den Weisen.
Er war ein wahres Hundejuwel!
So ehrlich und treu! eine schöne Seel'!
Auch schenkte sein Herr in allen Stücken
Ihm volles Vertrauen, er konnte ihn schicken
Sogar zum Fleischer. Der edle Hund
Trug dann einen Hängekorb im Mund,
Worin der Metzger das schön gehackte
Rindfleisch, Schaffleisch, auch Schweinfleisch packte. –
Wie lieblich und lockend das Fett gerochen,

Der Brutus berührte keinen Knochen,
Und ruhig und sicher, mit stoischer Würde,
Trug er nach Hause die kostbare Bürde.

Doch unter den Hunden wird gefunden
Auch eine Menge von Lumpenhunden –
Wie unter uns, – gemeine Köter,
Tagdiebe, Neidharde, Schwerenöter,
Die ohne Sinn für sittliche Freuden
Im Sinnenrausch ihr Leben vergeuden!
Verschworen hatten sich solche Racker
Gegen den Brutus, der treu und wacker,
Mit seinem Korb im Maule, nicht
Gewichen von dem Pfad der Pflicht. –

Und eines Tages, als er kam
Vom Fleischer und seinen Rückweg nahm
Nach Hause, da ward er plötzlich von allen
Verschwornen Bestien überfallen;
Da ward ihm der Korb mit dem Fleisch entrissen,
Da fielen zu Boden die leckersten Bissen,
Und fraßbegierig über die Beute
Warf sich die ganze hungrige Meute. –
Brutus sah anfangs dem Schauspiel zu
Mit philosophischer Seelenruh';
Doch als er sah, daß solchermaßen
Sämtliche Hunde schmausten und fraßen,
Da nahm auch er an der Mahlzeit teil
Und speiste selbst eine Schöpsenkeul'.

Moral.
  Auch du, mein Brutus, auch du, du frißt?
So ruft wehmütig der Moralist.
Ja, böses Beispiel kann verführen;
Und, ach! gleich allen Säugetieren,
Nicht ganz und gar vollkommen ist
Der tugendhafte Hund – er frißt!

Die Wahl-Esel

Die Freiheit hat man satt am End',
Und die Republik der Tiere
Begehrte, daß ein einz'ger Regent
Sie absolut regiere.

Jedwede Tiergattung versammelte sich,
Wahlzettel wurden geschrieben;
Parteisucht wütete fürchterlich,
Intriguen wurden getrieben.

Das Komitee der Esel ward
Von Alt-Langohren regieret;
Sie hatten die Köpfe mit einer Kokard',
Die schwarz-rot-gold, verzieret.

Es gab eine kleine Pferdepartei,
Doch wagte sie nicht zu stimmen;
Sie hatte Angst vor dem Geschrei
Der Alt-Langohren, der grimmen.

Als einer jedoch die Kandidatur
Des Rosses empfahl, mit Zeter
Ein Alt-Langohr in die Rede ihm fuhr,
Und schrie: Du bist ein Verräter!

Du bist ein Verräter, es fließt in dir
Kein Tropfen vom Eselsblute;
Du bist kein Esel, ich glaube schier,
Dich warf eine welsche Stute.

Du stammst vom Zebra vielleicht, die Haut
Sie ist gestreift zebräisch;
Auch deiner Stimme näselnder Laut
Klingt ziemlich ägyptisch-hebräisch.

Und wärst du kein Fremdling, so bist du doch nur
Verstandesesel, ein kalter;
Du kennst nicht die Tiefen der Eselsnatur,
Dir klingt nicht ihr mystischer Psalter.

Ich aber versenkte die Seele ganz
In jenes süße Gedössel;
Ich bin ein Esel, in meinem Schwanz
Ist jedes Haar ein Esel.

Ich bin kein Römling, ich bin kein Sklav';
Ein deutscher Esel bin ich,
Gleich meinen Vätern. Sie waren so brav,
So pflanzenwüchsig, so sinnig.

Sie spielten nicht mit Galanterei
Frivole Lasterspiele;

Sie trabten täglich, frisch-fromm-fröhlich-frei,
Mit ihren Säcken zur Mühle.

Die Väter sind nicht tot! Im Grab
Nur ihre Häute liegen,
Die sterblichen Hüllen. Vom Himmel herab
Schaun sie auf uns mit Vergnügen.

Verklärte Esel im Glorialicht!
Wir wollen euch immer gleichen
Und niemals von dem Pfad der Pflicht
Nur einen Fingerbreit weichen.

O welche Wonne, ein Esel zu sein!
Ein Enkel von solchen Langohren!
Ich möcht' es von allen Dächern schrein:
Ich bin als ein Esel geboren.

Der große Esel, der mich erzeugt,
Er war von deutschem Stamme;
Mit deutscher Eselsmilch gesäugt
Hat mich die Mutter, die Mamme.

Ich bin ein Esel, und will getreu,
Wie meine Väter, die Alten,
An der alten, lieben Eselei,
Am Eseltume halten.

Und weil ich ein Esel, so rat' ich euch,
Den Esel zum König zu wählen;
Wir stiften das große Eselreich,
Wo nur die Esel befehlen.

Wir alle sind Esel! I-A! I-A!
Wir sind keine Pferdeknechte.
Fort mit den Rossen! Es lebe, Hurrah!
Der König vom Eselsgeschlechte!

So sprach der Patriot. Im Saal
Die Esel Beifall rufen.
Sie waren alle national,
Und stampften mit den Hufen.

Sie haben des Redners Haupt geschmückt
Mit einem Eichenkranze.
Er dankte stumm, und hochbeglückt
Wedelt' er mit dem Schwanze.

Reisebilder (›Bäder von Lucca‹):

»Und so wahr wie mir Gott alles Guts geben soll, Herr Doktor, ich saß neben Salomon Rothschild, und er behandelte mich ganz wie seinesgleichen, ganz famillionär. Ich war auch bei ihm auf dem berühmten Kinderball, der in der Zeitung gestanden. So viel Pracht bekomme ich mein Lebtag nicht mehr zu sehen. Ich bin doch auch in Hamburg auf einem Ball gewesen, der 1500 Mark und 8 Schillinge kostete, aber das war doch nur wie ein Hühnerdreckchen gegen einen Misthaufen. Wieviel Gold und Silber und Diamanten habe ich dort gesehen! Wieviel Sterne und Orden! Den Falkenorden, das goldene Vlies, den Löwenorden, den Adlerorden – sogar ein ganz klein Kind, ich sage Ihnen, ein ganz klein Kind trug einen Elefantenorden. Die Kinder waren gar schön maskiert und spielten Anleihe und waren angezogen wie die Könige, mit Kronen auf den Köpfen, ein großer Junge aber war angezogen präzise wie der alte Nathan Rothschild. Er machte seine Sache sehr gut, hatte beide Hände in der Hosentasche, klimperte mit Geld, schüttelte sich verdrießlich, wenn einer von den kleinen Königen was geborgt haben wollte, und nur dem kleinen mit dem weißen Rock und den roten Hosen streichelte er freundlich die Backen und lobte ihn: ›Du bist mein Plaisir, mein Liebling, mein' Pracht, aber dein Vetter Michel soll mir vom Leib' bleiben, ich werde diesem Narrn nichts borgen, der täglich mehr Menschen ausgibt, als er jährlich verzehren kann; es kommt durch ihn noch ein Unglück in die Welt, und mein Geschäft wird darunter leiden‹. So wahr mir Gott alles Guts gebe, der Junge machte seine Sache sehr gut, besonders wenn er das dicke Kind, das in weißen Atlas mit echten silbernen Lilien gewickelt war, im Gehen unterstützte und bisweilen zu ihm sagte: ›Na, na, du, du, führ dich nur gut auf, ernähr dich redlich, sorg, daß du nicht wieder weggejagt wirst, damit ich nicht mein Geld verliere‹. Ich versichere Sie, Herr Doktor, es war ein Vergnügen, den Jungen zu hören; und auch die anderen Kinder, lauter liebe Kinder, machten ihre Sache sehr gut – bis ihnen Kuchen gebracht wurde, und sie sich um das beste Stück stritten, und sich die Kronen vom Kopf rissen und schrieen und weinten, und einige sich sogar – –«

Das Blatt

Vom Winde getrieben flog ein welkes Blatt neben einem Vogel durch die Luft.

»Sieh«, raschelte es triumphirend, »ich kann fliegen wie Du.«

»Wenn Du fliegen kannst, so mache mir das nach!« antwortete der Vogel, wandte sich und steuerte mit kräftigem Flügel gegen den Wind. Das Blatt aber wirbelte ohnmächtig dahin, bis sein Träger plötzlich den Athem anhielt und es in ein Bächlein fallen ließ, das klar und munter durch den Wiesengrund jagte. Nun segelte das Blatt auf den Wellen und gluckste den Fischen zu: »Seht mich an, ich kann schwimmen, wie Ihr!«

Die stummen Fische widersprachen ihm nicht; da blähte es sich auf und meinte: »Das sind anständige Creaturen, die lassen einen doch gelten!« Weiter glitt es, und merkte nicht, wie es dabei aufquoll und schon faul war durch und durch.

Werthbestimmung

In einen mit Kreuzern gefüllten Sack gerieth zufällig einmal ein Dukaten. Nachdem er einige Zeit bei ihnen geweilt hatte, sagten sie:

»Wir müssen unserem Gastfreunde einen Rang anweisen, laßt uns denn zuvor seinen Werth bestimmen.«

Die alten, die Patinirten, traten zusammen, beriethen lange und brachten es endlich zu dem Vorschlage:

»Der gelbe Bursche ist zwar schwächlich, doch beantragen wir, ihn um seines hellen Klanges und seiner feinen Legirung willen ebenso viel gelten zu lassen, wie Unsereinen.«

»Von Meinesgleichen werde ich höher gehalten«, wagte der Dukaten einzuwenden, und sogleich brachen die neuen, blanken Kreuzer, die schon über den Vorschlag der alten gemurrt hatten, in einen Sturm des Unwillens aus.

»Was geht uns an, wie Deinesgleichen Dich schätzen«, riefen sie.

»Im Kupferlande gilt das Gold ein für allemal – nichts.«

Das wurde zum Gesetz erhoben.

Wilhelm Busch

Ein dicker Sack

Ein dicker Sack – den Bauer Bolte,
der ihn zur Mühle tragen wollte,
um auszuruhn, mal hingestellt
dicht an ein reifes Ährenfeld –
legt sich in würdevolle Falten
und fängt 'ne Rede an zu halten.

»Ich«, sprach er, »bin der volle Sack.
Ihr Ähren seid nur dünnes Pack.
Ich bins, der euch auf dieser Welt
in Einigkeit zusammenhält.
Ich bins, der hoch von Nöten ist,
daß euch das Federvieh nicht frißt;
ich, dessen hohe Fassungskraft
euch schließlich in die Mühle schafft.
Verneigt euch tief, denn ich bin der!
Was wäret ihr, wenn ich nicht wär?«

Sanft rauschen die Ähren:
»Du wärst ein leerer Schlauch,
wenn wir nicht wären.«

Bewaffneter Friede

Ganz unverhofft, an einem Hügel,
sind sich begegnet Fuchs und Igel.

»Halt«, rief der Fuchs, »du Bösewicht!
Kennst du des Königs Ordre nicht?
Ist nicht der Friede längst verkündigt,
und weißt du nicht, daß jeder sündigt,
der immer noch gerüstet geht?
Im Namen Seiner Majestät
geh her und übergib dein Fell!«

Der Igel sprach: »Nur nicht so schnell!
Laß dir erst deine Zähne brechen,
dann wollen wir uns weitersprechen!«

Und allsogleich macht er sich rund,
schließt einen dichten Stachelbund
und trotzt getrost der ganzen Welt,
bewaffnet, doch als Friedensheld.

Die Teilung

Es hat einmal, so wird gesagt,
Der Löwe mit dem Wolf gejagt.
Da haben sie vereint erlegt
Ein Wildschwein, stark und gut gepflegt.

Doch als es ans Verteilen ging,
Dünkt das dem Wolf ein mißlich Ding.

Der Löwe sprach: Was grübelst du?
Glaubst du, es geht nicht redlich zu?
Dort kommt der Fuchs, der mag entscheiden,
Was jedem zukommt von uns beiden.

Gut, sagt der Wolf, dem solch ein Freund
Als Richter gar nicht übel scheint.

Der Löwe winkt dem Fuchs sogleich:
Herr Doktor, das ist was für Euch.
Hier dieses jüngst erlegte Schwein,
Bedenkt es wohl, ist mein und sein.
Ich faßt es vorn, er griff es hinten;
Jetzt teilt es uns, doch ohne Finten.

Der Fuchs war ein Jurist vom Fach.
Sehr einfach, spricht er, liegt die Sach.
Das Vorderteil, ob viel, ob wenig,
Erhält mit Fug und Recht der König.
Dir aber Vetter Isegrimm,
Gebührt das Hinterteil. Da nimm!

Bei diesem Wort trennt er genau
Das Schwänzlein hinten von der Sau.
Indes der Wolf verschmäht die Beute,
Verneigt sich kurz und geht beiseite.

Fuchs, sprach der Löwe, bleibt bei mir.
Von heut an seid ihr Großvesier.

Fink und Frosch

Im Apfelbaume pfeift der Fink
sein: pinkepink!
Ein Laubfrosch klettert mühsam nach
bis auf des Baumes Blätterdach
und bläht sich auf und quakt: »Ja, ja!
Herr Nachbar, ik bin och noch da!«

Und wie der Vogel frisch und süß
sein Frühlingslied erklingen ließ,
gleich muß der Frosch in rauhen Tönen
den Schusterbaß dazwischen dröhnen.

»Juchheija, heija!« spricht der Fink,
»fort flieg ich flink!«
Und schwingt sich in die Lüfte hoch.

»Wat!« ruft der Frosch, »dat kann ik och!«
Macht einen ungeschickten Satz,
fällt auf den harten Gartenplatz,
ist platt, wie man die Kuchen backt,
und hat für ewig ausgequakt.

Wenn einer, der mit Mühe kaum
geklettert ist auf einen Baum,
schon meint, daß er ein Vogel wär,
so irrt sich der.

Friedrich Nietzsche

Vom Biß der Natter

Eines Tages war Zarathustra unter einem Feigenbaume eingeschlafen, da es heiß war, und hatte seine Arme über das Gesicht gelegt. Da kam eine Natter und biß ihn in den Hals, so daß Zarathustra vor Schmerz aufschrie. Als er den Arm vom Gesicht genommen hatte, sah er die Schlange an: da erkannte sie die Augen Zarathustras, wand sich ungeschickt und wollte davon.

»Nicht doch«, sprach Zarathustra; »noch nahmst du meinen Dank nicht an! Du wecktest mich zur Zeit, mein Weg ist noch lang.«

»Dein Weg ist noch kurz«, sagte die Natter traurig; »mein Gift tötet.«

Zarathustra lächelte. »Wann starb wohl je ein Drache am Gift einer Schlange? – sagte er. Aber nimm dein Gift zurück! Du bist nicht reich genug, es mir zu schenken.«

Da fiel ihm die Natter von neuem um den Hals und leckte ihm seine Wunde.

Als Zarathustra dies einmal seinen Jüngern erzählte, fragten sie:

»Und was, o Zarathustra, ist die Moral deiner Geschichte?«

Zarathustra antwortete darauf also:

Den Vernichter der Moral heißen mich die Guten und Gerechten; meine Geschichte ist unmoralisch.

So ihr einen Feind habt, so vergeltet ihm nicht Böses mit Gutem: denn das würde beschämen. Sondern beweist, daß er euch etwas Gutes angetan hat.

20. Jahrhundert

1. Franz Kafka (1883–1924)
2. Bertolt Brecht (1898–1956)
3. Martin Buber (1878–1965)
4. Ernst Bloch (geb. 1885)
5. Max Frisch (geb. 1911)
6. Wolfdietrich Schnurre (geb. 1920)
7. Helmut Arntzen (geb. 1931)

Franz Kafka

Vor dem Gesetz

Vor dem Gesetz steht ein Türhüter. Zu diesem Türhüter kommt ein Mann vom Lande und bittet um Einlaß in das Gesetz. Aber der Türhüter sagt, daß er ihm jetzt den Eintritt nicht gewähren könne. Der Mann überlegt und fragt dann, ob er also später werde eintreten dürfen. »Es ist möglich«, sagt der Türhüter, »jetzt aber nicht.« Da das Tor zum Gesetz offensteht wie immer und der Türhüter beiseite tritt, bückt sich der Mann, um durch das Tor in das Innere zu sehn. Als der Türhüter das merkt, lacht er und sagt: »Wenn es dich lockt, versuche es doch, trotz meines Verbotes hineinzugehn. Merke aber: Ich bin mächtig. Und ich bin nur der unterste Türhüter. Von Saal zu Saal stehn aber Türhüter, einer mächtiger als der andere. Schon den Anblick des dritten kann nicht einmal ich mehr ertragen.« Solche Schwierigkeiten hat der Mann vom Lande nicht erwartet; das Gesetz soll doch jedem und immer zugänglich sein, denkt er, aber als er jetzt den Türhüter in seinem Pelzmantel genauer ansieht, seine große Spitznase, den langen, dünnen, schwarzen tatarischen Bart, entschließt er sich, doch lieber zu warten, bis er die Erlaubnis zum Eintritt bekommt. Der Türhüter gibt ihm einen Schemel und läßt ihn seitwärts von der Tür niedersitzen. Dort sitzt er Tage und Jahre. Er macht viele Versuche, eingelassen zu werden, und ermüdet den Türhüter durch seine Bitten. Der Türhüter stellt öfters kleine Verhöre mit ihm an, fragt ihn über seine Heimat aus und nach vielem andern, es sind aber teilnahmslose Fragen, wie sie große Herrn stellen, und zum Schlusse sagt er ihm immer wieder, daß er ihn noch nicht einlassen könne. Der Mann, der sich für seine Reise mit vielem ausgerüstet hat, verwendet alles, und sei es noch so wertvoll, um den Türhüter zu bestechen. Dieser nimmt zwar alles an, aber sagt dabei: »Ich nehme es nur an, damit du nicht glaubst, etwas versäumt zu haben.« Während der vielen Jahre beobachtet der Mann den Türhüter fast ununterbrochen. Er vergißt die andern Türhüter, und dieser erste scheint ihm das einzige Hindernis für den Eintritt in das Gesetz. Er verflucht den unglücklichen Zufall, in den ersten Jahren rücksichtslos und laut, später, als er alt wird, brummt er nur noch vor sich hin. Er wird kindisch, und da er in dem jahrelangen Studium des Türhüters auch die Flöhe in seinem Pelzkragen erkannt hat, bittet er auch die Flöhe, ihm zu helfen und den Türhüter umzustimmen. Schließlich wird sein Augenlicht schwach, und er weiß nicht, ob es um ihn wirklich dunkler wird, oder ob ihn nur seine Augen täuschen. Wohl aber erkennt er jetzt im Dunkel einen Glanz, der unverlöschlich aus der Türe des Gesetzes bricht. Nun lebt er nicht mehr lange. Vor seinem Tode sammeln sich in seinem Kopfe alle Erfahrungen der ganzen Zeit zu einer Frage, die er bisher an den Türhüter noch nicht gestellt hat. Er winkt ihm zu, da er seinen erstarrenden Körper nicht mehr aufrichten kann. Der Türhüter muß sich tief zu ihm hinunterneigen, denn der Größenunterschied hat sich sehr zu ungunsten des Mannes verändert. »Was willst du denn jetzt noch wissen?« fragt der Türhüter, »du bist unersättlich.« »Alle streben doch nach dem Gesetz«, sagt der Mann, »wieso kommt es, daß in den vielen Jahren niemand außer mir Einlaß verlangt hat?« Der Türhüter erkennt, daß der Mann schon an seinem Ende ist, und, um sein vergehendes Gehör noch zu erreichen, brüllt er ihn an: »Hier konnte niemand sonst Einlaß erhalten, denn dieser Eingang war nur für dich bestimmt. Ich gehe jetzt und schließe ihn.«

Eine kaiserliche Botschaft

Der Kaiser – so heißt es – hat Dir, dem Einzelnen, dem jämmerlichen Untertanen, dem winzig vor der kaiserlichen Sonne in die fernste Ferne geflüchteten Schatten, gerade Dir hat der Kaiser von seinem Sterbebett aus eine Botschaft gesendet. Den Boten hat er beim Bett niederknien lassen und ihm die Botschaft ins Ohr geflüstert; so sehr war ihm an ihr gelegen, daß er sie sich noch ins Ohr wiedersagen ließ. Durch Kopfnicken hat er die Richtigkeit des Gesagten bestätigt. Und vor der ganzen Zuschauerschaft seines Todes – alle hindernden Wände werden niedergebrochen und auf den weit und hoch sich schwingenden Freitreppen stehen im Ring die Großen des Reichs – vor allen diesen hat er den Boten abgefertigt. Der Bote hat sich gleich auf den Weg gemacht; ein kräftiger, ein unermüdlicher Mann; einmal diesen, einmal den anderen Arm vorstreckend, schafft er sich Bahn durch die Menge; findet er Widerstand, zeigt er auf die Brust, wo das Zeichen der Sonne ist; er kommt auch leicht vorwärts, wie kein anderer. Aber die Menge ist so groß; ihre Wohnstätten nehmen kein Ende. Öffnete sich freies Feld, wie würde er fliegen und bald wohl hörtest Du das herrliche Schlagen seiner Fäuste an Deiner Tür. Aber statt dessen, wie nutzlos müht er sich ab; immer noch zwängt er sich durch die Gemächer des innersten Palastes; niemals wird er sie überwinden; und gelänge ihm dies, nichts wäre gewonnen; die Treppen hinab müßte er sich kämpfen; und gelänge ihm dies, nichts wäre gewonnen; die Höfe wären zu durchmessen; und nach den Höfen der zweite umschließende Palast; und wieder Treppen und Höfe; und wieder ein Palast; und so weiter durch Jahrtausende; und stürzte er endlich aus dem äußersten Tor – aber niemals, niemals kann es geschehen – liegt erst die Residenzstadt vor ihm, die Mitte der Welt, hochgeschüttet voll ihres Bodensatzes. Niemand dringt hier durch und gar mit der Botschaft eines Toten. – Du aber sitzt an Deinem Fenster und erträumst sie Dir, wenn der Abend kommt.

Kleine Fabel

»Ach«, sagte die Maus, »die Welt wird enger mit jedem Tag. Zuerst war sie so breit, daß ich Angst hatte, ich lief weiter und war glücklich, daß ich endlich rechts und links in der Ferne Mauern sah, aber diese langen Mauern eilen so schnell aufeinander zu, daß ich schon im letzten Zimmer bin, und dort im Winkel steht die Falle, in die ich laufe.« –

»Du mußt nur die Laufrichtung ändern«, sagte die Katze und fraß sie.

Gib's auf

Es war sehr früh am Morgen, die Straßen rein und leer, ich ging zum Bahnhof. Als ich eine Turmuhr mit meiner Uhr verglich, sah ich, daß es schon viel später war, als ich geglaubt hatte, ich mußte mich sehr beeilen, der Schrecken über diese Entdeckung ließ mich im Weg unsicher werden, ich kannte mich in dieser Stadt noch nicht sehr gut aus, glücklicherweise war ein Schutzmann in der Nähe, ich lief zu ihm und fragte ihn atemlos nach dem Weg. Er lächelte und sagte: »Von mir willst du den Weg erfahren?« »Ja«, sagte ich, »da ich ihn selbst nicht finden kann.« »Gib's auf, gib's auf«, sagte er und wandte sich mit einem großen Schwunge ab, so wie Leute, die mit ihrem Lachen allein sein wollen.

Bertolt Brecht

Maßnahmen gegen die Gewalt

Als Herr Keuner, der Denkende, sich in einem Saale vor vielen gegen die Gewalt aussprach, merkte er, wie die Leute vor ihm zurückwichen und weggingen. Er blickte sich um und sah hinter sich stehen – die Gewalt.

»Was sagtest du?« fragte ihn die Gewalt.

»Ich sprach mich für die Gewalt aus«, antwortete Herr Keuner.

Als Herr Keuner weggegangen war, fragten ihn seine Schüler nach seinem Rückgrat. Herr Keuner antwortete: »Ich habe kein Rückgrat zum Zerschlagen. Gerade ich muß länger leben als die Gewalt.«

Und Herr Keuner erzählte folgende Geschichte:

In die Wohnung des Herrn Egge, der gelernt hatte, nein zu sagen, kam eines Tages in der Zeit der Illegalität ein Agent, der zeigte einen Schein vor, welcher ausgestellt war im Namen derer, die die Stadt beherrschten, und auf dem stand, daß ihm gehören solle jede Wohnung, in die er seinen Fuß setzte; ebenso sollte ihm auch jedes Essen gehören, das er verlange; ebenso sollte ihm auch jeder Mann dienen, den er sähe.

Der Agent setzte sich in einen Stuhl, verlangte Essen, wusch sich, legte sich nieder und fragte mit dem Gesicht zur Wand vor dem Einschlafen: »Wirst du mir dienen?«

Herr Egge deckte ihn mit einer Decke zu, vertrieb die Fliegen, bewachte seinen Schlaf, und wie an diesem Tage gehorchte er ihm sieben Jahre lang. Aber was immer er für ihn tat, eines zu tun hütete er sich wohl: das war, ein Wort zu sagen. Als nun die sieben Jahre herum waren und der Agent dick geworden war vom vielen Essen, Schlafen und Befehlen, starb der Agent. Da wickelte ihn Herr Egge in die verdorbene Decke, schleifte ihn aus dem Haus, wusch das Lager, tünchte die Wände, atmete auf und antwortete: »Nein.«

Der hilflose Knabe

Herr K. sprach über die Unart, erlittenes Unrecht stillschweigend in sich hineinzufressen, und erzählte folgende Geschichte: »Einen vor sich hinweinenden Jungen fragte ein Vorübergehender nach dem Grund seines Kummers. ›Ich hatte zwei Groschen für das Kino beisammen‹, sagte der Knabe, ›da kam ein Junge und riß mir einen aus der Hand‹, und er zeigte auf einen Jungen, der in einiger Entfernung zu sehen war. ›Hast du denn nicht um Hilfe geschrien?‹ fragte der Mann. ›Doch‹, sagte der Junge und schluchzte ein wenig stärker. ›Hat dich denn niemand gehört?‹ fragte ihn der Mann weiter, ihn liebevoll streichelnd. ›Nein‹, schluchzte der Junge. ›Kannst du denn nicht lauter schreien?‹ fragte der Mann. ›Nein‹, sagte der Junge und blickte ihn mit neuer Hoffnung an. Denn der Mann lächelte. ›Dann gib auch den her‹, sagte er, nahm ihm den letzten Groschen aus der Hand und ging unbekümmert weiter.«

Form und Stoff

Herr K. betrachtete ein Gemälde, das einigen Gegenständen eine sehr eigenwillige Form verlieh. Er sagte: »Einigen Künstlern geht es, wenn sie die Welt betrachten, wie vielen Philosophen. Bei der Bemühung um die Form geht der Stoff verloren. Ich arbeitete einmal bei einem Gärtner. Er händigte mir eine Gartenschere aus und hieß mich einen Lorbeerbaum beschneiden. Der Baum stand in einem Topf und wurde zu Festlichkeiten ausgeliehen. Dazu mußte er die Form einer Kugel haben. Ich begann sogleich mit dem Abschneiden der wilden

Triebe, aber wie sehr ich mich auch mühte, die Kugelform zu erreichen, es wollte mir lange nicht gelingen. Einmal hatte ich auf der einen, einmal auf der anderen Seite zu viel weggestutzt. Als es endlich eine Kugel geworden war, war die Kugel sehr klein. Der Gärtner sagte enttäuscht: ›Gut, das ist die Kugel, aber wo ist der Lorbeer?‹«

Freundschaftsdienste

Als Beispiel für die richtige Art, Freunden einen Dienst zu erweisen, gab Herr K. folgende Geschichte zum besten. »Zu einem alten Araber kamen drei junge Leute und sagten ihm: ›Unser Vater ist gestorben. Er hat uns siebzehn Kamele hinterlassen und im Testament verfügt, daß der Älteste die Hälfte, der zweite ein Drittel und der Jüngste ein Neuntel der Kamele bekommen soll. Jetzt können wir uns über die Teilung nicht einigen; übernimm du die Entscheidung!‹ Der Araber dachte nach und sagte: ›Wie ich es sehe, habt ihr, um gut teilen zu können, ein Kamel zu wenig. Ich habe selbst nur ein einziges Kamel, aber es steht euch zur Verfügung. Nehmt es und teilt dann, und bringt mir nur, was übrigbleibt.‹ Sie bedankten sich für diesen Freundschaftsdienst, nahmen das Kamel mit und teilten die achtzehn Kamele nun so, daß der Älteste die Hälfte, das sind neun, der Zweite ein Drittel, das sind sechs, und der Jüngste ein Neuntel, das sind zwei Kamele bekam. Zu ihrem Erstaunen blieb, als sie ihre Kamele zur Seite geführt hatten, ein Kamel übrig. Dieses brachten sie, ihren Dank erneuernd, ihrem alten Freund zurück.«

Herr K. nannte diesen Freundschaftsdienst richtig, weil er keine besonderen Opfer verlangte.

Der natürliche Eigentumstrieb

Als jemand in einer Gesellschaft den Eigentumstrieb natürlich nannte, erzählte Herr K. die folgende Geschichte von den alteingesessenen Fischern: »An der Südküste von Island gibt es Fischer, die das dortige Meer vermittels festverankerter Bojen in einzelne Stücke zerlegt und unter sich aufgeteilt haben. An diesen Wasserfeldern hängen sie mit großer Liebe als an ihrem Eigentum. Sie fühlen sich mit ihnen verwachsen, würden sie, auch wenn keine Fische mehr darin zu finden wären, niemals aufgeben und verachten die Bewohner der Hafenstädte, an die sie, was sie fischen, verkaufen, da diese ihnen als ein oberflächliches, der Natur entwöhntes Geschlecht vorkommen. Sie selbst nennen sich wasserständig. Wenn sie größere Fische fangen, behalten sie dieselben bei sich in Bottichen, geben ihnen Namen und hängen sehr an ihnen als an ihrem Eigentum. Seit einiger Zeit soll es ihnen wirtschaftlich schlecht gehen, jedoch weisen sie alle Reformbestrebungen mit Entschiedenheit zurück, so daß schon mehrere Regierungen, die ihre Gewohnheiten mißachteten, von ihnen gestürzt wurden. Solche Fischer beweisen unwiderlegbar die Macht des Eigentumstriebes, dem der Mensch von Natur aus unterworfen ist.«

Wenn die Haifische Menschen wären

»Wenn die Haifische Menschen wären«, fragte Herrn K. die kleine Tochter seiner Wirtin, »wären sie dann netter zu den kleinen Fischen?« »Sicher«, sagte er. »Wenn die Haifische Menschen wären, würden sie im Meer für die kleinen Fische gewaltige Kästen bauen lassen, mit allerhand Nahrung drin, sowohl Pflanzen als auch Tierzeug. Sie würden sorgen, daß die Kästen immer frisches Wasser hätten, und sie würden überhaupt allerhand sanitäre Maßnahmen treffen. Wenn zum Beispiel ein Fischlein sich die Flosse verletzen würde, dann würde ihm sogleich ein Verband gemacht, damit es den Haifischen nicht wegstürbe vor der Zeit. Damit die Fischlein nicht trübsinnig würden, gäbe es ab und zu große Wasserfeste; denn lustige Fischlein schmecken besser als trübsinnige. Es gäbe natürlich auch Schulen in den großen Kästen. In diesen Schulen würden die Fischlein lernen, wie man in den Rachen der Haifische schwimmt. Sie würden zum Beispiel Geographie brauchen, damit die großen Haifische, die faul irgendwo liegen, sie finden könnten. Die Hauptsache wäre natürlich die moralische Ausbildung der Fischlein. Sie würden unterrichtet werden, daß es das Größte und Schönste sei, wenn ein Fischlein sich freudig aufopfert, und daß sie alle an die Haifische glauben müßten, vor allem, wenn sie sagten, sie würden für eine schöne Zukunft sorgen. Man würde den Fischlein beibringen, daß diese Zukunft nur gesichert sei, wenn sie Gehorsam lernten. Vor allen niedrigen, materialistischen, egoistischen und marxistischen Neigungen müßten sich die Fischlein hüten und es sofort den Haifischen melden, wenn eines von ihnen solche Neigungen verriete. Wenn die Haifische Menschen wären, würden sie natürlich auch untereinander Kriege führen, um fremde Fischkästen und fremde Fischlein zu erobern. Die Kriege würden sie von ihren eigenen Fischlein führen lassen. Sie würden die Fischlein lehren, daß zwischen ihnen und den Fischlein der anderen Haifische ein riesiger Unterschied bestehe. Die Fischlein, würden sie verkünden, sind bekanntlich stumm, aber sie schweigen in ganz verschiedenen Sprachen und können einander daher unmöglich verstehen. Jedem Fischlein, das im Krieg ein paar andere Fischlein, feindliche, in anderer Sprache schweigende Fischlein tötete, würden sie einen kleinen Orden aus Seetang anheften und den Titel Held verleihen. Wenn die Haifische Menschen wären, gäbe es bei ihnen natürlich auch eine Kunst. Es gäbe schöne Bilder, auf denen die Zähne der Haifische in prächtigen Farben, ihre Rachen als reine Lustgärten, in denen es sich prächtig tummeln läßt, dargestellt wären. Die Theater auf dem Meeresgrund würden zeigen, wie heldenmütige Fischlein begeistert in die Haifischrachen schwimmen, und die Musik wäre so schön, daß die Fischlein unter ihren Klängen, die Kapelle voran, träumerisch, und in allerangenehmste Gedanken eingelullt, in die Haifischrachen strömten. Auch eine Religion gäbe es da, wenn die Haifische Menschen wären. Sie würde lehren, daß die Fischlein erst im Bauch der Haifische richtig zu leben begännen. Übrigens würde es auch aufhören, wenn die Haifische Menschen wären, daß alle Fischlein, wie es jetzt ist, gleich sind. Einige von ihnen würden Ämter bekommen und über die anderen gesetzt werden. Die ein wenig größeren dürften sogar die kleineren auffressen. Das wäre für die Haifische nur angenehm, da sie dann selber öfter größere Brocken zu fressen bekämen. Und die größeren, Posten habenden Fischlein würden für die Ordnung unter den Fischlein sorgen, Lehrer, Offiziere, Ingenieure im Kastenbau usw. Kurz, es gäbe überhaupt erst eine Kultur im Meer, wenn die Haifische Menschen wären.«

Zwei Fahrer

Herr K., befragt über die Arbeitsweise zweier Theaterleute, verglich sie folgendermaßen: »Ich kenne einen Fahrer, der die Verkehrsregeln gut kennt, innehält und für sich zu nutzen weiß. Er versteht es geschickt, vorzupreschen, dann wieder eine regelmäßige Geschwindigkeit zu halten, seinen Motor zu schonen, und so findet er vorsichtig und kühn seinen Weg zwischen den anderen Fahrzeugen. Ein anderer Fahrer, den ich kenne, geht anders vor. Mehr als an seinem Weg ist er interessiert am gesamten Verkehr und fühlt sich nur als ein Teilchen davon. Er nimmt nicht seine Rechte wahr und tut sich nicht persönlich besonders hervor. Er fährt im Geist mit dem Wagen vor ihm und dem Wagen hinter ihm, mit einem ständigen Vergnügen an dem Vorwärtskommen aller Wagen und der Fußgänger dazu.«

Herr Keuner und die Flut

Herr Keuner ging durch ein Tal, als er plötzlich bemerkte, daß seine Füße in Wasser gingen. Da erkannte er, daß sein Tal in Wirklichkeit ein Meeresarm war und daß die Zeit der Flut herannahte. Er blieb sofort stehen, um sich nach einem Kahn umzusehen, und solange er auf einen Kahn hoffte, blieb er stehen. Als aber kein Kahn in Sicht kam, gab er diese Hoffnung auf und hoffte, daß das Wasser nicht mehr steigen möchte. Erst als ihm das Wasser bis ans Kinn ging, gab er auch diese Hoffnung auf und schwamm. Er hatte erkannt, daß er selber ein Kahn war.

Martin Buber

(Gemeinschaft)

Aber dies ist das Geheimnis der Gemeinschaft, daß nicht bloß der Niedere des Höheren bedarf, sondern auch der Hohe des Niederen. Hier ruht ein weiterer Unterschied zwischen dem Zustand der Ekstase und dem Zustand des Dienstes. Hitlahawut ist des Einzelnen Weg und Ziel; ein Seil ist über den Abgrund gespannt, an zwei schlanke Bäume gebunden, die der Sturm bewegt; in Einsamkeit und Grauen betritt es der Fuß des Wagenden. Hier gibt es keine Menschengemeinschaft, nicht im Zweifel und nicht im Besitz. Der Dienst aber ist vielen Seelen in ihrer Vereinigung erschlossen. Er gewährt die letzten Schauer nicht, aber er ist frei von den dunkelsten Ängsten. Er ist nicht ein Seil, sondern eine Brücke. Den auf dem Seil Kommenden umfängt drüben der Arm des Geliebten; den Wanderern der Brücke öffnet sich die Halle des Königs. Die

Ekstase will nichts als ihre Vollendung in Gott, sie gibt sich dahin. Im Dienste lebt eine Absicht, eine »Kawwana«. Die Wollenden binden sich aneinander zu größerer Einheit und Macht. Es gibt einen Dienst, den nur die Gemeinde vollbringen kann.

Der Baalschem sagte ein Gleichnis: Menschen standen unter einem sehr hohen Baum. Und einer von den Menschen hatte Augen zu sehen. Er sah: im Wipfel des Baumes stand ein Vogel, herrlich in wesenhafter Schönheit. Die anderen sahen den Vogel nicht. Über jenen Mann aber fiel ein großes Bangen, zu dem Vogel zu kommen und ihn zu nehmen; er konnte nicht von dannen ohne den Vogel. Wegen der Höhe des Baums war es jedoch nicht in seinem Vermögen, und auch eine Leiter war nicht da. Weil aber sein Bangen so übermächtig war, fand seine Seele sich den Rat. Er nahm die Menschen, die umherstanden, und stellte sie aufeinander, jeden auf die Schultern eines Gefährten. Er aber stieg zuoberst, so daß er zum Vogel kam, und nahm ihn. Die Menschen, wiewohl sie dem einen geholfen hatten, wußten nichts von dem Vogel und sahen ihn nicht. Er aber, der von ihm wußte und ihn sah, hätte ohne sie nicht zu ihm kommen können. Würde jedoch der unterste von ihnen seinen Ort verlassen, dann müßte der oben zur Erde niederfallen. »Und der Tempel des Messias wird im Buche Sohar das Vogelnest genannt.« (38–40)

Nähe und Ferne

Ein Schüler fragte den Baalschem: »Wie geht das zu, daß einer, der an Gott hangt und sich ihm nah weiß, zuweilen eine Unterbrechung und Entfernung erfährt?«

Der Baalschem erklärte: »Wenn ein Vater seinen kleinen Sohn will gehen lehren, stellt er ihn erst vor sich hin und hält die eignen Hände zu beiden Seiten ihm nah, daß er nicht falle, und so geht der Knabe zwischen den Vaterhänden auf den Vater zu. Sowie er aber zum Vater herankommt, rückt der um ein weniges ab und hält die Hände weiter auseinander, und so fort, daß das Kind gehen lerne.« (150)

Die fünfzigste Pforte

Ein Schüler Rabbi Baruchs hatte, ohne seinem Lehrer davon zu sagen, der Wesenheit Gottes nachgeforscht und war im Gedanken immer weiter vorgedrungen, bis er in ein Wirrsal von Zweifeln geriet und das bisher Gewisseste ihm unsicher wurde. Als Rabbi Baruch merkte, daß der Jüngling nicht mehr wie gewohnt zu ihm kam, fuhr er nach dessen Stadt, trat unversehens in seine Stube und sprach ihn an: »Ich weiß, was in deinem Herzen verborgen ist. Du bist durch die fünfzig Pforten der Vernunft gegangen. Man beginnt mit einer Frage, man grübelt, ergrübelt ihr die Antwort, die erste Pforte öffnet sich: in eine neue Frage. Und wieder ergründest du sie, findest ihre Lösung, stößest die zweite Pforte auf – und schaust in eine neue Frage. So fort und fort, so tiefer und tiefer hinein. Bis du die fünfzigste Pforte aufgesprengt hast. Da starrst du die Frage an, die kein Mensch erreicht; denn kennte sie einer, dann gäbe es nicht mehr die Wahl. Vermissest du dich aber, weiter vorzudringen, stürzest du in den Abgrund.« »So müßte ich also den Weg zurück an den Anfang?« rief der Schüler. »Nicht zurück kehrst du«, sprach Rabbi Baruch, »wenn du umkehrst; jenseits der letzten Pforte stehst du dann, und stehst im Glauben.« (185)

Das Versteckspiel

Rabbi Baruchs Enkel, der Knabe Jechiel, spielte einst mit einem anderen Knaben Verstecken. Er verbarg sich gut und wartete, daß ihn sein Gefährte suche. Als er lange gewartet hatte, kam er aus dem Versteck; aber der andere war nirgends zu sehen. Nun merkte Jechiel, daß jener ihn von Anfang an nicht gesucht hatte. Darüber mußte er weinen, kam weinend in die Stube seines Großvaters gelaufen und beklagte sich über den bösen Spielgenossen. Da flossen Rabbi Baruch die Augen über, und er sagte: »So spricht Gott auch: ›Ich verberge mich, aber keiner will mich suchen.‹« (191)

Die Bergfahrt

Rabbi Michal sprach: »Es heißt im Psalm: ›Wer wird des Herrn Berg ersteigen und wer an seiner heiligen Stätte stehen?‹ Das ist einem Mann zu vergleichen, der in seinem Wagen einen Berg hinanfährt und ist zu dessen Mitte gelangt, und die Pferde sind ermattet – so muß er halten und sie verschnaufen lassen. Wer keine Einsicht hat, wird da abstürzen. Wer aber einsichtig ist, nimmt einen Stein und legt ihn unter den Wagen, solange der steht; so kann er dann zur Höhe des Berges kommen. Wer nicht stürzt, wenn er den Dienst unterbrechen muß, sondern stehenzubleiben weiß, der wird des Herrn Berg ersteigen.« (263)

Der vollkommene Schwimmer

Als der Sohn des Rabbi von Lentschno noch ein Knabe war, sah er einst Rabbi Jizschak von Worki beten. Voller Verwunderung kam er zum Vater gelaufen und fragte ihn, wie das zugehe, daß solch ein Zaddik ganz ruhig und schlicht ohne alle Äußerung der Verzückung bete. »Wer nicht gut schwimmen kann«, antwortete der Vater, »muß sich heftig bewegen, um sich über Wasser zu halten. Der vollkommene Schwimmer legt sich auf die Flut, und sie trägt ihn.« (680)

Der Irrgang

Man sprach vor Rabbi Bunam von Zaddikim, die in den Verzückungen ihres einsamen Dienstes aufgingen. Er entgegnete: »Ein König ließ zu seinem Schloß einen weiten und vielverschlungenen Irrgang errichten. Wer sein Angesicht schauen wollte, hatte keinen andern Weg als diesen, wo jeder Schritt in die unendliche Wirrnis verführen konnte. Die sich aus großer Liebe zum König hineinwagten, waren von zweierlei Art. Die einen dachten an nichts, als Stück vor Stück des Wegs zu überwinden, die andern brachten an seinen bedenklichsten Krümmungen Zeichen an, die zum Weitergang ermutigten, ohne ihn leicht zu machen. Die ersten unterwarfen sich der Absicht in der Anordnung des Königs; die zweiten vertrauten dem Willen seiner Gnade.« (753)

Das Hochzeitshaus

Rabbi Chanoch erzählte dieses Gleichnis: »Ein Mann kam aus einem Städtchen nach Warschau. In der Nähe des Hauses, in dem er Wohnung genommen hatte, hörte er spielen und tanzen. Da wird eine Hochzeit ausgerichtet, dachte er. Aber am nächsten Tag drang wieder die Festmusik zu seinen Ohren, und so auch tags drauf. ›Wer mag wohl der Hausherr sein‹, fragte er seine Freunde in der Stadt, ›der so viele Söhne verheiratet?‹ Sie lachten ihn aus. ›Dieses Haus‹, belehrten sie ihn, ›mietet jeden Tag ein andrer, um Hochzeit auszurichten, und da spielen die Spielleute, und die Gäste tanzen. Darum nennen wir das Haus die Hochzeitsstube.‹«

»Darum vergleichen unsre Weisen«, fügte Rabbi Chanoch hinzu, »diese Welt einem Hochzeitshaus.« (836f.)

Das vergebliche Suchen

Rabbi Chanoch erzählte: »Es gab einmal einen Toren, den man den Golem nannte, so töricht war er. Am Morgen beim Aufstehn fiel es ihm immer so schwer, seine Kleider zusammenzusuchen, daß er am Abend, dran denkend, oft Scheu trug, schlafen zu gehn. Eines Abends faßte er sich schließlich ein Herz, nahm Zettel und Stift zur Hand und verzeichnete beim Auskleiden, wo er jedes Stück hinlegte. Am Morgen zog er wohlgemut den Zettel hervor und las: ›Die Mütze‹ – hier war sie, er setzte sie auf, ›die Hosen‹, da lagen sie, er fuhr hinein, und so fort, bis er alles anhatte. ›Ja aber, wo bin ich denn?‹ fragte er sich nun ganz bang, ›wo bin ich geblieben?‹ Umsonst suchte und suchte er, er konnte sich nicht finden.« – »So geht es uns«, sagte der Rabbi. (837)

Ernst Bloch

Der Schwarze

Einer blickte sich schon mehr an, grade indem er irrte. Spät abends kam ein Herr ins Hotel, mit Freunden, alle Betten waren besetzt. Außer einem, doch im Zimmer schlief bereits ein Neger, wir sind in Amerika. Der Herr nahm das Zimmer trotzdem, es war nur für eine Nacht, in aller Frühe mußte er auf den Zug. Schärfte daher dem Hausknecht ein, sowohl an der Tür zu wecken als am Bett, und zwar am richtigen, nicht an dem des Schwarzen. Auf die Nacht nahm man allerhand Scharfes, mit so viel Erfolg, daß die Freunde den Gentleman, bevor sie ihn ins Negerzimmer schafften, mit Ruß anstrichen und er es nicht einmal merkte. Wie nun der Hausknecht den Fremden geweckt hatte, er rast an den Bahnhof, in den Zug, in die Kabine, sich zu waschen: so sieht er sich im Spiegel und brüllt: »Jetzt hat der Dummkopf doch den Nigger geweckt.« –

Die Geschichte wird auch noch anders erzählt, läuft aber immer aufs Gleiche hinaus. War der Mann nicht verschlafen? gewiß, und er war zugleich nie wacher als in diesem Augenblick. So unbestimmt nah an sich selbst und die gewohnte Weiße fiel vom Leib wie ein Kleid, in das man ihn sonst, wenn auch ganz angenehm, gesteckt hatte. Auch die Weißen sehen meist nur dem Zerrbild von sich ähnlich; da sitzt nichts, das Leben ist ein schlechter Schneider. Dem Neger freilich fiele sein Kleid noch mehr herunter, blinzelte er einmal scharf hin. (33f.)

Armer und reicher Teufel

Wer genug Geld hat, wird manchmal merkwürdig gut. Er gönnt den Nächsten auch etwas, denkt sich etwas Schönes für sie aus.

Reiche Leute wollen gern spielen, setzen dabei arme ein. So hielt es auch jener Amerikaner, als er den sonderbarsten Wettbewerb erließ. Ein junger Mann war gesucht, am liebsten ein Bergarbeiter, gesund und anstellig. Aus den hunderttausend Bewerbern wurde einer angenommen; der junge Mann meldete sich. Ein hübscher Bursche, hatte nun nichts zu tun als die weiteren Bedingungen zu erfüllen: nämlich auf gute Manier zu essen und zu trinken, feine Kleider mit Schick zu tragen, Figur zu machen. Ein Hofmeister brachte ihm die Künste der Welt bei, Reiten, Golf, gebildete Sprache vor Damen und was sonst ein amerikanischer Gentleman braucht. Alles mit dem Geld seines Schutzherrn; nach beendetem Schliff trat der Glückliche eine dreijährige Reise um die Welt an, mit Kreditbriefen in der Tasche, die jeden noch so exotischen Wunsch erfüllen ließen. Nur eine kleine letzte Bedingung stand noch aus: der junge Mann mußte nach der Reise wieder ins Bergwerk zurück, als wäre nichts gewesen. Mußte dort mindestens zehn Jahre bleiben, als Grubenarbeiter wie bisher. Auch dies unterschrieb der Glückspilz, hielt sich ans Leben, das näher lag; die Zeit der goldenen Jugend begann. Reiste in den Opernglanz von Europa, hatte Glück bei Frauen und hatte Begabung dafür, jagte indische Tiger und speiste bei Vizekönigen, kurz, führte das Leben von Prinzen, mit Kontrast-Beleuchtung obendrein. Bis zu dem Tag, wo er heimkehrte und seinem Gönner fast wohlgesättigt dankte, wie einem Gastgeber beim Abschied. Zog die alten Kleider wieder an und stieg in die Grube zurück, zu den Kohlen, blinden Pferden, Kameraden, die ihm so fremd geworden waren, und die ihn verachteten. Stieg ins Bergwerk zurück – unvorstellbar jetzt die ersten Tage, Monate, der Gegenschein und jetzige Kontrast, die Einfahrt ums Morgengrauen, die Arbeit auf dem Rücken, das Schwitzen, Husten, der Kohlenstaub in den Augen, der schlechte Fraß, das Bett mit dreien. Nun hätte der Bursche den Vertrag freilich brechen können; auf gute Manier, indem er eine andere Stelle mit ihr suchte, oder auf revolutionäre, als Arbeiterführer. Statt dessen streikte er verblüffend, fuhr nach New York, sah seinen Wohltäter, erschoß ihn. Für den Arbeiter post festum hatte man Verständnis; das Gericht sprach ihn frei.

Begründung: Ist das Leben, das mit uns spielt, anders als der reiche Mann, der gute? Zwar er selber ist aufzuheben und der Arbeiter erschoß ihn; das bloße soziale Schicksal, das die reiche Klasse der armen setzt, ist aufzuheben. Aber der reiche Mann steht noch wie ein Götze des andern Schicksals da, unsres naturhaften mit dem Tod am Ende, dessen Rohheit der reiche Teufel ja kopiert und sinnfällig gemacht hat, bis es sein eignes wurde. Denn so miserabel oder auch so bewegt und glänzend ein Leben gewesen sein mag: der Tod löscht es gleichmäßig und schickt in die Grube; kurz, der kapitalistische Despot lebt auch im Endschicksal überhaupt, das uns den halben Auftakt des Lebens setzt und nachher dem Nichts gibt. Der amerikanische Teufel hat sogar Ähnlichkeit mit der bösesten Despotie, in der man ja das Schicksal dachte, mit Calvins Gott: da kann keiner wissen, was ihn drüben erwartet, die Gnadenwahl, ob einer selig oder unselig wird, ist hier unten unerkennbar, aber in einigen Menschen, sagt Calvin, erregte Gott einen Anschein von Heiligkeit, als wäre ihnen das Paradies besonders sicher. Und gerade diese Menschen wird Gott am sichersten verwerfen, er erregte nur den Anschein von Heiligkeit, damit sie von der Hölle desto schrecklicher überrascht werden; und der Heilige glaubte sich schon auf dem Parkett des Paradieses zu bewegen. Calvin hin, Hölle her: im Tod, der keinem sein eigener Tod ist, per definitionem sein kann (denn unser Raum ist immer das Leben oder was mehr, aber nicht was weniger als dieses ist) – auch im Tod ist etwas von jener reichen Katze, die die Maus erst laufen läßt, bevor sie sie frißt. Kein Mensch könnte es dem »Heiligen« verübeln, wenn er diesen Gott abschösse wie der Arbeiter den Millionär. Aber weder hat man je Gewisses von diesen Dingen gehört, noch ist das Gericht bekannt, das uns freisprechen würde. Die große Katze gibt im Leben nur kleine Gastrollen; immerhin, der Revolver des Arbeiters ist schon sehr sympathisch. (49–52)

Max Frisch

Der andorranische Jude

In Andorra lebte ein junger Mann, den man für einen Juden hielt. Zu erzählen wäre die vermeintliche Geschichte seiner Herkunft, sein täglicher Umgang mit den Andorranern, die in ihm den Juden sehen: das fertige Bildnis, das ihn überall erwartet. Beispielsweise ihr Mißtrauen gegenüber seinem Gemüt, das ein Jude, wie auch die Andorraner wissen, nicht haben kann. Er wird auf die Schärfe seines Intellektes verwiesen, der sich eben dadurch schärft, notgedrungen. Oder sein Verhältnis zum Geld, das in Andorra auch eine große Rolle spielt: er wußte, er spürte, was alle wortlos dachten; er prüfte sich, ob es wirklich so war, daß er stets an das Geld denke, er prüfte sich, bis er entdeckte, daß es stimmte, es war so, in der Tat, er dachte stets an das Geld. Er gestand es; er stand dazu, und die Andorraner blickten sich an, wortlos, fast ohne ein Zucken der Mundwinkel. Auch in Dingen des Vaterlandes wußte er genau, was sie dachten: sooft er das Wort in den Mund genommen, ließen sie es liegen wie eine Münze, die in den Schmutz gefallen ist. Denn der Jude, auch das wußten die Andorraner, hat Vaterländer, die er wählt, die er kauft, aber nicht ein Vaterland wie wir, nicht ein zugeborenes, und wie wohl er es meinte, wenn es um andorranische Belange ging, er redete in ein Schweigen hinein, wie in Watte. Später begriff er, daß es ihm offenbar an Takt fehlte, ja, man sagte es ihm einmal rundheraus, als er, verzagt über ihr Verhalten, geradezu leidenschaftlich wurde. Das Vaterland gehörte den andern, ein für allemal, und daß er es lieben könnte, wurde von ihm nicht erwartet, im Gegenteil, seine beharrlichen Versuche und Werbungen öffneten nur eine Kluft des Verdachtes; er buhlte um eine Gunst, um einen Vorteil, um eine Anbiederung, die man als Mittel zum Zweck empfand auch dann, wenn man selber keinen möglichen Zweck erkannte. So wiederum ging es, bis er eines Tages entdeckte, mit seinem rastlosen und alles zergliedernden Scharfsinn entdeckte, daß er das Vaterland wirklich nicht liebte, schon das bloße Wort nicht, das jedesmal, wenn er es brauchte, ins Peinliche führte. Offenbar hatten sie recht. Offenbar konnte er überhaupt nicht lieben, nicht im andorranischen Sinn; er hatte die Hitze der Leidenschaft, gewiß, dazu die Kälte seines Verstandes, und diesen empfand man als eine immer bereite Geheimwaffe seiner Rachsucht; es fehlte ihm das Gemüt, das Verbindende; es fehlte ihm, und das war unverkennbar, die Wärme des Vertrauens. Der Umgang mit ihm war anregend, ja, aber nicht angenehm, nicht gemütlich. Es gelang ihm nicht, zu sein wie alle andern, und nachdem er es umsonst versucht hatte, nicht aufzufallen, trug er sein Anderssein sogar mit einer Art von Trotz, von Stolz und lauernder Feindschaft dahinter, die er, da sie ihm selber nicht gemütlich war, hinwiederum mit einer geschäftlichen Höflichkeit überzuckerte; noch wenn er sich verbeugte, war es eine Art von Vorwurf, als wäre die Umwelt daran schuld, daß er ein Jude ist –

Die meisten Andorraner taten ihm nichts.

Also auch nichts Gutes.

Auf der andern Seite gab es auch Andorraner eines freieren und fortschrittlichen Geistes, wie sie es nannten, eines Geistes, der sich der Menschlichkeit verpflichtet fühlte: sie achteten den Juden, wie sie betonten, gerade um seiner jüdischen Eigenschaften willen, Schärfe des Verstandes und so weiter. Sie standen zu ihm bis zu seinem Tode, der grausam gewesen ist, so grausam und ekelhaft, daß sich auch jene Andorraner entsetzten, die es nicht berührt hatte, daß schon das ganze Leben grausam war. Das heißt, sie beklagten ihn eigentlich nicht, oder ganz offen gesprochen: sie vermißten ihn nicht – sie empörten sich nur über jene, die ihn getötet hatten, und über die Art, wie das geschehen war, vor allem die Art.

Man redete lange davon.

Bis es sich eines Tages zeigt, was er selber nicht hat wissen können, der Verstorbene: daß er ein Findelkind gewesen, dessen Eltern man später entdeckt hat, ein Andorraner wie unsereiner –

Man redete nicht mehr davon.

Die Andorraner aber, sooft sie in den Spiegel blickten, sahen mit Entsetzen, daß sie selber die Züge des Judas tragen, jeder von ihnen.

Du sollst dir kein Bildnis machen, heißt es, von Gott. Es dürfte auch in diesem Sinne gelten: Gott als der Lebendige in jedem Menschen, das, was nicht erfaßbar ist. Es ist eine Versündigung, die wir, so wie sie an uns begangen wird, fast ohne Unterlaß wieder begehen –

Ausgenommen wenn wir lieben.

Burleske

Eines Morgens kommt ein Mann, ein Unbekannter, und du kannst nicht umhin, du gibst ihm eine Suppe und ein Brot dazu. Denn das Unrecht, das er seiner Erzählung nach erfahren hat, ist unleugbar, und du möchtest nicht, daß es an dir gerächt werde. Und daß es eines Tages gerächt wird, daran gebe es keinen Zweifel, sagt der Mann. Jedenfalls kannst du ihn nicht wegschicken, du gibst ihm Suppe und Brot dazu, wie gesagt, und sogar mehr als das: du gibst ihm recht. Zuerst nur durch dein Schweigen, später mit Nicken, schließlich mit Worten. Du bist einverstanden mit ihm, denn wärest du es nicht, müßtest du sozusagen zugeben, daß du selber Unrecht tust, und dann würdest du ihn vielleicht fürchten. Du willst dich aber nicht fürchten. Du willst auch nicht dein Unrecht ändern, denn das hätte zu viele Folgen. Du willst Ruhe und Frieden, und damit basta! Du willst das Gefühl, ein guter und anständiger Mensch zu sein, und also kommst du nicht umhin, ihm auch ein Bett anzubieten, da er das seine, wie du eben vernommen, durch Unrecht verloren hat. Er will aber kein Bett, sagt er, kein Zimmer, nur ein Dach über dem Kopf; er würde sich, sagt er, auch mit deinem Estrich begnügen. Du lachst. Er liebe die Estriche, sagt er. Ein wenig, noch während du lachst, kommt es dir unheimlich vor, mindestens sonderbar, beunruhigend, man hat in letzter Zeit gar viel von Brandstiftung gelesen; aber du willst Ruhe, wie gesagt, und also bleibt dir nichts anderes übrig, als keinen Verdacht aufkommen zu lassen in deiner Brust. Warum soll er, wenn er will, nicht auf dem Estrich schlafen? Du zeigst ihm den Weg, den Riegel, die Vorrichtung mit der Leiter und auch den Schalter, wo man Licht machen kann. Allein in deiner schönen Wohnung, eine Zigarette rauchend, denkst du mehrere Male genau das gleiche, und es hilft dir nichts, die Zeitung zu lesen, zwischen den Zeilen liest du immer das gleiche: Man muß Vertrauen haben, man soll nicht immer gleich das Schlimmste annehmen, wenn man einen Menschen nicht kennt, und warum soll der gerade ein Brandstifter sein? Immerhin nimmst du dir vor, ihn morgen wieder auf den Weg zu schicken, freundlich, ohne daß ein Verdacht ihn kränken soll. Du nimmst dir nicht vor, kein Unrecht zu tun; das hätte, wie gesagt, zu viele Folgen. Du nimmst dir nur vor, freundlich zu sein und ihn auf freundliche Weise wegzuschicken. Du schläfst nicht immer in dieser Nacht; es ist schwül, und die Geschichten von wirklichen Brandstiftern, die dir so beharrlich einfallen, sind zu läppisch; ein Schlafpulver gibt dir die verdiente Ruhe ...

Und am anderen Morgen, siehe da, steht das Haus noch immer! –

Deine Zuversicht, dein Glaube an den Menschen, selbst wenn er im Estrich wohnt, hat sich bewährt. Es drängt dich nicht wenig, edel zu sein, hilfreich und gut; beispielsweise mit einem Frühstück. Von Angesicht zu Angesicht, so während ihr einen gemeinsamen Kaffee trinkt und jeder sein Ei löffelt, schämst du dich deines Verdachtes, kommst dir schäbig vor, und jedenfalls ist es unmöglich, ihn wegzuschicken. Wozu solltest du! Nach einer Woche, als er noch immer in deinem Estrich wohnt, hast du vollends das Gefühl, jede Angst überwunden zu haben, und auch als er eines Tages einen Freund bringt, der ebenfalls in deinem Estrich schlafen möchte, kannst du zwar zögern, aber nicht widersprechen. Zögern; denn es ist einer, der schon einmal, Gott weiß warum, im Gefängnis gesessen hat und eben erst entlassen worden ist. Ihn allein hättest du nie in deinen Estrich gelassen, das ist selbstverständlich. Er ist auch viel frecher als der erste, das macht vielleicht das Gefängnis, und ganz geheuer ist es dir nicht, zumal er, wie er ganz offen gesteht, wegen Brandstiftung gesessen hat. Aber gerade diese Offenheit, diese unverblümte, gibt dir das Vertrauen, das du gerne haben möchtest, um Ruhe und Frieden zu haben; am Abend, da du trotz ehrlichem Gähnen nicht schlafen kannst, liest du wieder einmal das Apostelspiel von Max Mell, jene Legende, die uns die Kraft des rechten Glaubens zeigt, ein Stück schöner Poesie; mit einer Befriedigung, die das Schlafpulver fast überflüssig macht, schläfst du ein ...

Und am anderen Morgen, siehe da, steht das Haus noch immer! –

Deine Bekannten greifen sich an den Kopf, können dich nicht verstehen, fragen jedesmal, was die beiden Gesellen denn in deinem Estrich machen, und liegen dir auf den Nerven, so daß du immer seltener an den Stammtisch gehst; sie wollen dich einfach beunruhigen. Und ein wenig, unter uns gesagt, ist es ihnen auch gelungen; jedenfalls hast du den beiden Gesellen etwas aufgelauert und nicht ohne Erfolg; allein, die Tatsache, daß sie kleine Fäßlein auf deinen Estrich tragen, kann deinen Menschenglauben nicht erschüttern, zumal sie es in aller Offenheit machten und auf deine eher scherzhafte Frage, was sie denn mit diesen Fäßlein wollten, sagten sie ganz natürlich, sie hätten Durst. In der Tat, es ist Sommer, und im Estrich, sagst du dir, muß es sehr heiß sein. Einmal, als du ihnen im Wege gestanden, ist ihnen ein Fäßlein von der Leiter gefallen, und es stank plötzlich nach Benzin. Einen Atemzug lang, gib es zu, warst du erschrocken. Ob das Benzin sei? hast du gefragt. Die beiden, ohne ihre Arbeit einzustellen, leugneten es auch in keiner Weise, und auf deine eher scherzhafte Frage, ob sie Benzin trinken, antworteten sie mit einer so unglaublichen Geschichte, daß du, um nicht als Esel dazustehen, wirklich nur lachen konntest. Später jedoch, allein in deiner Wohnung, lauschend auf das Rollen der munteren Fäßlein, die nach Benzin stinken, weißt du allen Ernstes nicht mehr, was du denken sollst. Ob sie deine edle Zuversicht wirklich mißbrauchen? Eine Weile, dein Feuerzeug in der Hand, die feuerlose Zigarette zwischen den trockenen Lippen, bist du entschlossen, die beiden Gesellen hinauszuwerfen, einfach hinauszuwerfen. Und zwar noch heute! Oder spätestens morgen. Wenn sie nicht von selber gehen. Ganz einfach ist es nämlich nicht, im Gegenteil; wenn sie keine Brandstifter sind, tust du ihnen sehr unrecht, und das Unrecht macht sie zu bösen Menschen. Böse gegen dich. Das willst du nicht. Das auf keinen Fall. Alles, nur kein schlechtes Gewissen. Und dann ist es immer so schwierig, die Zukunft vorauszusehen; wer keine Tatsachen sehen kann, ohne Schlüsse zu ziehen, und wer sich alles bewußt macht, was er im Grunde weiß, mag sein, daß er manches voraussieht, aber er wird keinen Augenblick der Ruhe haben; ganz zu schweigen von den Ahnungen. Die Tatsache, daß sie Benzin in deinen Estrich tragen, was heißt das schon? Der eine, der Freund, hat nur gelacht und gesagt, sie wollen die ganze Stadt anzünden. Das kann ein Scherz sein oder eine Aufschneiderei. Wenn sie es ernst meinten, würden sie es niemals sagen. Dieser Gedanke, je öfter du ihn wiederholst, überzeugt dich vollkommen; das heißt: er beruhigt dich. Und der andere sagte sogar: Wir warten nur auf den günstigen Wind! Es ist zu läppisch, sich von solchen Reden einschüchtern zu lassen; zu unwürdig. Einen Augenblick denkst du an die Polizei. Aber wie du, um dich nicht durch falschen Alarm lächerlich zu machen, dein Ohr an die Zimmerdecke legst, was keine ganz einfache Veranstaltung gekostet hat, ist es vollkommen still. Du hörst sogar, wie einer schnarcht. Und überhaupt kommt die Polizei nicht in Frage; schon weil du selber strafbar wärest, daß du solche Leute in deinem Hause hast, wochenlang, ohne sie anzumelden. Aber vor allem sind es natürlich die menschlichen Gründe, die dich von solchen Schritten abhalten. Warum sagst du den beiden Gesellen nicht einfach und offen, du möchtest kein Benzin in deinem Estrich haben? Offenheit ist immer das beste. Und dann, plötzlich, mußt du selber lachen, daß dir dieser Einfall jetzt erst kommt: sie werden doch dein Haus nicht anzünden, wenn sie selber im Estrich sind! Immerhin kletterst du, schon im Pyjama, noch einmal auf den Sessel, auf die Kommode und den Schrank. Er schnarcht wirklich. Eine halbe Stunde später ruhest auch du ...

Und am anderen Morgen, siehe da, steht dein Haus noch immer! –

Die Sonne scheint, der Wind hat gedreht, die Wolken ziehen über die Dächer der Stadt, und gesetzt den Fall, es wären wirklich böse Gesellen, gerade dann ist es nicht einfach, sie einfach hinauszuwerfen; nicht ratsam; denn solange du ihr Freund bist, werden sie wenigstens dich verschonen. Freundschaft ist immer das beste! Und wenn du an diesem Morgen hinaufgehst und sie zum Frühstück bitten willst, so ist das nicht Tücke, nicht Berechnung, sondern eines jener herzlichen Bedürfnisse, die man plötzlich hat und die man, wie du mit Recht sagst, nicht immer unterdrücken soll. Die Leiter zum Estrich ist bereits gezogen, die Türe offen, du mußt nicht einmal klopfen. Der Estrich, den du aus Rücksicht schon lange nicht mehr besucht hast, ist voll von den kleinen Fäßlein, und der eine, der Freund, der aus dem Gefängnis, steht eben an der Dachluke, hält den nassen Finger hinaus, um die Windrichtung festzustellen; der andere ist leider schon ausgegangen, komme aber wieder. Mit deinem Frühstück ist es also nichts. Er komme aber bestimmt im Laufe des Tages, sobald er, wie der Freund in seiner immer etwas scherzhaften Art sagt, die erforderliche Holzwolle beisammen habe. Holzwolle? Es fehlte nur noch, daß er von einer Zündschnur redete. Einen Augenblick bist du wieder etwas verwirrt, etwas betreten, was du allerdings nicht zeigen willst. Im Grunde, das weißt du, kann kein Mensch so frech sein, wie dieser sich den Anschein gibt, nur weil er meint, du fürchtest ihn. Ein für allemal entschlossen, dich nicht zu fürchten, entschlossen, deine Ruhe und deinen Frieden zu erhalten, tust du, als hättest du nichts gehört, und im übrigen, was das Frühstück betrifft, kann das ja auch ein andermal sein. Deine freundschaftliche Geste ist schon als solche nicht wertlos. Vielleicht zum Abendbrot? Mit Vergnügen, sagt der Kauz, sofern sie Zeit hätten und nicht arbeiten müßten; das hänge vom Wind ab. Er ist wirklich ein Kauz. Und natürlich bist du nun nicht wenig neugierig, ob sie tatsächlich zum Abendessen kommen, ob sie deine Freundschaft überhaupt wollen. Vielleicht hättest du deine Freundschaft schon früher bekunden sollen. Aber lieber jetzt, sagst du, als zu spät! Mit Recht vermeidest du ein allzu besonderes, ein auffälliges Abendessen; immerhin holst du einen Wein aus dem Keller, um ihn für alle Fälle kühl zu stellen. Leider kann man am Abend, als sie gegen neun Uhr endlich kommen, nicht mehr auf der Terrasse sitzen; es ist zu windig. Ob er Holzwolle gefunden habe? fragst du, um dem Gespräch bald eine persönliche Note zu geben. Holzwolle? sagt er und schaut den Freund an, wie man einen Verräter anschaut. Dann, Gott weiß warum, mußt du selber lachen, und schließlich lachen sie auch. Holzwolle, nein, Holzwolle habe er nicht gefunden, aber etwas anderes, Putzfäden aus einer Garage. Gefunden; daß das nichts anderes heißt als gestohlen, daran kannst du nicht zweifeln. Überhaupt haben sie sehr eigene Ansichten betreffend Recht und Unrecht. Nach der ersten Flasche, du hast den Wein nicht umsonst gekühlt, erzählst du, daß auch du schon Unrecht begangen hast. Da sie schweigen, erzählst du mehr und mehr, indem du, ihre Freundschaft ist es dir wert, die zweite Flasche entkorkst. Offensichtlich fühlen sie sich wie zu Hause; Der Freund, der Frechere, dreht deinen Rundfunk an, um den Wetterbericht zu hören. Dann wünschen sie nur noch eines: Streichhölzer. Nichts wäre verfehlter, als wenn du jetzt wieder zusammenzucktest; auf Verdacht ist keine Freundschaft aufzubauen. Wozu Streichhölzer? Es gelingt dir, jedes beleidigende Zittern zu vermeiden und Zigaretten anzubieten, als ginge dir nichts durch den Kopf, und dann, das ist kein schlechter Einfall, bietest du Feuer mit deinem eignen Feuerzeug, das du nachher wieder in die Tasche steckst. Das Gespräch geht weiter, das heißt, sie hören zu, sehen dich an und trinken Wein. Dein ehrliches Geständnis, wieviel Unrecht du begangen hast, rührt sie nicht mehr, als es die Höflichkeit verlangt; überhaupt wirken sie sehr geistesabwesend. Eine dritte Flasche, die du schon zwischen den Knien hast, lehnen sie ab. Da du sie trotzdem öffnest, wirst du sie allein trinken müssen. Nur beim Abschied, als du gewisse Hoffnungen ausdrückst, daß die Menschen einander näherkommen und einander helfen, bitten sie dich nochmals um Streichhölzer. Ohne Zigaretten. Du sagst dir mit Recht, daß ein Brandstifter, ein wirklicher, besser ausgerüstet wäre, und gibst auch das, ein Heftlein mit gelben Streichhölzern, und am anderen Morgen, siehe da, bist du verkohlt und kannst dich nicht einmal über deine Geschichte verwundern . . .

Wolfdietrich Schnurre

Ein Kenner

Nachdem der Metzgergehilfe sich zum Wehrminister heraufgeboxt hatte, lag ihm vor allem daran, seine Buchten mit Kälbern zu füllen. Da er deren Störrischkeit kannte, beschloß er, sie an ihren wundesten Punkten zu packen: bei ihren Minderwertigkeitskomplexen und ihrer mangelnden Intelligenz. »Nichts«, hieß es daher auf den Plakaten, die er überall anbringen ließ, »ist ehrenwerter, als im Schlachthaus zu sterben; nichts verantwortungsvoller, als Dienst in meiner Herde zu tun.« Und alle, alle Kälber kamen. (33)

Politik

Eine Gans war über Nacht auf dem Eis festgefroren. Das sah der Fuchs, und er schlich, sich die Schnauze leckend, hinüber. Dicht vor ihr jedoch brach er ein, und es blieb ihm nichts weiter übrig, als sich schwimmend über Wasser zu halten. »Weißt du was«, schnaufte er schließlich: »begraben wir unsere

Feindschaft, vertragen wir uns.« Die Gans zuckte die Schulter. »Kommt darauf an.« »Ja, aber worauf denn!« keuchte der Fuchs. »Ob's taut oder friert«, sagte die Gans. (41)

Gehorsam

Eine Kaulquappe hatte einen Weißfisch geehelicht. Als ihr Beine wuchsen und sie ein Frosch zu werden begann, sagte sie eines Morgens zu ihm: »Martha, ich werde jetzt bald einer Berufung aufs Festland nachkommen müssen; es wird angebracht sein, daß du dich beizeiten daran gewöhnst, auf dem Lande zu leben.« »Aber um Himmels willen!« rief der Weißfisch verstört, »bedenke doch, Lieber: meine Flossen! Die Kiemen!« Die Kaulquappe sah seufzend zur Decke empor. »Liebst du mich, oder liebst du mich nicht?« »Ei, aber ja«, hauchte der Weißfisch ergeben. »Na also«, sagte die Kaulquappe. (55)

Ein folgenschwerer Unglücksfall

Ein Chamäleon, das sich gerade auf Grün eingestellt hatte, mußte entdecken, daß es seine Gabe, die Farbe zu wechseln, verloren hatte. »Aber warum weinst du denn?« fragte man es. »Weil ich grün sein muß, auch wenn die Blauen ans Ruder kommen«, schluchzte es. (64)

Ein Beitrag zur Farbenlehre

Das Eichhörnchen wurde vor einen Ausschuß befohlen und sollte Rechenschaft über die Farbe seines Felles ablegen. »Aber du bist doch genau so gefärbt!« sagte das Eichhörnchen zum Fuchs, der am Vorstandstisch saß. »Der Augenschein trügt«, sagte der Fuchs: »Ich habe mich längst von meinem Fell distanziert.« (72)

Genügsamkeit

Auf ein Meerschweinchen, das zeit seines Lebens in eine finstere Kammer eingesperrt gewesen war, fiel ein Lichtschein aus der Taschenlampe eines Einbrechers. »Die Himmelsgloriole!« rief das Meerschweinchen verzückt. (81)

Bleib doch zum Essen, sagte der Fuchs zur Gans, die an seiner Höhle vorbeikam.

Danke gern, was gibt es denn?

Natürlich Gänsebraten, hauchte der Fuchs und drehte ihr den Hals um. (9)

Es ist nicht schön von dir, schimpfte ein Sperling, der es gesehen hatte, immer wieder die armen Gänse so plump zu überlisten.

Umgekehrt, sagte der Fuchs, es ist nicht schön von den Gänsen, sich immer wieder so plump überlisten zu lassen. (9)

Die Gänse kamen zusammen, die kapitolinischen zu ehren. In der Festrede hieß es: Welche Größe muß ihr Geschnatter gehabt haben. Wir, arme Nachfahren, können es nicht mehr begreifen, nur bewundern können wir. (19)

Siehst du, hielten der einsamen Schwalbe die Spatzen an einem kalten Junitag vor, du machst allein noch keinen Sommer.

Gewiß nicht, sagte die Schwalbe, aber warum eigentlich sind hundert ein Argument? (27)

Ein Kaninchen traf einen Hasen.

Kümmerlich, bemerkte der Hase, sich von den Menschen in einem Stall gefangen halten zu lassen.

Da wir beide Braten werden, sagte das Kaninchen, ist der ganze Unterschied: ich warte und du rennst. (27)

Der Löwe trat morgens vor seine Höhle und brüllte.

Nicht so laut, Sire, rief ein Affe.

Sie sollten früher aufstehen, bemerkte ein Esel, der in der Nähe war. Und nicht so drastisch riechen.

Wie, brüllte der Löwe, bin ich nicht mehr König der Tiere?

Schon, sagte der Affe, aber als konstitutioneller Monarch einer parlamentarischen Demokratie. (28)

Ein Wolf fiel in die Schafhürde ein und tötete.

Halt, schrie ein Schaf, warum tust du das?

Bitte, sagte der Wolf, kann ich anders, ein Wolf?

Sicher, rief das Schaf rasch, das ist gerade das Zeichen der Freiheit.

Der Wolf besann sich. Gut, sagte er, ich laß es bleiben. Aber auch du sollst frei sein.

Freudig stimmte das Schaf bei: Wie kann ich dir davon einen Beweis geben?

Einfach, sagte der Wolf, bitte mich aus freien Stücken, dich zu fressen. (42)

Warum wehrt ihr euch nicht, rief der Adler den Schafen zu, als er sah, wie der Wolf eins nach dem anderen riß.

Schafe, die sich gegen Wölfe wehren, sind gegen die Natur, schrie eines zurück und ließ sich fressen. (42)

Die Esel warfen sich abermals in die Löwenhaut.

Wie, rief das Pferd, obwohl ihr das letzte Mal so geprügelt worden seid! Werdet ihr niemals klug?!

Aber gerade, sagte der älteste Esel. Jetzt sind wir viel besser vorbereitet. Wir haben gelernt zu brüllen. (43)

Was Singen und Arbeiten betrifft, so habe ich schon deiner Mutter gute Ratschläge gegeben, sagte die Ameise zur Grille im Oktober. Ich weiß, zirpte die, aber Ratschläge für Ameisen. (55)

Der Esel mit der Löwenhaut verkaufte sie einem Artgenossen zu einem beträchtlichen Preis.

Welch ein Esel, sagte er. Wer trägt heute noch Löwenhaut.

Und er kaufte sich für das Geld ein Grammophon: Nun kann ich aufs Eis gehen, tanzen. (55)

Warum seid ihr gegen die Katzen? fragte eine Maus die anderen alle.

Dumme Frage; weil sie uns fressen.

Das ist primitiv, sagte die Maus. Sucht sie zu verstehen. (62)

An dem Weinstock, dessen Trauben er einst als zu sauer erklärt hatte, kam der Fuchs, alt geworden, wieder vorbei.

Nun hingen die Beeren ihm fast ins Maul.

Welch kümmerliche Art, mein Urteil beeinflussen zu wollen, sagte der Fuchs und ging vorüber. (62)

Der Esel mit der Löwenhaut kam zu den Schlangen.
Stark bin ich. Wie werde ich klug? fragte er.
Häute dich, rieten die Schlangen.
Aber dann bin ich ja wieder der alte Esel.
Alle Klugheit, sagten die Schlangen, beginnt mit Selbsterkenntnis. (63)

Der Wolf kam zum Bach. Da entsprang das Lamm.
Bleib nur, du störst mich nicht, rief der Wolf.
Danke, rief das Lamm zurück, ich habe im Äsop gelesen. (64)

Du meckerst den ganzen Tag, schalt die Lerche die Ziege.
Und du, bemerkte die Ziege, kannst nichts anderes als jubilieren. (66)

Zu den Fröschen des Aristophanes kam ein Laubfrosch.
Ich möchte auch ins Literarische, sagte er.
Dazu ist nötig, bemerkten die Frösche des Aristophanes, daß man etwas zu sagen hat.
Und quakten. (71)

Quellennachweis und Kommentar

Die Auswahl der in der vorliegenden Sammlung aufgenommenen Texte soll zusammen mit den nachfolgenden Anmerkungen des Herausgebers Grundformen und zeittypische Darstellungsweisen von FABELN, PARABELN UND GLEICHNISSEN möglichst exemplarisch sichtbar machen. – Dem Abdruck der Texte liegen, soweit möglich, die ersten öffentlichen oder historisch-kritischen Ausgaben zugrunde. – Sofern Änderungen nicht ausdrücklich angegeben sind, wurden auch Orthographie und Interpunktion der Quelle beibehalten. (Hieraus erklärt sich die bisweilen unterschiedliche Orthographie innerhalb eines Textes, wie z. B. in GELLERTS ›Füllen‹: »Glük« neben »Glück«.) – Eingeklammerte Zahlen nach dem Text geben die Seitenzahlen der Druckvorlage an. – Überschriften, die der Herausgeber von sich aus hinzugefügt hat, sind in Klammern gesetzt; entsprechende Hinweise erfolgen im Kommentar.

Die Zusammenstellung der Bibliographie im Anhang wurde unter literarisch-theologisch-didaktischen Aspekten vorgenommen und ist bewußt knapp gehalten, da viele der hier angegebenen Werke wiederum ausführliche Literaturverzeichnisse zu den speziellen Themen enthalten (vgl. besonders das ›Reallexikon der deutschen Literaturgeschichte‹, ›Die Religion in Geschichte und Gegenwart‹ [RGG], Leibfried ›Fabel‹, Linnemann ›Gleichnisse Jesu‹).

Altes Testament

Quelle: Zürcher Bibel

Die Fabel des Joas (2. Könige 14,9) (vgl. 2. Chronik 25, 17–19)
Die Parabel des Propheten Nathan (2. Samuel 12, 1–15)
Die Fabel Jothams (Richter 9, 7–15)
Das Gleichnis vom Weinberg (Jesaja 5,1–7)

Neues Testament

Quelle: Zürcher Evangelien-Synopse (3. Aufl., Kassel 1963); Ernst Haenchen, Die Botschaft des Thomas-Evangeliums, Berlin 1961.

Auf den Abdruck der neutestamentlichen Gleichnisse, die nur bei *einem* Evangelisten erscheinen, wurde verzichtet, da man sie jederzeit im Neuen Testament nachlesen kann.

Bei den abgedruckten Texten habe ich mich wortgetreu an die Zürcher Evangelien-Synopse gehalten; die genauere Gegenüberstellung der Texte soll den Vergleich erleichtern und deutlich machen, an welchen Stellen aus der Parabel eine Allegorie wird.

Zur Ergänzung der drei kanonischen Evangelien (Matthäus, Markus, Lukas) wurde das Thomas-Evangelium (in der Ausgabe von Ernst Haenchen) herangezogen, das bei dem geringen Umfang von nur insgesamt 114 Sprüchen auffallend viele Gleichnisse und Parabeln enthält, u. a. – um nur die wichtigsten zu nennen – die Gleichnisse vom verlorenen Schaf, vom Senfkorn und Sauerteig, vom Schatz im Acker und der kostbaren Perle, vom Fischnetz; die Parabeln vom Sämann, von den bösen Weingärtnern (Allegorie?), vom großen Abendmahl, vom Unkraut unter dem Weizen; die Gleichnisse (ohne Parallele im Neuen Testament) vom Krug und Attentäter.

Entdeckt wurde das Thomas-Ev. erst 1945 – als ein kleiner Teil der bei Nag-Hammadi gefundenen 13 Papyrusbücher –, 1956 durch fotografischen Nachdruck der wissenschaftlichen Öffentlichkeit zugänglich gemacht und 1959 von J. Leipoldt zuerst ins Deutsche übersetzt.

Das Thomas-Ev. wurde ca. 400 n. Chr. niedergeschrieben (vermutlich nach einer griechischen Vorlage von ca. 150 n. Chr.). Es ist anzunehmen, daß der Verfasser die synoptischen Evangelien (Matth., Mark., Luk.) kannte; da das Thomas-Ev. dennoch nur Sprüche enthält, dürfte sein Verfasser Gnostiker gewesen sein, für den die Wundergeschichten und die Passionsgeschichte unwesentlich waren.

1. Das Gleichnis vom verlorenen Schaf:
Matth. 18,12 / Luk. 15,1–7 / Thomas-Ev.
2. Die Gleichnisse vom Senfkorn und Sauerteig:
Matth. 13,31–33 / Mark. 4,30–32 / Luk. 13, 18–21 / Thomas-Ev.
3. Die Gleichnisse vom Schatz im Acker und von der kostbaren Perle:
Matth. 13,44–46 / Thomas-Ev.
4. Das Gleichnis vom Fischnetz:
Matth. 13,47–50 / Thomas -Ev.
5. Die Parabel vom Unkraut unter dem Weizen:
Matth. 13,24–30 / Thomas-Ev.
6. Die Parabel vom Sämann:
Matth. 13,3–9 / Mark. 4,2–9 / Luk. 8,4–8 / Thomas-Ev.
7. Die Parabel von den bösen Weingärtnern (Allegorie?):
Matth. 21,33–41 / Mark. 12,1–9 / Luk. 20,9–16 / Thomas-Ev.
8. Die Parabel vom großen Abendmahl:
Luk. 14,15–24 / Matth. 22, 1–10 / Thomas-Ev.
(Matth. = Allegorie; vgl. die Hinweise in der Einleitung!)
9. Die Gleichnisse vom Krug und vom Attentäter:
Thomas-Ev.

Das jüdische Gleichnis

1. Rabbinische Gleichnisse des neutestamentlichen Zeitalters (ohne Mechilta)

Quelle: Paul Fiebig, Die Gleichnisreden Jesu im Lichte der rabbinischen Gleichnisse des neutestamentlichen Zeitalters, J.C.B. Mohr, Tübingen, 1912.

»Die rabbinische Literatur gliedert sich in zwei große Schichten:

1. die *tannaitische* Schicht, d.h. die aus der Zeit bis etwa 200 n.Chr. stammenden rabbinischen Überlieferungen,

2. die *amoräische* Schicht, d.h. die aus der Zeit bis etwa 500 n.Chr. stammenden rabbinischen Überlieferungen. Für die Erforschung des dem Neuen Testament gleichzeitigen Judentums kommt natürlich die erste Schicht vor allem in Betracht. Zu dieser gehören Werke wie die Mischna, Tosephta, Siphra, Siphri, Mechilta. Außerdem aber gehören auch zu dieser ersten Schicht viele Traditionen, die uns innerhalb der zweiten Schicht der rabbinischen Literatur erhalten sind; denn man muß hier folgende Sachlage bedenken: die Stoffmassen der rabbinischen Literatur sind ursprünglich mündlich tradiert, also gedächtnismäßig in mündlicher Überlieferung angeeignet worden.« (Fiebig, S. 1)

Nr. 3a: der Text stammt aus dem *babylonischen Talmud* (vgl. Fiebig, S. 19). – Johanan ben Zakai: um 70 n.Chr.

Nr. 12/Nr. 13: die beiden Texte stammen aus der *Tosephta* (vgl. Fiebig, S. 68). – Rabbi Jehoschua ben Hananja: um 90–130 n.Chr. – vgl. zu Nr. 12 die entsprechende äsopische Fabel, die eine ganz andere Übertragung hat. – Bei Nr. 13 handelt es sich um einen Vergleich, nicht um ein Gleichnis.

Nr. 18: der Text stammt aus dem *Babli* (vgl. Fiebig, S. 80). – Rabbi Akiba: um 130 n. Chr.

Nr. 23: der Text stammt aus dem *Midrasch rabba* zum 5. Buch Mose (vgl. Fiebig, S. 86)

Nr. 24: der Text stammt aus dem *jerusalemischen Talmud* (abgeschlossen um 400 n. Chr.) – Rabbi Hija: wohl um 250 n. Chr. – Rabbi Zeira I: um 300 n. Chr. – »Da es sich hier um lauter Amoräer handelt, ist das Gleichnis schwerlich älter als die amoräische Zeit. Es kann also schon deswegen nicht als ›Quelle‹ für Jesus, insbesondere nicht für das Gleichnis von den Arbeitern im Weinberg Matth. 20, an das man sich bei diesem rabbinischen Text erinnert fühlt, in Betracht kommen. Angenommen aber, es wäre – etwa weil es hebräisch ist – älter als die amoräische Zeit, so würde auch dann gegen die Originalität von Matth. 20 aus obigem Text nichts zu entnehmen sein. *Das* beweist allerdings der Text, daß die rabbinischen Gleichnisse in der Form den Gleichnissen Jesu durch Einführungsformel und Inkonzinnität des Anfangs völlig gleichen, auch daß die Metaphern ›König‹ = Gott, die ›Menschen‹ = Arbeiter sowohl Jesu als den Rabbinern geläufig waren. Aber im Inhalt, im Gedanken sind doch andererseits die Unterschiede zwischen Jesu Gleichnis Matth. 20 und obigem Text deutlich: Jesus will die Güte Gottes veranschaulichen. R. Zeira will nicht etwa sagen, daß die Güte Gottes gleichen Lohn für verschiedene Arbeit gewährt, sondern er will sagen, daß der geschickte Arbeiter in kurzer Zeit viel mehr leisten kann, als die anderen in langer Zeit. So ärmlich war andererseits R. Zeira I nicht, daß ihm, woran man denken könnte, bei der Bildung seines Gleichnisses etwa Matth. 20 als Vorbild vorgeschwebt hätte.« (Fiebig, S. 88)

Nr. 25: der Text stammt aus dem *Midrasch rabba* zum Hohenlied, ca. 7. oder 8. Jh. n. Chr. (vgl. Fiebig, S. 85 und 92). – Rabbi Hanina ben Abbahu: um 320 n. Chr. – Beachte, daß das hebräische Wort »Meschalim« (Plural von »Maschal«) sowohl »Sprüche« wie auch »Gleichnisse« bedeutet!

Nr. 27: der Text stammt aus dem *Babli*. – »Das Gleichnis hat die bekannte schulmäßige Form. Es steht im Dienst der Erklärung einer Bibelstelle. Geläufige Metaphern liegen ihm zugrunde: König = Gott, Knechte = Menschen. Mit den ›Gewändern‹ ist wohl nicht nur der Leib, sondern auch die Seele, die gesamte Ausstattung also des Menschen, gemeint. Der Sinn ist: rein soll der Mensch zu Gott zurückkehren, sonst bestraft ihn Gott.« (Fiebig, S. 95) – »Das Gleichnis als Ganzes erinnert auch an das Gleichnis Jesu von dem Mann ohne hochzeitliches Kleid Matth. 22, 11ff. Davon aber, daß Jesus Matth. 22,11ff. von obigem Text abhängig sei, kann nicht die Rede sein. Die Gedanken sind ähnlich, auch die Bilder sind beiderseits ähnlich, aber nicht identisch. Vor allem fehlt in obigem Text die eschatologisch-messianische Beziehung der Worte Jesu Matth. 22, auch handelt es sich bei Jesus nicht um die Erklärung einer Bibelstelle.« (Fiebig, S. 96)

2. Gleichnisse der Mechilta

Quelle: Paul Fiebig, Altjüdische Gleichnisse und die Gleichnisse Jesu, J.C.B. Mohr, Tübingen und Leipzig, 1904.

Die Mechilta (vgl. Fiebig, S. 7) ist ein Kommentar zum Exodus; das Wort bedeutet: Maß, Regel, Richtschnur

Zu 1. und 2.: Einige sprachliche Vereinfachungen wurden vorgenommen.

Die orientalische Fabel

Quelle: 1. *Pantschatantra.*

Fünf Bücher indischer Fabeln, Märchen und Erzählungen. Aus dem Sanskrit übersetzt, mit Einleitung und Anmerkungen von Theodor Benfey. Zweiter Teil: Übersetzung und Anmerkungen, Brockhaus, Leipzig 1859.

2. *Hitopadesa.*
Eine alte indische Fabelsammlung, aus dem Sanskrit zum ersten Mal ins Deutsche übersetzt von Max Müller, Brockhaus, Leipzig, 1844. (Die Überschriften in Klammern stehen nur im Inhaltsverzeichnis, nicht im Text.)
3. Calila und Dimna oder die Fabeln Bidpais.
Aus dem Arabischen von Philipp Wolff, 2 Bändchen, Scheibles Buchhandlung, Stuttgart 1837. (Die abgedruckten Texte stammen alle aus dem 1. Band.)
(1–3) Die Zahlen in Klammern geben die Seitenzahlen an.

1. Die Entstehung der indischen Fabelsammlung ›Pantschatantra‹ läßt sich nach Benfey nicht genauer angeben als: nach dem 2. Jh. v. Chr. und vor dem 6. Jh. n. Chr. Der terminus post quem (2. Jh. v. Chr.) heißt in diesem Fall, daß die vielen im ›Pantschatantra‹ enthaltenen äsopischen Fabeln ein Beweis dafür sind, wie gut man bereits die griechischen Fabeln gekannt hat. Dies kann erst im 2. vorchristlichen Jahrhundert möglich gewesen sein.

Die Sammlung enthält insgesamt 83 Erzählungen, von denen man allerdings nur einen Teil als echte Fabeln bezeichnen kann. Auch Fabeln, die offensichtlich griechischen Ursprungs sind, wie beispielsweise »Die Elefanten und die Mäuse« (S. 68) werden so ausgeschmückt, daß sie in die Nähe des Märchens geraten. Diese märchenhaften Züge der orientalischen Fabeln dürfen uns jedoch nicht darüber hinwegtäuschen, daß es sich um Lehrdichtung mit politischem Akzent handelt.

2. Die indische Fabelsammlung ›Hitopadesa‹ ist aus dem ›Pantschatantra‹ und einem zweiten Werk gebildet. Die Sammlung umfaßt 4 Bücher mit insgesamt 43 Fabeln (Erzählungen) und mehr als 15 mal so viel Sprichwörtern. Der Titel (›Hitopadesa‹) bedeutet: freundlicher Rat.

3. ›Hitopadesa‹ und dessen Vorlage ›Pantschatantra‹ sind die Quellen der arabischen Fabelsammlung ›Calila und Dimna oder die Fabeln Bidpais‹. Der eigenartige Titel ergibt sich aus der doppelten Rahmenhandlung. Der Philosoph Bidpaï, das Haupt der Brahmanen, erzählt dem König Dabschelim die Geschichte von den beiden Schakalen Calila und Dimna. Der Schakal Dimna steht im Dienst des Königs der Tiere, des Löwen, und erzählt ihm und seinem Bruder Calila Gleichnisse (!). Später wird er seiner Treulosigkeit wegen vom Löwen umgebracht.

Das Buch wurde aus dem Indischen zunächst ins Altpersische, dann ins Arabische übersetzt. »Schwer ist es zu begreifen, daß ein Buch wie vorliegendes der Fabel Bidpais, dem der Orient wie der Occident seine Bewunderung gezollt, ein Buch, das wohl nächst der Bibel in die meisten Sprachen der Welt übersetzt ist, ein Buch, das ganze Völker begeisterte und dem Könige und Fürsten Aufmerksamkeit und Huldigung schenkten, – schwer zu begreifen ist es, sage ich, daß ein solches Buch bei uns in solches Dunkel der Vergessenheit geraten ist, daß außer Gelehrten vom Fach niemand mehr eine Kenntnis von demselben hat.« (Ph. Wolff, S. XV)

Homer

Quelle: Homer, Ilias. Übertragen von Hans Rupé. Heimeran, München, 1948 (zweisprachige Ausgabe) – (Die Zahlen in Klammern geben den Gesang und die Zeile an.)

Nachdem man lange Zeit glaubte, daß es sich um »Volksdichtung« handele, gilt die ›Ilias‹ heute wieder als einheitliches Werk, das dem griechischen Dichter Homer zugeschrieben wird. Die ›Ilias‹ behandelt in 24 Gesängen einen Ausschnitt aus den zehnjährigen Kämpfen der Griechen vor Troja; sie entstand (d.h. wurde abgeschlossen) im 8. Jahrhundert vor Christus. Historisch exakte Angaben über das Leben Homers gibt es nicht. Der Legende nach handelt es sich um einen blinden Sänger von Chios. Das berühmte Bild ist eine Phantasiedarstellung.

Die Ilias enthält eine große Anzahl von Gleichnissen. Zu der hier getroffenen Auswahl aus dem zweiten und achtzehnten Gesang vgl. Roland Hampe, Die Gleichnisse Homers und die Bildkunst seiner Zeit, Tübingen 1952.

Die griechisch-römische Fabel

1. Äsop

Quelle: Aesopische Fabeln. Zusammengestellt und ins Deutsche übertragen von August Hausrath. Urtext und Übertragung, Heimeran, München 1940. (Die Zahlen in Klammern geben die Seitenzahlen an.)

Äsop stammt (nach Herodot, Plutarch u.a.) aus Phrygien in Vorderasien, lebte im 6. Jh. v.Chr. als ein Sklave, der später freigelassen wurde und 560 starb. Sicher belegbar sind jedoch auch diese geringen Angaben nicht. Es ist sogar möglich, daß Äsop überhaupt keine historische Gestalt ist, sondern – wie Hausrath (S. 114) meint – nur eine »Verkörperung des fabulierenden griechischen Volksgeistes«.

Äsops Fabeln wurden zunächst nur mündlich überliefert und erst später aufgeschrieben. Als Charakteristika der Fabeln Äsops nennt Hausrath (S. 140): »klarer Aufbau, anschauliche Erfassung der Szene, behaglicher Ton der Gespräche auf jener ›Elementarstufe der geistigen Entwicklung, wo der Mensch noch ganz auf du und du mit Tier und Pflanze und aller Kreatur zu verkehren vermag‹ (Crusius). So entstehen Gebilde von wirkungsvoller Plastik. (. . .) Aber neben dem unterhaltsamen Moment steht auch hier schon das Belehrende, das Grübelnde.«

2. Babrius

Quelle: Babrius' Fabeln. Übersetzt in deutschen Choliamben. Von W. Hertzberg, Halle 1846. (Die Zahlen in Klammern geben die Seitenzahlen an. Die Überschriften stammen von mir und stehen nicht im Original.)

Babrius (2. Jh. n. Chr.), den Herder als den einzigen mustergültigen Fabeldichter des Altertums bezeichnet hat, bearbeitete die äsopischen Fabeln in Versform. Er wählte den Choliambus, den »Hink-Jambus« (von griech. »cholos« = hinkend), einen sechshebigen jambischen Vers, bei dem an die Stelle des sechsten Jambus ein Trochäus tritt. Deshalb sagt man, daß er im letzten Vers »hinkt« oder »lahm« ist. »Bei der verhältnismäßigen Seltenheit des choliambischen Tonfalls im Deutschen zwingt die überraschende Umbiegung des Rhythmus vielfach dazu, den Ausdruck herabzustimmen und dem Prosaischen zu nähern, wie es dem Ethos der Fabel entspricht, und somit aus der Not eine Tugend zu machen.« (Ludwig Mader, Antike Fabeln, Artemis, Zürich 1951, S. 25)

3. Phädrus

Quelle: Phädrus' Äsopische Fabeln, deutsch von Joh. Siebelis, Langenscheidtsche Verlagsbuchhandlung, Berlin-Schöneberg, 3. Aufl. o. J. (Die Zahlen in Klammern geben die Seitenzahlen an.)

Phädrus – »der Freigelassene des Augustus«, wie er sich selber nennt – lebte im 1. Jh. n.Ch., war zunächst Sklave im Haus des Augustus und erhielt später die Freiheit. Phädrus führte die äsopische Fabel in Rom ein. Er schreibt, wie er selbst sagt, »im alten Stil zwar, doch mit neuem Inhalt« (S. 41). Zu den äsopischen Fabeln, die er in lateinischen Versen nachdichtet, ergänzt er eigene Erfindungen.

Die 5 Bücher der Ausgabe von Siebelis enthalten insgesamt 92 Fabeln. Phädrus wählt den sechsfüßigen Jambus, auch Trimeter genannt, da die Griechen nach »Dipodien« = Doppelfüßen maßen. Er stellt die Lehre meist als zweizeilige Sentenz an den Anfang seiner Fabeln, die bewußt knapp gehalten sind.

4. Avianus

Quelle: Aviani Fabulae. Recensuit Antonius Guaglianone, Paravia Torino 1958 (Corpus Scriptorum Latinorum Paravianum) – Die vorangestellten römischen Ziffern geben die Nummern der insgesamt 42 Fabeln des Avianus an. – Die Übersetzung stammt von: Ludwig Mader, Antike Fabeln. Eingeleitet und neu übertragen, Artemis-Verlag, Zürich 1951.

Der römische Fabeldichter Avianus lebte im 4. Jh. n. Chr. Er schrieb in Distichen, was der Fabel ein übertriebenes Pathos verleiht, unnatürlich und gekünstelt wirkt.

5. Romulus

Quelle: Der Lateinische Äsop des Romulus und die Prosa-Fassungen des Phädrus. Kritischer Text mit Kommentar und einleitenden Untersuchungen von Georg Thiele, Carl Winters Universitätsbuchhandlung, Heidelberg 1910. – Die vorangestellten römischen Ziffern geben die Nummern der 98 Fabeln an. – Die Übersetzung stammt von: Ludwig Mader, Antike Fabeln. Eingeleitet und neu übertragen, Artemis-Verlag, Zürich 1951.

Die einzige größere Fabelsammlung in lateinischer Prosa ist der sog. Romulus (ca. 400 n. Chr.). Bei diesem Romulus-Corpus handelt es sich nur z. T. um eine Bearbeitung des Phädrus; die bedeutendere Quelle dagegen ist ein lateinischer Prosa-Äsop, dessen griechisches Original aus dem 1. Jh. n. Chr. stammt (vgl. dazu die Einleitung von Thiele).

Titus Livius

Quelle: Titus Livius, Römische Geschichte, übersetzt von C. F. Klaiber, 1. Bändchen, 3. Aufl., Stuttgart 1827, S. 174ff. (Von mir ergänzt wurden die Absätze im Text und die in Klammern gesetzte Inhaltsangabe am Anfang. Der Titel steht nicht im Original.)

Dieses berühmte Gleichnis von den Gliedern des Leibes ist immer wieder bearbeitet worden (vgl. dazu die Themensynopse). Der römische Geschichtsschreiber Titus Livius (geb. um 59 v. Chr., gest. 17 n. Chr.) bezeichnet es als eine »Sage«, nennt aber zugleich Kennzeichen der parabolischen Rede (»ungeschmückte Redeweise«, »Vergleichung«). Der Text hat, so wie er von Livius überliefert wird, nicht die formale Geschlossenheit einer äsopischen Fabel. Das hat sich auch in der Geschichte dieses Fabelmotivs bemerkbar gemacht.

Ulrich Boner

Quelle: Der Edelstein von Ulrich Boner, hg. v. Franz Pfeiffer, Leipzig 1844. (In Klammern stehen die Seitenzahlen.)

Von dem Dominikaner Ulrich Boner (ca. 1324–49) aus Bern ist uns nur diese Sammlung von Fabeln (›bispeln‹) überliefert. Sie entstand 1349 und erschien 1461 als erstes deutsches Buch im Druck bei Albrecht Pfister in Bamberg.

Das Werk war nicht nur im Mittelalter hochberühmt, sondern wurde u. a. auch von Lessing sehr geschätzt. G. G. Gervinus, der berühmte Literarhistoriker des 19. Jahrhunderts, sieht in Boners Fabel ein Musterbeispiel der Gattung.

Die Sammlung enthält genau 100 Fabeln, die Boner aus dem Lateinischen (u. a. von Avianus) übernommen und in Versform (vierhebiger Jambus, paariger Reim) neu erzählt hat. Die Zahl der Zeilen reicht von 40–100; die meisten Fabeln sind 50–60 Zeilen lang. Die Lehre steht am Ende der Fabel. Sie wird ausführlich vorgetragen (10–15 Zeilen) und mit Redensarten und bildlichen Ausdrücken geschmückt.

›Edelstein‹ nennt Boner sein Buch, weil es die »bischaft« von mancher Weisheit in sich trägt und das Gute hervorbringt wie der Dorn die Rose. Wer jedoch den Stein nicht erkenne und dessen Kraft, wer die »bischaft« nur äußerlich sehe und nicht innerlich erkenne, habe geringen Nutzen. Boner betont, daß er einfach und schmucklos schreibe und seine Fabeln nicht mit klugen Worten umgebe. Hinter dieser äußeren Schlichtheit stecke jedoch ein Schatz von großer Weisheit.

1. Heinrich Steinhöwel

Quelle: Steinhöwels Äsop, hg. v. Hermann Österley, Tübingen 1873 (Bibliothek des literarischen Vereins in Stuttgart CXVII).

Die Übersetzung der griechisch-römischen Fabeln von dem Ulmer Arzt Heinrich Steinhöwel erschien 1476. Dieser ›Esopus‹ wurde als zweisprachige (lat./dt.) und mit Holzschnitten illustrierte Ausgabe bei Johannes Zainer in Ulm gedruckt. Er erregte über Deutschlands Grenzen hinaus großes Aufsehen. Der erste der vielen Nachdrucke erschien bereits 1477 bei Günther Zainer in Augsburg.

Steinhöwels ›Esopus‹ enthält in der Ausgabe von H. Österley rund 150 Fabeln. Am Anfang steht die legendare Lebensgeschichte Äsops. Die Zusammenstellung und Übersetzung von Steinhöwel ist die Grundlage für viele deutsche Fabelsammlungen. Sie wurde schon kurz nach ihrem ersten Erscheinen in mehrere Sprachen übersetzt.

2. Martin Luther

Quelle: Martin Luthers Fabeln. Nach seiner Handschrift und den Drucken mit einem vergleichenden Teil von Boner bis Krylow. Neu hg. v. Willi Steinberg, VEB Niemeyer Verlag Halle (Saale) 1961.

Von den 14 Fabeln Luthers haben wir die ersten sieben, die hier vollständig abgedruckt sind, auch in Reinschrift. Wichtige Abweichungen dieser Reinschrift von der ersten Niederschrift Luthers sind im folgenden verzeichnet. Von den Fabeln 8–14, die nur in der ersten Niederschrift erschienen, wurden hier die 8., 10. und 14. abgedruckt.

(a) Die Fabel von Hahn und Perle lautet in der ersten Niederschrift (a.a.O., S. 1):

Vom Han und Perlin

Ein han scharret auff der misten / und fand eine kostliche perlin / / Da er dieselbigen ym kot so liegen sahe / sprach er / mancher funde dich gerne / (und wurde dich mit golde zieren) (Aber ich) neme ein (kornlin) (und lies eym alle perlin) / / Magst bleiben / wie du ligst

Malum Malum dicit omnis emptor / Wer (Christum) nicht hat der begerd sein sicut gentes Wer yhn hat der creutzigt yhn und wil yhn nicht wie die Juden Sic omnis ars praesens / absens habet /

Diese Fabel zeigt an / Das / grobe leute / nicht wissen wo zu eine einige fabel nütze odder (wenn) sie zu gebrauchen sey / darumb sie dis buchlin verachten / wie denn alle kunst und weisheit bey solchen leuten unwerd und veracht ist / wie man spricht / kunst gehet nach brod /

(b) Die Fabel von Wolf und Lamm endet in der ersten Niederschrift (a.a.O., S. 2):

Diese fabel zeigt

Das gewalt gehet fur recht / Und (frum leute) mussen leiden / solt man (gleich) sachen vom alten zaun brechen / Wenn man dem hunde zu wil / so hat er das ledder gefressen Wenn der wolff wil / so (hat) das schaff (unrecht)

Eadem infra repetitur

(c) Die Fabel von Hund und Schaf endet in der ersten Niederschrift (a.a.O., S. 4):

Diese fabel zeigt / Der wellt lauff ist Wenn ein bübe ynn synn nympt einen schaden zu thun / findet er wol mehr buben / die yhm helffen Darumb heissts / Patientz / wer bey leuten wonen wil

Hutt dich fur bosen nachbarn odder richt dich auff
ewige gedult gegen sie
Wenn die nahbar ubel wollen der mus leyden
Got behut fur bosen nahbarn

Die Fabeln von Martin Luther (1483–1546) entstanden in der unfreiwilligen Mußezeit auf der Koburg während des Augsburger Reichstages von 1530. Sie erschienen jedoch zu Luthers Lebzeiten nicht im Druck, sondern gelangten erstmalig 1557 an die Öffentlichkeit. Das ist wichtig für die Frage nach dem Einfluß von Luthers Fabelsammlung.

Als Quelle benutzt Luther den ›Esopus‹ von Heinrich Steinhöwel, den er als den »deutschen Äsop« bezeichnet, zugleich aber wegen seiner Freiheiten als unzüchtig kritisiert.

»Was die heilige Schrift in den innersten Angelegenheiten des Herzens und Gewissens, das sollten die Fabeln in den praktischen Fragen des alltäglichen Lebens bieten«, schreibt Ernst Thiele in seiner Ausgabe der Fabeln Luthers von 1888 (S. III).

Luther hat das Fabelbuch beachtlich nahe an die Heilige Schrift gerückt. In der Vorrede schreibt er: Er kenne »ausser der heiligen Schrifft / nicht viel Buecher / die diesem uberlegen sein solten / so man Nutz / Kunst und Weisheit / und nicht hochbedechtig Geschrey wolt ansehen« (Steinberg, S. 82).

Wichtig aber sind vor allem Luthers Überlegungen zur Fabel als der Wahrheit im Narrenkleid. »Nicht allein aber die Kinder / sondern auch die grossen Fuersten und Herrn / kan man nicht bas betriegen / zur Warheit / und zu jrem nutz / denn das man jnen lasse die Narren die Warheit sagen / dieselbigen koennen sie leiden und hoeren / sonst woellen oder koennen sie von keinem Weisen die Warheit leiden / Ja alle Welt hasset die Warheit / wenn sie einen trifft.

Darumb haben solche weise hohe Leute die Fabeln erticht / und lassen ein Thier mit dem andern reden / Als solten sie sagen / Wolan / es wil niemand die Warheit hoeren noch leiden / und man kan doch der Warheit nicht emberen / So woellen wir sie schmuecken / und unter einer luestigen Luegenfarbe und lieblichen Fabeln kleiden / Und weil man sie nicht wil hoeren / durch Menschen mund / das man sie doch hoere / durch Thierer und Bestien mund. So geschichts denn / wenn man die Fabeln lieset / das ein Thier dem andern / ein Wolff dem andern / die Warheit sagt / Ja zuweilen / der gemalete Wolff oder Beer / oder Lewe im Buch / dem rechten zweifuessigen Wolff und Lewe einen guten Text heimlich lieset / den jm sonst kein Prediger / Freund noch Feind lesen duerffte.« (Steinberg, S. 84)

3. Burkard Waldis

Quelle: Esopus. Von Burchard Waldis. Herausgegeben von Julius Tittmann, 2 Teile, Leipzig 1882. – Jeder Teil enthält 2 Bücher. (Die Zahlen in Klammern geben Buch und Seitenzahl an.)

Burkard Waldis (1495–1557) war ehemaliger Mönch und später evangelischer Pfarrer und Propst. Er hatte, wie auch die vielen Anspielungen im ›Esopus‹ zeigen, unter Verfolgung und Haft sehr zu leiden.

Seine Fabelsammlung erschien erstmalig unter dem Titel: ›Esopus, gantz New gemacht, und in Reimen gefaßt. Mit sampt Hundert Newer Fabeln, vormals im Druck nicht gesehen, noch außgegangen, durch Burcardum Waldis.‹

Der ›Esopus‹ ist mit insgesamt 400 Fabeln die umfangreichste Fabelsammlung des 16. Jahrhunderts. Die 4 Bücher enthalten je 100 Fabeln. In der Ausgabe von Tittmann ist der 4. Band auf 60 Fabeln gekürzt. Die Fabeln sind paarig gereimt und meistens 30–40 Zeilen lang. Die Lehre steht immer am Ende und nimmt etwa ein Viertel des Umfangs ein. Der ›Esopus‹, »der in gewisser Weise seine Weltanschauung, den Schatz seiner Erfahrung von dem Treiben der Menschen widerspiegelt« (Tittmann, S. XLVI) wird am Ende der Sammlung im parabolischen Charakter der Texte schwächer; gleichzeitig wird die Polemik stärker (vgl. besonders das 4. Buch).

4. Erasmus Alberus

Quelle: Die Fabeln des Erasmus Alberus. Abdruck der Ausgabe von 1550 mit den

Abweichungen der ursprünglichen Fassung herausgegeben von Wilhelm Braune, Halle a. S. 1892.

Erasmus Alberus (um 1500–1553) trat ebenso wie Burkard Waldis zum Protestantismus über, war Lehrer, dann Pfarrer und schließlich Superintendent in verschiedenen Orten.

1550, zwei Jahre nach dem ›Esopus‹ von Waldis, erschien die erste vollständige Ausgabe der Fabeln des Erasmus Alberus unter dem Titel: ›Das buch von der Tugent und Weißheit, nemlich, Neunundviertzig Fabeln, der mehrer theil auß Esopo gezogen, und mit guten Rheimen verkleret, durch Erasmum Alberum,·Allen stenden nützlich zu lesen.‹

Das ›Buch von der Tugend und Weisheit‹ enthält 49 Fabeln, die paarig gereimt und mit Holzschnitten versehen sind. Der Umfang der einzelnen Fabeln liegt zwischen 50 und 300 Zeilen; die meisten Fabeln haben mehr als 100 Zeilen. Die Erzählfreude zeigt sich vor allem in den geographischen Details (genaue Ortsangaben; Entfernungen etc.). Vielfach spielen die Fabeln in der Wetterau, der Heimat von Alberus.

Alberus schmückt reich aus mit Details, die nur dem Erzählerischen dienen und auf das Tierepos weisen, mit eingefügten Nebenerzählungen und vorangestellten Ortsbeschreibungen.

5. Hans Sachs

Quelle: Sämtliche Fabeln und Schwänke von Hans Sachs. In chronologischer Ordnung nach den Originalen herausgegeben von Edmund Goetze. Zweite Auflage besorgt von Hans Lothar Markschies, 1. Band, VEB Max Niemeyer Verlag, Halle/Saale, 1953.

Wenn man weniger auf das Wesen der Fabel und mehr auf das Dichterische sieht, wird man Markschies zustimmen, der im Reallexikon (a.a.O., Bd. II, S. 435) schreibt: »Erst in der Reimpaardichtung kommt die Fabel dieses Zeitraums zu ihrer eigentlichen Blüte mit Boner, Waldis, Alberus und Sachs.«

In die Nähe des Schwanks gerät die Fabel vor allem bei Hans Sachs. Die Formgrenzen zwischen Fabel und Schwank werden fließend. Wie sich das auf Intention und Gehalt der Fabel auswirkt, kann man beispielhaft an der Fabel von Wolf und Lamm ablesen.

Die Erstausgabe der Fabeln des Hans Sachs (1494–1576) erschien 1558 unter dem Titel: ›Sehr Herrliche Schöne und wahrhaffte Gedicht. Geistlich und Weltlich, allerley art als ernstliche Tragedien, liebliche Comedien, seltzame Spil, kurtzweilige Gesprech, sehnliche Klagreden, wunderbarliche Fabel, sampt andern lecherlichen schwencken und bossen ...

Durch den sinreichen und weyt berümbten Hans Sachsen ein liebhaber teudscher Poeterey / vom MDXVI. Jar / biß auf diß MDLVIII. Jar / zusamen getragen unnd volendt.‹

H.L. Markschies schreibt in der Einleitung seiner Ausgabe (S. V) mit Recht: »Die Fabeldichtung des Hans Sachs bildet einen integrierenden und bisher noch wenig untersuchten Bestandteil in der Geschichte der äsopischen Fabel.«

Abraham a Sancta Clara

Quelle: Abraham a Santa Clara, Blütenlese aus seinen Werken. Von Karl Bertsche, 2 Bde., 2. Aufl., Herder, Freiburg 1911. – (Die Zahlen in Klammern geben Band und Seite an. Die beiden letzten Überschriften stammen von mir. Die in Klammern eingefügten Worterklärungen des Herausgebers wurden weggelassen, da sie unnötig und auch nicht immer treffend sind.)

Abraham a Sancta Clara (Pseudonym für Hans Ulrich Megerle), geb. 1644 in Kreenheinstetten bei Meßkirch, gest. 1709 in Wien; von Jesuiten und Benediktinern erzogen; Augustinermönch in Maria-Brunn bei Wien; erhielt 1668 die Priesterweihe, war seit 1670 Wallfahrtsprediger und seit 1677 kaiserlicher Hofprediger.

Abraham a Sancta Clara wurde durch seine volkstümlichen, kraftvollen und bildhaften Predigten zum berühmtesten Kanzelredner des Barock. Goethe und Schiller verehrten ihn ebenso wie Jean Paul und Eichendorff. Goethe schreibt im 19. Buch von ›Dichtung und Wahrheit‹ über ihn: »in diese Manier muß jeder Geistreiche verfallen, der auf den Augenblick wirken will. Er hat sich nach den gegenwärtigen Neigungen, Leidenschaften, nach Sprache und Terminologie zu erkundigen, um solche alsdann zu seinen Zwecken zu brauchen, und sich der Masse anzunähern, die er an sich heranziehen will.« Vorbild für die Kapuzinerpredigt in Schillers ›Wallenstein‹ wurde A.a.S. Claras Aufruf zur Verteidigung gegen die Türken (›Auf, auf, ihr Christen!‹) von 1683. Dieser Schrift vorausgegangen war – unter dem Eindruck der Pest – ›Mercks Wien!‹ (1680); ›Lösch Wien‹ (1681) und ›Die große Totenbruderschaft‹ (1681). Sein Hauptwerk, ›Judas der Ertzschelm‹ (1686–95), ist eine schwankhafte Lebensbeschreibung des Judas.

A. a. S. Clara ist »vielleicht der universellste Kanzelredner und sicher einer der vielseitigsten Volksschriftsteller. (...) Praktische Lebensphilosophie treibt er auch bei der Betrachtung der Natur, so wie es der ›Physiologus‹ und die Tierfabel von jeher getan.« (Bertsche, S. 18, 23) »Als volkstümlicher Redner benutzte er auch sehr häufig Vorgänge des gewöhnlichen Lebens oder Erscheinungen der Natur zu Gleichnissen, durch welche er moralische oder religiöse Wahrheiten faßlicher oder eindringlicher zu machen suchte. Vorzüglich war für ihn die Natur ein göttliches Bilderbuch, dessen symbolischen Reichtum er wohl zu verwerten verstand.« (E. Dorer, zitiert nach Bertsche, S. 24) Als eins der größten oratorischen Talente gilt A.a.S. Clara u.a. in der Literaturgeschichte von Wilhelm Scherer.

Jean de La Fontaine

Quelle: Jean de La Fontaine, Die Fabeln. Gesamtausgabe. Übertragen von Rolf Mayr. Mit 39 Illustrationen von Gustav Doré. Eugen Diederichs Verlag, Düsseldorf-Köln 1964. – (Die Zahlen in Klammern geben die Seitenzahlen an.)

Der berühmte Fabeldichter Jean de La Fontaine (1621–95) wurde als der »Homer Frankreichs« (Sainte-Beuve) bezeichnet. Seine 12 Bücher mit insgesamt 240 Fabeln erschienen 1668 (1–6), 1678 (7–11) und 1694 (12). Als Quellen benutzte er u.a. die Fabeln von Äsop, Phädrus und Bidpai.

La Fontaines Fabeln zeichnen sich vor allem durch ihre vollendete Form und die humoristische Tonlage aus. Den grundsätzlichen Unterschied zwischen Äsop – La Fontaine – Lessing kann man gut an der Fabel von Fuchs und Rabe erkennen, die in Lessings ›Abhandlungen‹ eine beispielhafte Rolle spielt. Aus der knappen und nüchtern-trockenen Fassung des Äsop entstand die moralistische Fabel Lessings mit dem bewußt veränderten Schluß und der giftigen Lehre. La Fontaines Fabel dagegen ist humoristisch und elegant, vornehm und höflich auch in der Entlarvung menschlicher und gesellschaftlicher Schwächen, ein echtes Spiegelbild der vornehmen Gesellschaft. Die dem Fuchs als einem Mann von Welt in den Mund gelegte Lehre wird schmunzelnd und dezent vorgetragen. Die menschlichen Schwächen werden nicht so bitter ernst genommen wie bei Lessing. Humor relativiert.

Bekannt ist die Kritik, die Lessing an dem »sonderbaren Genie« La Fontaine mit seiner »lustigen Schwatzhaftigkeit« und vor allem an den deutschen Nachahmern geübt und am Beispiel vom Besitzer des Bogens veranschaulicht hat. »Freilich geht es dem La Fontaine und allen seinen Nachahmern wie meinem Mann mit dem Bogen«, behauptet Lessing. Aber La Fontaine weiß und weist ausdrücklich darauf hin, daß die Fabel belehren will. »Erzählung nur zum Spaß, das ist noch nicht genug.« In einem Gedicht mit dem Titel ›Die Macht der Fabel‹ spricht er das noch deutlicher aus und zeigt zugleich die politische Relevanz der Fabel.

Die meisterhaften Fabeln La Fontaines aber machen deutlich, daß Belehrung auch in unterhaltsamer und humoristischer Weise erfolgen kann.

Jahrhundert der Aufklärung (18. Jh.)

1. Daniel Wilhelm Triller

Quelle: Daniel Wilhelm Triller, Poetische Betrachtungen, 2. Teil, Hamburg 1737; ders., Neue Aesopische Fabeln, 1740. – Die ersten vier Fabeln sind in beiden Werken abgedruckt, die fünf letzten nur in den ›Neuen Aesopischen Fabeln‹. – (Die Zahlen in Klammern geben die Seitenzahlen an; bei den ersten vier Fabeln bezieht sich die erste Ziffer auf die ›Poet. Betr.‹.)

Johann Jakob Breitinger greift in seiner ›Critischen Dichtkunst‹ (1840) einen einzigen Fabeldichter seiner Zeit wiederholt scharf an: Daniel Wilhelm Triller. Ursache dieser Auseinandersetzung, die vielfach zur reinen Polemik ausartet, ist die unterschiedliche Ansicht über die Wahrscheinlichkeit der Fabel. Breitinger kritisiert, daß D. W. Triller die menschliche oder wahrscheinliche Fabel nicht gelten lassen will. Nach Trillers Ansicht muß die Fabel etwas Unglaubliches enthalten, das jedoch nicht unvernünftig oder widernatürlich sein darf. Daß Tiere vernünftig miteinander reden, ist zwar unglaublich, aber nicht unvernünftig oder widernatürlich, wie es etwa ein fliegender Fuchs oder Wolf wäre. Andererseits ist die Erzählung vom Fuchs, der dem Bauern ein Huhn stiehlt und dafür geprügelt wird, auch mit angefügter Lehre noch keine Fabel. Denn wenn garnichts Unglaubliches enthalten ist, handelt es sich um eine bloße Geschichte, die keine Verwunderung und Aufmerksamkeit verdient. Triller lehnt deshalb Menschen als Hauptpersonen der Fabel ab, weil man ihnen »nicht so leicht etwas Unglaubliches andichten kann wie Tieren oder Pflanzen oder anderen Geschöpfen« (Poet. Betr., 2. Teil, S. 573).

Triller betont den Tatcharakter der Fabel. »Das Wissen macht es nicht aus, sondern das Tun, nie aber kann dies genug gesagt werden, was nie genug getan wird. Man begeht die meisten Laster nicht aus Mangel des Wissens, sondern aus Mangel einer lebhaften Erinnerung, weil man sich die Häßlichkeit derselben nicht so natürlich und gründlich vorstellt, ehe man sie begeht, als nachdem man sie begangen.« (Neue Aesop. Fabeln, Vorwort)

2. Daniel Stoppe

Quelle: Daniel Stoppe, Neue Fabeln oder Moralische Gedichte, der deutschen Jugend zu einem erbaulichen Zeitvertreib aufgesetzt, 2 Teile, Breslau 1745. – (Ich zitiere I/II = Teil; 1, 2... = Seitenzahl.)

Bezeichnend ist bereits der Titel von Stoppes Sammlung von insgesamt 200 Fabeln (jeder Teil enthält 4 Bücher, jedes Buch 25 Fabeln): Stoppe wendet sich mit vielen Fabeln direkt an die Jugend. Die Lehre beginnt z. B. »Ihr Kinder, merkt's euch hier! ...«. Und Stoppe schreibt seine »moralischen Gedichte« zum »erbaulichen Zeitvertreib« – so wie auch Gleim die Fabel als »Zeitvertreiberin« bezeichnet.

Bei den 200 Fabeln von Stoppe geht es weniger um die gezielt und knapp vorgetragene »Lehre« als um originelle Ideen, um interessante und ungewöhnliche Ereignisse, die erzählt werden.

Die Lehren sind meist erheblich bescheidener und begrenzter als z. B. in Luthers Fabeln; sie enthalten bisweilen nur recht belanglose Kleinigkeiten.

Stoppes Vergleichsbereich ist sehr weit gespannt: Nicht nur Tiere reden und handeln, sondern auch Baum und Pflanze, Fenster und Ofen, Harnisch und Fingerhut,

Fernglas und Auge, Bratenwender und Wanduhr usw. Es debattieren nicht nur das Tischtuch und das Löschpapier, sondern auch das große A und die Nullen hinter der Eins: »Fünf nachbarlichen Nullen kam die Torheit in den Sinn, sich von der Eins zu scheiden. . .« Mäuse, die den Seneca gelesen haben, philosophieren über den Tod und die Lehre der Fabel beginnt:

»Der Mensch ist zwar ein Mensch und folglich keine Maus;
Doch sein gegebner Trost
sieht oft nicht besser aus.«

3. Friedrich von Hagedorn

Quelle: Friedrich von Hagedorn, Versuch in poetischen Fabeln und Erzehlungen, Hamburg 1738.

Bei Hagedorn gewinnt, wie schon der Titel zeigt, das Erzählerische an Bedeutung; der belehrende Charakter fehlt fast ganz. Nur wenige der 72 Texte dieses Bandes kann man als Fabeln bezeichnen, und selbst bei diesen ist die Freude am Erzählen gewichtiger als die parabolische Aussage. Das Interesse an fremden Ländern und ungewöhnlichen Dingen überwiegt.

Die ausgewählten Texte sind deshalb nicht repräsentativ für den Band, dafür handelt es sich bei ihnen aber um die besten *Fabeln* dieser Sammlung. ›Das Hühnchen und der Diamant‹ ist außerdem interessant und aufschlußreich für einen Motivvergleich von dem neutestamentlichen und dem jüdischen Gleichnis bis zu Hagedorns Fabel (vgl. Vorwort).

4. Christian Fürchtegott Gellert

Quelle: C.F. Gellert, Fabeln und Erzählungen, 2 Teile, Leipzig 1748. – Beide Teile befinden sich in einem Band, sind aber getrennt numeriert. (Ich zitiere I/II = Teil; 1, 2. . . = Seitenzahl.)

Gellert bezeichnet im Vorwort zum 1. Teil seiner ›Fabeln und Erzählungen‹ die äsopische Fabel als »die älteste Spur des menschlichen Witzes. Sie war in den meisten Ländern, ehe die Wissenschaften dahin kamen, und sie vertrat in den Zeiten der Unwissenheit bei diesem und jenem Volk fast ganz allein die Stelle des Witzes und der Moral. Sie erhielt sich bei ihrer Ehre, da die Wissenschaften aufgingen; und eine Erfindung, die Barbaren gefallen hatte, gefiel auch gesitteten und witzigen Völkern und ward unter ihren Händen immer mehr verschönert.« Daß er mit diesem 1. Teil von 1746 den »Beifall der Kenner« erhielt, führt Gellert im Vorwort zum 2. Teil (1748) darauf zurück, daß er »gute Erfindungen« hatte. Auch in diesem Teil hat er die Absicht, »durch die Fabel zu vergnügen und zu unterrichten«. Wie sehr ihm das gelungen ist, spiegelt sich in der bekannten Anekdote von dem Bauern, der Gellert eine Fuhre Holz schenkte »als Anerkennung für die schönen Fabeln des Herrn Professors.«

5. Magnus Gottfried Lichtwer

Quelle: Magnus Gottfried Lichtwer, Vier Bücher Aesopischer Fabeln in gebundener Schreib-Art, Leipzig 1748. – (Die Zahlen in Klammern geben die Seitenzahlen an.)

Lichtwer versucht, eine historisch-mythische Erklärung für das Entstehen der Fabel zu geben. Als die Welt ihren Urzustand der Weisheit und Redlichkeit verlassen hatte, herrschte die Lüge im Kleid der Wahrheit. Die nackte Wahrheit aber wurde vertrieben. Daraufhin hüllte sich die Wahrheit in den Rock der Lügen. »Und wer sich bis anher an ihrer Blöße stieß, der nahm die Wahrheit an, die jetzo Fabel hieß.«

Darstellungen ähnlicher Art sind in dieser Zeit häufig, ebenso der nachdrückliche Hinweis, daß die Fabel einem doppelten Zweck diene: der Belehrung und der Unterhaltung. So schreibt auch Lichtwer: »Es scheint als ob der Zweck nur die Vergnügung wäre, Doch die Belustigung verzuckert nur die Lehre. Der Leser sieht das Bild, er lacht des Fuchses Pein, Schluckt aber unvermerkt die Wahrheit lachend ein. Die Fabel, die nicht lehrt, kehrt sich in Hirngespinste Und füllt den Kopf mit Rauch. . .«

Lichtwers Sammlung mit insgesamt 100 Fabeln erschien in der ersten Auflage (1748) anonym. Auch das ist in dieser Zeit häufig.

6. Johann Wilhelm Ludwig Gleim

Quelle: Johann Wilhelm Ludwig Gleim, Fabeln, Berlin 1758 (!), ders., Fabeln. Zweites Buch, Berlin 1757 (!). – Beide Bücher befinden sich in einem Band, sind aber getrennt numeriert. (Ich zitiere I/II = Buch; 1, 2. . . = Seitenzahl.)

Gleims vierbändige Sammlung ›Lieder, Fabeln und Romanzen‹ von 1758 enthält zwei Bände mit je 25 Fabeln. Die beiden Fabelbücher sind auch als Einzelausgabe (in einem Band) erschienen (s. o.). Gleim erklärt am Ende des zweiten Bandes, daß vom 1. Buch alle, vom 2. nur die ersten drei Fabeln eigene Erfindung sind, während er die übrigen übernommen und neu eingekleidet habe. Phädrus und La Fontaine sind die bevorzugten Quellen. Gleim weist in einem Gedicht am Anfang des 1. Buches auf die Tradition (Äsop – Phädrus – La Fontaine) hin und kennzeichnet die Fabel als schlicht, gefällig und treffend. Das zeichnet auch seine eigenen Fabeln aus: »mit einer Kürze und Präzision des Dialogs, sehr sparsam gesetzter Moralisation und poetischer Gefälligkeit der Erzählung, die die Beliebtheit bei den Zeitgenossen und das Lob Lessings verständlich macht.« (H.L. Markschies, in: Reallexikon d. dt. Lit.gesch., 2. Aufl., 1. Bd., Berlin 1958, S. 438)

Den hohen Anspruch der Belehrung und Unterweisung lehnt Gleim in humorvoller Bescheidenheit ab und verweist ihn in den Bereich der Theologie und Philosophie. Das ist literarhistorisch bedingt.

Und sitzend bei dem Spiel
Nannt' eine sie die Menschenlehrerin.
Ach, sagte sie, Madam, in bin
Ich weiß es wohl, nur eine Zeitvertreiberin;
Die Kinder hören mich nur gern.
Ich, Menschen lehren? Das sei fern!
Das ist das Amt der Priester und der Weisen,
Die müssen unterweisen. (I/1. Fabel)

Daß die Fabel trotzdem Lehrdichtung ist und nicht nur – wie es in Gleims Text ›Die reisende Fabel‹ am Ende heißt: – »Zeitvertreiberin« und ein Vergnügen für Kinder, das beweisen beispielhaft zwei der besten Fabeln Gleims: ›Der Löwe. Der Fuchs‹ – ›Der Hirsch. Der Hase. Der Esel‹. Sie zeigen zugleich, wie meisterhaft Gleim es versteht, in unterhaltsamer und humorvoller Weise zu belehren. Für ihn ist »Menschenlehrerin« und »Zeitvertreiberin« kein Gegensatz.

7. Gottlieb Konrad Pfeffel

Quelle: Fabeln und Erzählungen von Gottl. Conr. Pfeffel, in Auswahl herausgegeben von H. Hauff, 2 Bde., Cotta, Stuttgart und Tübingen 1840. – (Die Zahlen in Klammern geben die Seitenzahlen an. Alle Texte stammen aus dem 1. Band.)

Pfeffels Interesse an der didaktischen Poesie hängt nicht zuletzt mit seinem Beruf zusammen. Er war Internatsleiter und wirkte maßgeblich im protestantischen Kirchen- und Schulwesen. Er schrieb nicht nur selbst Fabeln, sondern übersetzte auch die Fabeln Lichtwers ins Französische.

Die beiden von H. Hauff herausgegebenen Bände enthalten knapp 300 Fabeln (1. Band) und etwas über 150 Erzählungen (2. Band). Pfeffels Fabeln sind gereimt, meistens kurz und zum Teil humoristisch. Die Thematik umfaßt das Alltagsleben und die Politik, wobei die Macht und deren Mißbrauch bevorzugt behandelt werden. Die Meisterschaft seiner Zeitgenossen Hagedorn, Gellert und Gleim erreichte Pfeffel nicht, aber seine Fabeln sind denen von Triller, Stoppe und Lichtwer durchaus ebenbürtig.

8. Gotthold Ephraim Lessing

Quelle: Gotthold Ephraim Lessings sämtliche Schriften. Hg. v. Karl Lachmann, 3. Aufl. von Franz Muncker, Bd. 1, Stuttgart 1886, S. 195–230 (›Fabeln. Drey Bücher.‹) – Lessing zählt mit römischen Ziffern. Ich ergänze davor die arabischen Ziffern 1, 2 oder 3 als Angabe für das jeweilige der drei Bücher.)

Jedes Buch enthält genau dreißig Fabeln. Einige Fabeln sind bereits 1753 erschienen; gesammelt kamen sie erstmals 1759 und in 2. Auflage 1777 heraus.

Lessing schätzt die Gattung der Fabel, da sie – wie er in der Vorrede zu seinen Fabeln schreibt – am »gemeinschaftlichen Raine der Poesie und Moral« wächst, und bedauert, »daß die gerade auf die Wahrheit führende Bahn des Aesopus von den Neuern für die blumenreichen Abwege der schwatzhaften Gabe zu erzählen, so sehr verlassen werde.« Er wünscht, daß man zu seinen Fabeln auch seine Abhandlungen über die Fabeln lese und Theorie und Praxis als Einheit verstehe. Bei einer kritischen Prüfung zeigt sich jedoch, daß Lessings Theorie, die besonders in der didaktischen Literatur über die Fabel stark nachwirkt, trotz vieler treffender Einzelurteile der Fabel in ihrer ganzen Fülle und Anschaulichkeit nicht gerecht wird. Das Prinzip der Reduktion als Mittel zum Erfinden von Fabeln bedeutet eine rationalistische Verengung. Lessings eigene Fabeln sprengen die Fessel dieser Theorie.

In Übereinstimmung mit seiner Theorie sind Lessings Fabeln (von wenigen Ausnahmen aus der frühen Zeit abgesehen) kurz, sparsam in den dichterischen Mitteln, schmucklos und ohne Rankenwerk. Im Vergleich mit La Fontaine und seinen deutschen Nachahmern wirken Lessings Prosafabeln nüchtern und trocken. Das Unterhaltsame und Gefällige, das von Gleim und anderen Zeitgenossen als ein wesentliches Kennzeichen der Gattung hervorgehoben wird, fehlt. Aus der humoristischen Fabel ist wieder die ernsthafte geworden mit einem bisweilen auffallend scharfen Ton (z. B. ›Fuchs und Rabe‹), wenn der Moralist zu stark hervortritt. Dem entspricht, daß Lessing die Fabel als ein »Exempel der praktischen Sittenlehre« bezeichnet.

Der dialektische Grundzug der Fabel – actio und reactio als Handlung/Rede und Gegenhandlung/Gegenrede – kommt bei Lessing besonders deutlich zum Ausdruck. Daß eine gleichnishafte Handlung noch keine Fabel ist, sondern erst durch die Erzählung dieser Handlung zur Fabel wird, hat Lessing in seinen ›Abhandlungen‹ hervorgehoben. Dieser weitere Grundzug der Fabel, daß sie episch und dramatisch zugleich ist, wird durch Lessings Fabeln besonders überzeugend.

Lessings Fabel vom Besitzer des Bogens veranschaulicht, warum die Fabel knapp, gezielt und pointiert sein soll. Daß die Fabel durch rein erzählerische Ausschmückungen in die Nähe des Schwanks gerät, zeigt beispielhaft Hans Sachs, daß sie in die Nähe des Tiermärchens gerät, zeigen vor allem die orientalischen Fabeln.

Die bereits erwähnte Fabel von ›Fuchs und Rabe‹, die Lessing im Sinne seiner Theorie verändert hat, und die beiden Fabeln ›Der Löwe mit dem Esel‹ und ›Der Esel mit dem Löwen‹ zeigen beispielhaft, wie sich die Lehre der Fabel durch eine Änderung im Bildteil der Fabel wandelt. Auch wenn uns Lessings Theorie vom heuristischen Nutzen der Fabel (Abhandlungen, V. Teil) heute nicht mehr überzeugt, behält der Hinweis auf das Erfinden von Fabeln im Unterricht seine Bedeutung. Noch wichtiger ist, daß Lessing den Weg »vom Finden zum Erfinden« empfiehlt. Hier ist die interessante Möglichkeit des Fabelvergleichs, auf die ich im Vorwort hingewiesen habe, bereits angedeutet.

Meisterhaft an Lessings Fabeln aber ist vor allem die Treffsicherheit und die gedankliche Klarheit, die epigrammatische Kürze mit dem pointierten Ende der Fabel und die ausgefeilte sprachliche Diktion. Im Unterricht sind sie für die Diskussion und für die sprachliche Arbeit mit der Fabel besonders geeignet.

Die sogenannte ›Ringparabel‹ aus Lessings ›Nathan‹ (III/8) ist – wie ich in der Einleitung bereits erwähnt habe – eine Allegorie. Der Unterschied zwischen ihr und einer Parabel zeigt sich schon in der durch Dispute unterbrochenen Erzählweise und in den Worten des Sultans (»Komm mit deinem Märchen nur bald zu Ende.« – »Das soll die Antwort sein auf meine Frage?«), im Gegensatz etwa zur Reaktion des Königs David auf die vom Propheten Nathan erzählte Parabel. Wie in dem allegorischen Gedicht Rückerts (vgl. S. 213) bestehen auch bei Lessings Ringallegorie genaue Beziehungen: 3 Ringe = 3 Religionen; 3 Söhne = 3 Vertreter dieser Religionen; echter Ring = echte Religion; Vater = Gott; Richter = Nathan.

Goethezeit

1. Christian Friedrich Daniel Schubart

Quelle: Schubarts Werke in einem Band, ausgewählt und eingeleitet von Ursula Wertheim und Hans Böhm, Aufbau-Verlag, Berlin und Weimar 1965, S. 290/S. 261, 262, 274.

Christian Friedrich Daniel Schubart wurde 1739 in Obersontheim (Württ.) geboren; studierte Theologie, war Lehrer, Organist und Journalist (u.a. Herausgeber der politisch-lit. Zeitschrift ›Deutsche Chronik‹). Wegen seiner Polemik gegen Jesuitenorden und absolutistisches Fürstentum ließ ihn Herzog Carl Eugen von Württemberg verhaften und ohne Prozeß zehn Jahre (1777–87) auf der Festung Hohenasperg gefangengehalten. Nach der Begnadigung war er Hoftheaterdirektor in Stuttgart, dort starb er 1791.

Während seiner Festungshaft entstanden zahlreiche von Tyrannenhaß und Freiheitsdrang getragene Gedichte, z.B. ›Die Fürstengruft‹ (1780) und ›Kaplied‹ (1787) aber auch eine Reihe von volkstümlich scherzhaften Gedichten, darunter ›Die Forelle‹, deren Vertonung durch Franz Schubert weltbekannt wurde.

Die 4. Strophe macht das Gedicht durch die angehängte Moral zu einer Fabel – allerdings zu einer schlechten!

Anmerkung: »launisch« meint nicht »schlecht gelaunt«, sondern »heiter« und wurde deshalb später von Schuberts Sohn Ludwig in »launig« umgeändert. (vgl. a.a.O., S. 372)

Die übrigen hier abgedruckten Fabeln Schubarts erschienen zuerst 1774/5 in der ›Deutschen Chronik‹. Daß die parabolische Rede – wie in der Einleitung bereits erwähnt – als Tarnung im politischen Kampf gebraucht werden kann, zeigt sich auch bei Schubart. »Er mußte Mittel und Wege finden, die den Obrigkeiten unliebsame Wahrheit zu sagen, ohne anzustoßen, er mußte verstanden werden, ohne daß man ihn sogleich festlegen konnte. Und da ist nun unser Chronikschreiber äußerst erfindungsreich. Neben den einfachen Artikeln und Berichten wählt er die Einkleidung in Träume, Gleichnisse, Visionen, oder er führt einen Bericht bis auf einen bestimmten Punkt, von dem aus die Schlußfolgerung nicht mehr schwer zu ziehen ist. Er macht sich die Anekdote, die Fabel dienstbar, gibt ihr einen politischen Inhalt oder versieht sie mit politischen Akzenten.« (a.a.O., S. 24)

Anmerkungen:

Zu ›Der Wolf und der Hund‹ (S. 261):
»Gay«: Gau = Land; d.h. auf das Land reisen, um Schlachtvieh einzukaufen. (368)
»Moral«: Die Zwangsrekrutierungen in Deutschland und der Verkauf deutscher Soldaten durch deutsche Fürsten an England ist von Schubart öfter angeprangert worden.

Zu ›Der Hahn und der Adler‹ (S. 262):
In der Akademieausgabe erhielt die Fabel folgende Schlußverse:

»Die Muse der Geschichte spricht:
In Kassel gilt die ganze Fabel nicht.«

Diese Verse sind ironisch auf den Kasseler Hof unter Friedrich II. von Hessen-Kassel gemünzt, der den französischen Absolutismus besonders nachahmte. (368)
Zu ›Der gnädige Löwe‹ (S. 274):
»Schüler Machiavells«: Nicolo Machiavelli (1469–1527) setzte sich mit der Frage nach der Vereinbarkeit von Politik und Moral auseinander und vertrat in seinem Werk ›Il principe‹ (›Der Fürst‹, 1513) die Ansicht, daß die Staatsräson auch Treulosigkeit und Verbrechen rechtfertigt.

2. Johann Gottfried Herder

Quelle: Johann Gottfried Herder, Blätter der Vorzeit. Jüdische Dichtungen und Fabeln, Berlin 1936, S. 19 und 77.

Johann Gottfried Herder wurde 1744 in Mohrungen (Ostpreußen) geboren. Sein Königsberger Theologiestudium stand unter dem Einfluß Kants. Die Begegnung mit Goethe in Straßburg (1771) führte ihn zur Volkskunst und zu Shakespeare. Er war Schüler Rousseaus. Herder ist der Initiator der Sturm- und Drang-Bewegung. 1776 wurde er durch Goethe nach Weimar gerufen, wo er Superintendent und Hofprediger war und 1803 starb.

Wichtig für die Fabel ist »die These Herders, daß unter Dichten Anthropomorphisieren zu verstehen sei: ›wenn er (der Mensch) diese (anthropomorphisierten) Anschauungen nun so stellet und ordnet, daß er in ihnen einen Erfahrungssatz oder eine praktische Lehre für sich ... daraus absondert, so ist die äsopische Fabel gegeben.‹ (S. 539). Also ist ›die äsopische Fabel ... nichts als eine moralisirte Dichtung‹ (ebda). Sie bildet, wie schon Lessing betonte, die Grenze zwischen Dichtung und Moral. Anthropomorphisierung und Lehre – und zwar praktische Belehrung in Fragen des täglichen Lebens, wie Herder gegen Lessing einwendet, der vom moralischen Nutzen der Fabel spricht, – sind für ihn das Wesentliche der Fabel. Von diesen Wesenszügen her werden die Einzelheiten im Erscheinungsbild der Fabel geklärt, etwa die Frage, warum die Fabel Tiere bevorzuge. Herder meint, Pflanzen und andere unbelebte Naturdinge seien dem Menschen nicht so ähnlich wie das Tier. Das Tier ließe sich am ehesten anthropomorphisieren, deshalb eignet es sich am besten für die Fabel (S. 540).«

»Herders Definition der Fabel faßt seine Ansicht zusammen: die Fabel ist ›eine Dichtung, die für einen gegebenen Fall des menschlichen Lebens in einem andern congruenten Falle einen allgemeinen Erfahrungssatz oder eine praktische Lehre nach innerer Notwendigkeit derselben so anschaulich macht, daß die Seele nicht etwa nur überredet, sondern Kraft der vorgestellten Wahrheit selbst sinnlich überzeugt werde‹ (S. 561).« (Leibfried, a.a.O., S. 6 und 7)

3. Johann Wolfgang von Goethe

Quelle: Goethes Werke in 14 Bänden. Hamburger Ausgabe, hg. v. Erich Trunz, Bd. 1, 7. Aufl., 1964, S. 57f. und Bd. 5, 6. Aufl., 1964, S. 166f.

Vgl. meine Ausführungen in der Einleitung.

4. Friedrich von Schiller

Quelle: Friedrich Schiller, Gesamtausgabe, hg. v. Gerhard Fricke, Hanser-Verlag, München 1965.

Vgl. meine Ausführungen in der Einleitung.

5. Friedrich Hölderlin

Quelle: Hölderlins sämtliche Werke, 2. Bd., Stuttgart 1953, hg. v. Friedrich Beißner S. 122.

Vgl. u.a.: Wege zum Gedicht, hg. v. Hirschenauer-Weber, Zürich 1965, S. 182ff. – Hermann Pongs, Das Bild in der Dichtung, 1. Bd., 2. Aufl., Marburg 1960, S. 160ff.

19. Jahrhundert

1. Friedrich Haug

Quelle: Zweihundert Fabeln für die gebildete Jugend. Von Friedrich Haug, Ulm 1823. – (Schreibweise und Zeichensetzung habe ich modernisiert. Die Zahlen in Klammern geben die Seitenzahlen an.)

Friedrich Haug (1761–1829) studierte an der Militärakademie Herzog Karl Eugens von Württemberg und war mit Schiller befreundet. Er war Bibliothekar in Stuttgart und Redakteur vom ›Morgenblatt für gebildete Stände‹. Außer Fabeln (s.o. und: ›Fabeln für Jung und Alt‹, 1828) schrieb er vor allem Epigramme (Sammlungen u.a. von 1806, 1807, 1817; vgl. ›Epigrammatische Anthologie‹, 10 Bde., 1807–09).

Seinen 200 knappen und gereimten Fabeln von 1823 stellt er ein Zitat von Magnus Gottfried Lichtwer (in abgewandelter Form) voran: »Wer sich an der Wahrheit Blöße stieß, nahm sie an, so bald sie *Fabel* hieß.« Haug setzt die Tradition von Daniel Stoppe fort, indem er Fabeln speziell für Kinder schreibt. Das Epigonentum zeigt sich bereits darin, daß er seine Fabelsammlung den »Edeln Mädchen und Jünglingen zu nützlicher Unterhaltung bestimmt«. Bezeichnenderweise schreibt aber Haug nicht mehr wie Stoppe allgemein für die »deutsche«, sondern nur noch für die »gebildete« Jugend.

2. Wilhelm Hey

Quelle: Fünfzig Fabeln für Kinder von Wilhelm Hey. In Bildern gezeichnet von Otto Speckter, Hamburg o. J. (1833).

Noch fünfzig Fabeln von Wilhelm Hey. In Bildern gezeichnet von Otto Speckter, Gotha o. J. (1837).

Die Texte 1–4 stammen aus dem ersten, die Texte 5–7 aus dem zweiten Band. – (Schreibweise und Zeichensetzung habe ich modernisiert.)

Wilhelm Hey, Pfarrer und später Superintendent, wurde als Fabeldichter berühmt durch die beiden ersten Bände ›Fünfzig Fabeln für Kinder‹ (1833) und ›Noch fünfzig Fabeln‹ für Kinder (1837), die beide von Otto Speckter illustriert wurden. Wie sehr diese Zeichnungen zu der Berühmtheit beigetragen haben, zeigt die Tatsache, daß der Volksmund noch heute von ›Speckterschen Fabeln‹ spricht, obwohl bereits im zweiten Band in einer ›Nachschrift an die Eltern und Lehrer‹ am Ende ausdrücklich darauf hingewiesen wird, daß die Texte nicht von Otto Speckter stammen.

Heys Kinderfabeln haben mit der echten Fabel nichts gemeinsam. Es sind kleine, gereimte Geschichten, in denen Tiere in naiver, pseudokindlicher und anthropomorpher Weise dargestellt werden. Die Zeichnungen von Otto Speckter entsprechen diesen Texten.

Neben die Verklärung des Kindes in der deutschen Dichtung tritt bei Pfarrer Hey noch eine Verklärung des Tieres; auch die Tierchen leben in einer idyllischen Welt. Realistische Einbrüche finden nicht statt; denn die Hausfrau und Mutter hat Verständnis für die Maus, da sie selbst Kinder hat (Nr. 28); der Fuchs erwischt die Ente nicht (Nr. 42); der Hirsch jagt dem Jäger und den Hunden davon (Nr. 43). Dem Kinde aber, das einem Tier Leid antun will, wird die Liebe zum Tier von diesem selbst immer wieder gefühlvoll demonstriert.

Erzieherisch in ihrer Weise wirken die Tiere jedoch nicht nur im eigenen Interesse, sondern allgemein. Die Tiere sagen den Kindern, daß sie gemäß dem tierischen Vorbild (!) reinlich (Nr. 40), fleißig (Nr. 22) und fromm (Nr. 19) sein sollen; und die Kinder eifern ihnen nach.

So erscheint alles im rosigen Licht. Tiere und Kinder leben in einer verklärten Welt, in der es nur Freude, Gesang, Tierliebe und Gotteslob gibt.

Der sentimentale Ton entspricht einer solchen Darstellung. Bei einer sprachlichen

Analyse erweisen sich diese Kinderfabeln als Kitsch. Für den Unterricht sind sie vom 6./7. Schuljahr ab gut als Kontrasttexte geeignet.

Während die echte Fabel realistisch bis zur äußersten Härte ist, an die ratio appelliert, wendet sich Hey mit seinen Texten bewußt an die Affekte, indem er die Welt verklärt, Mensch und Tier verniedlicht und vor allem das Mitleid des Kindes in rührseliger Weise hervorzulocken sucht. Heys anthropomorphe Darstellung der Tiere (d.h. die Vermenschlichung) widerspricht nicht nur grundsätzlich dem Wesen der Fabel, sondern zugleich auch der Gattung der Tiergeschichte.

Im Anhang beider Bände stehen Lieder, Gebete und Bibelsprüche, die (wie Hey den Eltern in der Nachrede des ersten Bandes empfiehlt) ebenso wie die Fabeln von den Kindern auswendig gelernt werden sollen, insbesondere von Kindern im Vorschulalter. Und die ›Nachrede an die Eltern und Lehrer‹ des zweiten Bandes schließt mit den bezeichnenden Worten: »Helfe nur Gott, daß beide (= Wort und Bild) an ihrem Teile dazu beitragen, die liebe deutsche Jugend recht frisch, fröhlich und fromm zu machen.«

Zugleich wird der gefährliche Irrationalismus nochmals ganz deutlich, wenn Hey auf die Frage, ob seine Texte »für die kleinen Empfänger« geeignet seien, antwortet: »O hier laßt euch von niemand irre machen. Die Hand aufs Herz. Was hier in dem kindlichen Verstand unbegreiflich ist, das bleibt so auf immer auch für den unsrigen, eben weil es überirdisch ist. Wir müssen es glauben. So alle die täglichen Wunder um uns her, den ganzen Zusammenhang zwischen der sinnlichen und geistigen Welt, zwischen unserm eignen Leib und Geist, zwischen der Welt und ihrem Schöpfer; so auch die Offenbarung von Anfang bis Ende.«

3. Friedrich Rückert

Quelle: Friedrich Rückerts gesammelte poetische Werke in 12 Bdn., 4. Bd., Frankfurt a.M. 1868, S. 303.

Friedrich Rückert (1788–1866) war Professor für orientalische Philologie. Er hatte eine besondere Sprach- und Formbegabung, die sich auch in seinen meisterhaften Übersetzungen orientalischer Dichter zeigt. Rückert schrieb u.a. Kindergedichte (›Vom Bäumlein, das andere Blätter hat gewollt‹), Freiheitslyrik (›Geharnischte Sonette‹, 1814); Ghaselen, ›Haus- und Jahrlieder‹, 1834ff., ›Weisheit des Brahmanen‹. Er war sehr produktiv, was bisweilen auf Kosten der Qualität ging.

Rückerts Gedicht ›Es ging ein Mann im Syrerland‹ ist keine Parabel, sondern Musterbeispiel einer Allegorie (vgl. die Einleitung.)

4. Artur Schopenhauer

Quelle: Schopenhauers sämtliche Werke in 5 Bänden, 5. Band: Parerga und Paralipomena: Kleine philosophische Schriften, 2 Teile, Inselverlag Leipzig o.J., S. 705; 708f.; 714. – (Schreibweise und Zeichensetzung habe ich modernisiert. Die in Klammern gesetzten Überschriften der beiden ersten Texte stammen von mir.)

›Gleichnisse, Parabeln und Fabeln‹ heißt das XXXI. Kapitel der Parerga und Paralipomena von Artur Schopenhauer (1788–1860). Hier schreibt der Philosoph über das Wesen der parabolischen Rede u.a.:

»Gleichnisse sind von großem Werte; sofern sie ein unbekanntes Verhältniß auf ein bekanntes zurückführen. Auch die ausführlicheren Gleichnisse, welche zur Parabel, oder Allegorie anwachsen, sind nur die Zurückführung irgend eines Verhältnisses auf seine einfachste, anschaulichste und handgreiflichste Darstellung. – Sogar beruht alle Begriffsbildung im Grunde auf Gleichnissen; sofern sie aus dem Auffassen des Ähnlichen, und Fallenlassen des Unähnlichen in den Dingen erwächst. Ferner besteht jedes eigentliche *Verstehn* zuletzt in einem Auffassen von Verhältnissen (un saisir de rapports): man wird aber jedes Verhältniß um so deutlicher und reiner auffassen, als man es in weit voneinander verschiedenen Fällen zwischen ganz heterogenen Dingen als das selbe wieder erkennt. So lange nämlich ein Verhältniß mir nur als in einem Falle vorhanden bekannt ist, habe ich von demselben bloß eine individuelle, also eigentlich nur noch anschauliche Erkenntniß: sobald ich aber auch nur in zwei verschiedenen Fällen das selbe Verhältniß auffasse, habe ich einen *Begriff* von der ganzen *Art* desselben, also eine tiefere und vollkommenere Erkenntniß.

Eben weil Gleichnisse ein so mächtiger Hebel für die Erkenntniß sind, zeugt das Aufstellen überraschender und dabei treffender Gleichnisse von einem tiefen Verstande.« (S. 600)

5. Franz Grillparzer

Quelle: Franz Grillparzer, Sämtliche Werke, hg. v. Peter Frank und Karl Pörnbacher, Hanser-Verlag, München 1964, Bd. 1 (Versfabeln) und Bd. 3, S. 113–116 (Prosafabeln) – (Die Zahlen in Klammern geben die Seitenzahlen bzw. die Nummern des Tagebuchs an. Die Überschriften in Klammern stammen von mir.)

Der österreichische Dichter Franz Grillparzer (1791–1872) war politisch erheblich engagierter, als allgemein bekannt ist; allerdings drückt er dies nicht so direkt aus wie etwa die Jungdeutschen. Beispielhaft dafür ist die Fabel ›Diplomatischer Rat‹ (1836/37), die man apolitisch verstehen kann, deren »Sitz im Leben« aber bereits deutlich wird, wenn man das in dieser chronologischen Ausgabe vorangehende satirische Gedicht auf Fürst Metternich liest (S. 250), dessen erste Strophe lautet:

»Für unser Glück, du edler Fürst,
Bemühst du dich gar sehr;
Ist der Profit nicht immer klar,
Es kommt der Tag zuletzt im Jahr –
Wir danken dir, o Herr.«

Wie die Dichter des Barock und der deutschen Klassik hat auch Grillparzer Vorbehalte gegenüber der Fabel. »Die Allegorie gehört daher, wie die äsopische Fabel, nur zum Teil ins Gebiet der Kunst.« (Bd. 3, S. 1224)

Anmerkungen:

Zu ›Das elegante Frühstück im Kuhstall‹ (S. 126):
Politisch gedeutet ist mit den Rindern das österreichische Volk gemeint. (S. 1216)

Zu ›Gutgemeinte Bemühungen‹ (S. 256):
Zunächst wohl politische Bedeutung (S. 1227)

Zu ›Politik‹ (S. 359):
Vielleicht ist der Pariser Kongreß nach Beendigung des Krimkrieges gemeint (S. 1236)

Zu ›Orientalischer Kongreß‹ (S. 464):
Esel und Wolf sind Türkei und Ägypten, die Nachbarn die Mächte der Quadrupelallianz: Österreich, Rußland, England, Preußen. (S. 1258)

Zu ›Politisch‹ (573):
Bezieht sich wohl auf die politische Konstellation der Londoner Konferenz über Schleswig-Holstein. (S. 1291)

Zu ›Fabel‹ (Tgb. 3254, 1837):
Bezieht sich auf die Abweisung des franz. Thronfolgers, des Herzogs von Orléans, der um die Hand der Tochter von Erzherzog Karl, Maria Therese, in Wien anhielt (1836). Metternich vereitelte den Plan. Durch Vermittlung von Friedrich Wilhelm III. heiratete der franz. Thronfolger die Prinzessin Helene v. Mecklenburg-Schwerin. (S. 1224) Grillparzer schreibt dazu: »Östreich aber hätte begreifen sollen, daß vielleicht in kurzer Zeit Frankreich in der orientalischen Frage dieselbe Rolle spielen werde, die es, Östreich, selbst, in der Juli-Frage spielte, die Rolle des mindestbeteiligten Schiedsmanns. Statt dessen wurden die Abgesandten Louis Philipps in den Salons des Fürsten Metternich von dessen eigener plump-hochmütigen, verstand-

losen Gemahlin öffentlich beschimpft, man ergriff jede Gelegenheit um die Erinnerung an die vom Throne gefallene – gestürzt wäre ein zu heroischer Ausdruck! – also vom Throne gefallene Dynastie wach zu erhalten, ja als Louis Philipp, der Pazifikator von Europa, den Bund mit dem Bestehenden durch eine Heirat seines Thronfolgers mit einer östreichischen Erzherzogin besiegeln wollte, schlug man ihm nicht etwa die Hand dieser Prinzessin ab – das wäre der blinden Leidenschaft, dem aristokratischen Hochmut, der hohlen Theoriemacherei zu wenig gewesen! – nein, man ließ ihn nach Wien kommen, gab das Mädchen dem Freiwerber, der kurz vorher erst eine Schwester des Prinzen plantiert hatte, und schickte ihn so beschimpft und verspottet nach Hause. Man benahm sich als ob man eine Heirats-Kontinentalsperre auf gut napoleonisch gegen das neue Königshaus verhängen könnte. Oder hielt man dafür, daß eine östreichische Prinzessin ein gar zu hohes Ziel sei? Du guter Gott! Maria Louise hatte die Erzherzoginnen wohlfeil gemacht!« (S. 1030f.)

6. Heinrich Heine

Quelle: Heinrich Heines sämtliche Werke, hg. v. Ernst Elster, 2. Aufl., Leipzig und Wien 1925, Bd. 2, S. 154 und 196; Bd. 3, S. 323.

Heinrich Heine wurde 1797 in Düsseldorf geboren, lebte seit 1831 in Paris, wo er 1856 starb. Er war Schüler Hegels, und mit Grabbe und Immermann befreundet.

Die parabolische Rede gebrauchte Heinrich Heine im Kampf gegen die Restauration und das Spießertum seiner Zeit. Das gilt nicht nur für die bekannten Fabeln ›Der tugendhafte Hund‹ und ›Die Wahl-Esel‹, sondern auch für den hier abgedruckten Abschnitt aus den ›Bädern von Lucca‹ (Reisebilder 3 und 4). In der Textstelle weist Heine auf die Herrschaftsverhältnisse seiner Zeit hin und macht u.a. den Kapitalismus als entscheidenden Machtfaktor deutlich. Dieter Arendt hat diese Parabel vorzüglich analysiert in einem Aufsatz, der im Heine-Jahrbuch 1970 unter dem Titel ›Parabolische Dichtung und politische Tendenz‹ erschienen ist.

7. Marie von Ebner-Eschenbach

Quelle: Gesammelte Schriften von Marie von Ebner-Eschenbach, 1. Bd.: Aphorismen. Parabeln, Märchen und Gedichte, Berlin 1893, S. 111 und 140.

Marie von Ebner-Eschenbach (1830–1916) entstammt dem böhmischen Uradel; sie lebte zunächst auf einem Landschloß in Mähren, später in Wien.

In ihren erfolgreichen sozialpsychologischen Erzählungen schildert sie das Leben der Aristokratie, des Kleinbürgertums und der bäuerlichen Bevölkerung. Sie verfaßte auch geistvolle Aphorismen und schrieb Tiergeschichten, darunter die bekannte Hundegeschichte ›Krambambuli‹. Einfühlungsvermögen und schlichte Sprache kennzeichnen ihre Werke.

8. Wilhelm Busch

Quelle: Wilhelm Buschs Werke, 8 Bde, 1943, hg. v. O. Nöldeke, Bd. 6, S. 245 (›Ein dicker Sack‹), S. 283 (›Bewaffneter Friede‹), S. 296 (›Die Teilung‹); Bd. 7, S. 372 (›Fink und Frosch‹).

Wilhelm Busch (1832–1908) kritisiert mit Stift und Vers seine Zeit: Staat, Kirche, die Idylle des Spießbürgers, das Lächerliche eines Vorgangs oder einer Gestalt werden von ihm in satirischen Bildergeschichten entlarvt.

Besonders reizvoll sind Buschs spätere Gedichtsammlungen (›Kritik des Herzens‹; ›Zu guter Letzt‹; ›Schein und Sein‹). Unter den Gedichten findet man zwar nur wenige Fabeln, die aber seine Meisterschaft in dieser literarischen Gattung beweisen. Friedrich Haugs ›Wolf und Stachelschwein‹ (S. 209) und Buschs ›Bewaffneter Friede‹ (S. 226) stammen aus demselben Jahrhundert und haben das gleiche Thema. Beide Fabeln sind knapp, dialogisch und gereimt. Auf dem Boden dieser Gemeinsamkeiten wird im Vergleich deutlich, wodurch sich die Fabel Buschs auszeichnet.

Die Fabel vom dicken Sack zeigt, wie Busch die Sprache benutzt, um das bildhafte Geschehen transparent werden zu lassen, sodaß man im aufgeblähten Sack den aufgeblasenen Menschen erkennt.

Vor allem aber merkt man Buschs Fabeln an, daß sie von einem Karikaturenzeichner geschrieben wurden, der Wort und Bild vereint, der in treffsicherer Weise Situationen mit Worten auszumalen versteht, ohne sich in überflüssige Details zu verlieren. So halten die drei Illustrationen Buschs zu ›Fink und Frosch‹ wie eine Bildergeschichte die drei entscheidenden Situationen fest. Wort und Bild ergänzen sich gegenseitig.

9. Friedrich Nietzsche

Quelle: Friedrich Nietzsche, Also sprach Zarathustra, Alfred Kröner Verlag, Leipzig 1927, S. 71f.

Friedrich Nietzsche (1844–1900) war Pfarrerssohn. 1869–79 hatte er einen Lehrstuhl für klassische Philologie in Basel; die letzten elf Jahre lebte er in geistiger Umnachtung.

Nietzsches Werk ›Also sprach Zarathustra‹ erschien 1883.

Ein Vergleich zwischen der hier abgedruckten Parabel ›Der Biß der Natter‹ und Brechts Geschichten vom Herrn Keuner bietet interessante Möglichkeiten, wenn man von der formalen Übereinstimmung ausgeht und dann den grundsätzlichen Unterschied im Denkansatz untersucht.

20. Jahrhundert

1. Franz Kafka

Quelle: Franz Kafka, Die Erzählungen, S. Fischer Verlag Frankfurt/Main 1961 (›Vor dem Gesetz‹ (1914), S. 135; ›Eine kaiserliche Botschaft‹ (1917), S. 143; ›Kleine Fabel‹ (1920), S. 326; ›Gib's auf!‹ (1922), S. 377).

Franz Kafka wurde 1883 in Prag geboren und starb 1924 in Kierling bei Wien. Außer den im Nachlaß erschienenen Romanen ›Der Prozeß‹, ›Das Schloß‹ und ›Amerika‹ schrieb er u.a. die Erzählungen ›Die Verwandlung‹ (1912), ›Das Urteil‹ (1912), ›In der Strafkolonie‹ (1919), ›Ein Landarzt‹ (1924).

Der parabolische Charakter ist ein durchgehender Grundzug in Kafkas Werk. Besonders deutlich wird er in der Geschichte ›*Vor dem Gesetz*‹, die ein Kernstück in Kafkas ›Prozeß‹ und wichtiger Schlüssel zum Verständnis des Romans ist. Daß es sich trotzdem um eine eigenständige Geschichte handelt, zeigt bereits die Tatsache, daß Kafka den Text in den Sammelband seiner Erzählungen ›Ein Landarzt‹ aufgenommen hat.

Die Pointe am Ende der Parabel (»Dieser Eingang war nur für dich bestimmt. Ich gehe jetzt und schließe ihn.«) weist darauf hin, daß der Mann vom Lande die Chance seines Lebens versäumt hat. Er weiß um den hohen Wert des »Gesetzes« als Lebensziel und -aufgabe und müht sich darum, hat sich »für seine Reise mit vielem ausgerüstet« und macht sich ungeheure Mühe mit Warten, Beobachten, Bitten etc. bis hin zum Versuch der Bestechung. Aber die unterste Stufe der Autorität, das kleinste Stückchen Ordnungsmacht, das ihm in Gestalt des Türhüters entgegentritt, bringt ihn zum Scheitern. Bedingungslos unterwirft er sich den Anweisungen des Türhüters, ungeprüft vertraut er seinen Worten, obwohl sie wegen ihrer Widersprüchlichkeit (jetzt nicht – später; jetzt nicht – Tor steht offen etc.) unglaubwürdig sind und eine Überprüfung fordern. Das weiß auch dieser gehorsame und autoritätsgläubige Mann vom Lande offensichtlich (»das Gesetz soll doch jedem und immer zugänglich sein, denkt er«).

Hier wird zugleich die menschliche Gebundenheit deutlich, die in der ›*Kleinen Fabel*‹ besonders scharf und klar zum Ausdruck kommt. In den wenigen Zeilen dieser Fabel zeigt Kafka die ganze Ausweglosigkeit und Hoffnungslosigkeit der menschlichen Existenz mit beißender Ironie.

2. Bertolt Brecht

Quelle: Bertolt Brecht, Geschichten, Suhrkamp Verlag, Frankfurt 1962 (Band 81 der Bibliothek Suhrkamp).

Das umfangreiche dramatische Werk von Bertolt Brecht (1898–1956) trägt z.T. parabolische Züge (etwa ›Rundköpfe und Spitzköpfe‹; ›Arturo Ui‹; ›Kaukasischer Kreidekreis‹ u.a.). Ein Zusammenhang zwischen dem Theater und den Geschichten vom Herrn Keuner ergibt sich bereits durch den Verfremdungseffekt (vgl. Einleitung). Die bedeutendste unter diesen Parabeln ist m.E. ›Maßnahmen gegen die Gewalt‹. Sie dient auch als Beweis für die These, daß parabolische Rede ein politisches Kampf- und Schutzmittel ist (vgl. Einleitung).

3. Martin Buber

Quelle: Martin Buber, Die Legende des Baalschem. Umgearbeitete Neuausgabe, Manesse Verlag, Zürich 1955, S. 38–40 (Erster Text. Die Überschrift stammt von mir).

Martin Buber, Die Erzählungen der Chassidim, Manesse Verlag, Zürich 1949 (Zweiter und folgende Texte. Die Zahlen in Klammern geben die Seitenzahlen an).

Der Religionsphilosoph Martin Buber wurde 1878 in Wien geboren und wuchs in der ostjüdischen Gemeinde Lembergs auf. Seit 1938 war er Professor in Jerusalem, dort starb er 1965.

Martin Buber bemühte sich um die Erneuerung des Judentums, wobei er sich, vornehmlich durch Übersetzung und Deutung der chassidischen Bücher, der jüdischen Mystik widmete.

1907 veröffentlichte er ›Die Legende des Baalschem‹: »Dieses Buch besteht aus einer Nachricht und zwanzig Geschichten. Die Nachricht sagt das Leben der Chassidim, einer ostjüdischen Sekte, die gegen die Mitte des achtzehnten Jahrhunderts entstand und noch in unseren Tagen herabgesunken fortbesteht. Die Geschichten erzählen das Leben des Stifters dieser Sekte, des Rabbi Israel ben Elieser, der Baalschem, das ist Meister des Gottesnamens, genannt wurde und von etwa 1700 bis 1760, zumeist in Podolien und Wolhynien, lebte. (. . .) Die chassidische Lehre ist die Verkündigung der Wiedergeburt. Es kann keine Erneuerung des Judentums glücken, die nicht ihre Elemente in sich trüge.« (Buber, D.L.d. Baalschem, a.a.O., S. 7 und 12.)

Im Vorwort der ›Erzählungen der Chassidim‹ (hebräische Ausgabe 1947; deutsche Ausgabe 1949) schreibt Buber: »Daß Chassidim sich von ihren ›Zaddikim‹, von den Führern ihrer Gemeinschaften Geschichten erzählen, das gehört zum innersten Leben der chassidischen Bewegung. Man hat Großes gesehen, man hat es mitgemacht, man muß es berichten, es bezeugen. Das erzählende Wort ist mehr als Rede, es führt das was geschehen ist faktisch in die kommenden Geschlechter hinüber, ja das Erzählen ist selber Geschehen, es hat die Weihe einer heiligen Handlung.« (a.a.O., S. 5) »Nach chassidischem Glauben ist das göttliche Urlicht in die Zaddikim eingeströmt, es strömt aus ihnen in ihre Werke ein, und aus diesen strömt es in die Worte der Chassidim, die sie erzählen. Dem Baalschem, dem Stifter des Chassidismus, wird der Spruch zugeschrieben, wenn einer das Lob der Zaddikim erzähle, so sei dies, als befasse er sich mit dem Mysterium des von Ezechiel geschauten Gotteswagens.« (ebd.) »Aber der Zaddik soll nicht bloß in Handlungen gezeigt werden, die dazu neigen, in Sprüche überzugehen, sondern auch in seinem lehrenden Sprechen selber, das wesentlich zu seinem Handeln gehört. Darum tritt in diesem Buch, wenn auch nur in beschränktem Maße, zu der legendären Anekdote eine andere Gattung, die ich als ›Antwortsprüche‹ bezeichnen möchte. Der Lehrer, der Zaddik wird gefragt, nach der Bedeutung eines

Schriftverses, nach dem Sinn eines Brauchs, er gibt Auskunft, und indem er sie gibt, lehrt er mehr, als der Fragende zu lernen hoffte.« (ebd., S. 10f.)

Hier wird deutlich, daß ein Vergleich mit den jüdischen Gleichnissen des neutestamentlichen Zeitalters nicht nur wegen des verwandten Gedankenguts, sondern auch wegen der Erzähltechnik interessant ist.

Vgl. auch: Martin Buber, Die chassidischen Bücher (1927), und Bubers chronikartigen Roman ›Gog und Magog‹ (hebräische Ausgabe 1943; deutsche Ausgabe 1949).

4. Ernst Bloch

Quelle: Ernst Bloch, Spuren. Neue erweiterte Ausgabe, Suhrkamp, Frankfurt 1967 (Bd. 54 der Bibliothek Suhrkamp). – (Die Zahlen in Klammern geben die Seitenzahl an.)

Die Prosa-Sammlung ›Spuren‹ von Ernst Bloch (geb. 1885) kann man nicht als »eine Perlenschnur voll Parabeln« bezeichnen, wie es in der Notiz auf dem Einband heißt. Parabeln sind m.E. nur die beiden hier abgedruckten Texte. Allerdings haben viele weitere Texte einen stark parabolischen (oder auch allegorischen) Charakter, den wir in ähnlicher Art bei Franz Kafka finden. Vgl. die Einleitung. – Die 1. Aufl. erschien 1930.

5. Max Frisch

Quelle: Max Frisch, Tagebuch 1946–1949, Suhrkamp Verlag, Frankfurt/Main 1965, S. 28 und 180.

Max Frisch, 1911 in Zürich geboren, zeigt in seinem Werk den bereits erwähnten Zusammenhang zwischen der parabolischen Rede und dem modernen Drama besonders deutlich. Wie in der Reformationszeit gern aus neutestamentlichen Gleichnissen Dramen mit parabolischem Charakter geschaffen wurden (z.B. Burkard Waldis' berühmtes Drama vom verlorenen Sohn), so hat auch Max Frisch seine Parabeln zum Hörspiel und Schauspiel umgeformt. Aus der Erzählung ›Der andorranische Jude‹ entstand das Schauspiel ›Andorra‹ (1961), aus der Erzählung ›Burleske‹ das Hörspiel (1956) und das Schauspiel (1958) ›Herr Biedermann und die Brandstifter‹.

In der Dramaturgie erscheint dieser parabolische Charakter unter dem Stichwort »Modell«. – »Meine Arbeiten sind fingierte Modelle, in denen die Gesellschaft gleichsam wissenschaftlich auf die Probe gestellt wird. Modelle von was? Von möglichen, menschlichen Beziehungen.« Diese Feststellung von Friedrich Dürrenmatt gilt auch für das Anti-Illusionstheater von Max Frisch. – Zu der besonderen Struktur der ›Burleske‹ vgl. die Einleitung.

6. Wolfdietrich Schurre

Quelle: Wolfdietrich Schnurre, Protest im Parterre, Verlag Albert Langen - Georg Müller, München 1957. – (Die Zahlen in Klammern geben die Seitenzahlen an.)

Neben einer Fülle von amüsanten Glossen, neben kleinen, witzigen Geschichten (34, 36f., 42f.) mit z.T. surrealistischen Zügen (85), neben einigen weniger geglückten Texten (15, 80, 81, 90) enthält die o.a. Sammlung von Wolfdietrich Schnurre – 1920 in Frankfurt/Main geboren – mit dem bezeichnenden Titel ›Protest im Parterre‹ auch einige gute, moderne Fabeln.

Vorherrschendes Thema in diesen Fabeln Schnurres ist die unbewältigte Vergangenheit. Hier geht es u.a. um die Schuldfrage (30), um das braune Fell (72), um die Möglichkeit, die Farbe genügend oft zu wechseln (64).

Die zwei Sätze, die Schnurre unter dem Titel ›Der Ausstellungsbesucher‹ (25) notiert, kann man auch auf die Fabel beziehen: »Ein Affe entdeckte in einem zersplitterten Spiegel sein Konterfei. ›Grauenhaft, diese Abstrakten‹, sagte er schaudernd.«

Der (zersplitterte) Spiegel gibt nicht einfach ein naturalistisches Abbild der Wirklichkeit, aber er gibt trotzdem noch ein Abbild. Andererseits graut dem Menschen vor diesem Abbild seiner selbst, das er nicht mehr als sein eigenes erkennen kann oder will.

7. Helmut Arntzen

Quelle: Helmut Arntzen, Kurzer Prozeß. Aphorismen und Fabeln, Nymphenburger Verlagsbuchhandlung, München 1966. – (Die Zahlen in Klammern geben die Seitenzahlen an.)

Entsprechend dem Titel ›Kurzer Prozeß‹ sind die Fabeln von Helmut Arntzen (geb. 1931 in Duisburg) von äußerster Knappheit. In ihrer epigrammatischen Kürze stehen sie neben dem Aphorismus. Sie sind erheblich schärfer und gezielter als z.B. Thurbers Fabeln, jedoch ohne deren Humor. Die kritische Reflexion äußert sich in den satirischen Zügen. Dem entspricht das Verständnis von Humor-Ironie-Satire. Humor wird nach Arntzens Meinung von den Dummen gefordert; Ironie von den Distanzierten; die Satire aber dient der Erkenntnis und der Entlarvung.

Arntzens Urteil über die Fabel (S. 77) ist für das moderne Verständnis dieser Gattung bedeutsam. Ein gutes Beispiel bietet hierfür die Fabel vom Esel in der Löwenhaut, der zu den Schlangen kommt (S. 63). Die Antwort der Schlangen könnte als Motto über der ganzen Gattung der Fabel stehen: »Alle Klugheit, sagten die Schlangen, beginnt mit der Selbsterkenntnis.«

Bibliographie

Badstüber, Hubert: Die deutsche Fabel von ihren Anfängen bis auf die Gegenwart, Wien 1924

Baldermann, Ingo: Biblische Didaktik, 2. Aufl., Hamburg 1964

Böckmann, Paul: Formgeschichte der deutschen Dichtung, 1. Band: Von der Sinnbildsprache zur Ausdruckssprache, Hamburg 1949

Bornkamm, Günther: Jesus von Nazareth, 7. Aufl., Stuttgart 1965

Bultmann, Robert: Die Geschichte der synoptischen Tradition, 5. Aufl., Göttingen, 1961

Dibelius, Martin: Die Formgeschichte des Evangeliums, hg. v. Günther Bornkamm, 4. Aufl., Tübingen 1961

Dithmar, Reinhard: Die Fabel. Geschichte–Struktur–Didaktik, Paderborn 1971

Dithmar, Reinhard: Parabolische Rede – Sprachform des kritischen Denkens. In: Die Schulwarte, 8/1970

Dithmar, Reinhard: Existenz- und Gesellschaftskritik in der Fabel von Äsop bis Brecht. In: Die Schulwarte, 1/1971

Dithmar, Reinhard: Das unpolitische Verständnis der Fabel in der Literaturdidaktik. In: Blätter für den Deutschlehrer, 4/1971

Doderer, Klaus: Didaktische Überlegungen zur Fabel und Kurzgeschichte. In: Literarische Erziehung in der Grund- und Hauptschule, Frankfurt/Main 1965

Doderer, Klaus: Fabeln. Formen, Figuren, Lehren, Zürich und Freiburg i. Br. 1970

Eichholz, Georg: Das Gleichnis als Spiel. In: Evangelische Theologie, 21/1961

Eichholz, Georg: Einführung in die Gleichnisse, Neukirchen 1963

Ermatinger, Emil: Das dichterische Kunstwerk, 3. Aufl., Leipzig und Berlin 1939

Elster, Ernst: Prinzipien der Literaturwissenschaft, 1. Bd., Halle 1897; 2. Bd.: Stilistik, Halle 1911

Friederici, Hans: Die Tierfabel als operatives Genre. In: Weimarer Beiträge 11/1965, S. 930ff.

Frör, Kurt: Biblische Hermeneutik, München 1961 (Die 3. Auflage erschien als katholische Lizenzausgabe unter dem Titel: Wege zur Schriftauslegung. Biblische Hermeneutik für Unterricht und Predigt, 3. Aufl., Düsseldorf 1967)

Fuchs, Ernst: Hermeneutik, Bad Cannstatt 1954; 3. Aufl., 1963

Fuchs, Ernst: Bemerkungen zur Gleichnisauslegung. In: Ernst Fuchs, Zur Frage nach dem historischen Jesus (Gesammelte Aufsätze II), Tübingen 1960

Gerth, Klaus: Die Arbeit mit dem Lesebuch im 7.–9. Schuljahr, Hannover 1966

Grimm: Deutsches Wörterbuch von Jakob Grimm und Wilhelm Grimm, 4. Band, 1. Abteilung, 4. Teil, Leipzig 1912, Spalte 8184ff.

Gutbrod, Karl: Ein Weg zu den Gleichnissen Jesu, Stuttgart 1967

Hampe, Roland: Die Gleichnisse Homers und die Bildkunst seiner Zeit, Tübingen 1952

Hausrath, August: Aesopische Fabeln, übertragen von August Hausrath, München 1940 (mit Anhang: Die Aesoplegende)

Jeremias, Joachim: Die Gleichnisse Jesu, 6. Aufl., Göttingen 1962

Jolles, André: Einfache Formen, Halle 1929; 2. Aufl., Tübingen 1958

Jülicher, Adolf: Die Gleichnisreden Jesu. Zwei Teile in einem Band, Darmstadt 1963 (Unveränderter fotomechanischer Nachdruck der Ausgabe Tübingen 1910)

Jüngel, Eberhard: Paulus und Jesus, 3. Aufl,. Tübingen 1967

Kayser, Wolfgang: Das sprachliche Kunstwerk, 4. Aufl. Bern 1956

Kayser, Wolfgang: Die Grundlagen der deutschen Fabeldichtung des 16. und 18. Jahrhunderts. In: Archiv für das Studium der neueren Sprachen, 86. Jg., 160 Bd., der neuen Serie 60. Bd., Braunschweig, Berlin und Hamburg 1931
Leibfried, Erwin: Fabel, Stuttgart 1967
Linnemann, Eta: Gleichnisse Jesu, 4. Aufl., Göttingen 1966
Mader, Ludwig: Antike Fabeln. Eingeleitet und neu übertragen von Ludwig Mader, Zürich 1951
Markschies, Hans Lothar: Artikel ›Fabel‹. In: Reallexikon der deutschen Literaturgeschichte, begr. v. P. Merker und W. Stammler, 2. Aufl. hg. v. W. Kohlschmidt und W. Mohr, 1. Bd., Berlin 1958
Meuli, Karl: Herkunft und Wesen der Fabel. In: Schweizerisches Archiv für Volkskunde, 50/1954
Nentwig, Paul: Dichtung im Unterricht, Braunschweig 1962
Pongs, Hermann: Das Bild in der Dichtung, I. Bd.: Versuch einer Morphologie der metaphorischen Formen, 2. Aufl., Marburg 1960
RGG (Die Religion in Geschichte und Gegenwart): 3. Aufl., 2. Bd., Tübingen 1958, Spalte 1616ff. (Artikel zu ›Gleichnis und Parabel‹ von Edsman, Fohrer, Dietrich, Dahl, Frör)
Schäfer, Walter: Die Fabel im Dienste der Sprecherziehung. In: Der Deutschunterricht 5/1955; in: Das Prinzip der Ganzheit im Deutschunterricht, hg. v. Erich Weisser, Darmstadt 1967
Schulz, Bernhard: Der literarische Unterricht in der Volksschule, 1. Bd., Düsseldorf 1965
Seidler, Herbert: Die Dichtung, Stuttgart 1959
Seidler, Herbert: Allgemeine Stilistik, 2. Aufl., Göttingen 1963
Sengle, Friedrich: Die literarische Formenlehre. Vorschläge zu ihrer Reform, Stuttgart 1966
Spoerri, Theophil: Der Aufstand der Fabel. In: Trivium I/1942; auch in: La Fontaine, Hundert Fabeln, übertragen von H. Hinderberger und N.O. Scarpi, Zürich 1965 (Nachwort)
Staege, Max: Die Geschichte der deutschen Fabeltheorie, Bern 1929
Stählin, Wilhelm: Symbolon. Vom gleichnishaften Denken, Stuttgart 1958
Staiger, Emil: Grundbegriffe der Poetik, 7. Aufl., Zürich und Freiburg 1966
Stallmann, Martin: Die biblische Geschichte im Untericht, Göttingen 1963
Stern, Ludwig: Die Sprachgestalt an sechs Fabeln dargestellt, Bühl-Baden 1929 (Auszug ›Von der Grille und der Ameise‹ in: Das Prinzip der Ganzheit im Deutschunterricht, hg. v. Erich Weisser, Darmstadt 1967)
Sternberger, Dolf: Figuren der Fabel, Berlin und Frankfurt 1950
Thielicke, Helmut: Das Bilderbuch Gottes. Reden über die Gleichnisse Jesu, Stuttgart 1958
Ulshöfer, Robert: Methodik des Deutschunterrichts 1 (Unterstufe), Stuttgart 1963
Weinel, Heinrich: Die Gleichnisse Jesu, 5. Aufl., Leipzig-Berlin 1929

Stichwortverzeichnis